閩南話考證

— 古書例證

附：河洛人（泉州人、漳州人、唐山人、閩南人）源流概述

黃 敬 安 著

文史哲出版社印行

閩南話考證：古書例證 / 王國良著.-- 初版 --
臺北市：文史哲，民 105.01 印刷
頁; 21 公分
ISBN 978-957-547-679-3（平裝）

閩 南 話 考 證
── 古書例證

著　　　者：黃　　敬　　安
出 版 者：文　史　哲　出　版　社
http://www.lapen.com.tw
e-mail：lapen@ms74.hinet.net
登記證字號：行政院新聞局版臺業字五三三七號
發 行 人：彭　　正　　雄
發 行 所：文　史　哲　出　版　社
印 刷 者：文　史　哲　出　版　社
臺北市羅斯福路一段七十二巷四號
郵政劃撥帳號：一六一八〇一七五
電話886-2-23511028・傳真886-2-23965656

實價新臺幣五二〇元

一九九〇年（民七十九）四月初版
二〇一六年（民一〇五）一月（BOD）初刷

ISBN 978-957-547-679-3　　　81212

序

　　我國是一個地大物博的國家，而全國各地的方言，也非常多，其中所謂的「閩南話」，可說是最特殊。其實閩南話的根源，非常古遠，而它的本源，就是「河洛話」。至於河洛話，即盛行於河洛地區的語言，而居住河洛地區的人，則稱爲「河洛人」。在很早以前，王者之都，多在河洛地區。當西周之時，屬洛邑、成周兩地；東周，正式以洛邑爲都。西漢時，原來洛邑、成周兩地，分別改制爲「河南縣」、「洛陽縣」，因此統稱爲「河洛」地區。從東漢以後，到西晉末年，都以洛陽爲都，是可知，河洛地區，多是王者之都。在當時，河洛話幾等於是國語，好比現在的北平話。只是，永嘉末年，匈奴族開始亂華，有部份河洛人避難到現在閩南、晉江一帶，使得河洛話，由國家語言，淪爲地區性方言，後來才有所謂的閩南話。因爲這些原由，閩南話還保留不少河洛古語，當我們讀古書，還可藉一些閩南話加以印證，或可以說，閩南話是保留最多古漢語的語言。

　　近年來，我曾經從十三經、說文、荀子、史記、漢書等

書，擇取一些語辭，而以閩南話加以印證。因整部古書讀來費時，加以才力不足，收集並不完整。是以改從大漢和辭典着手，從第一頁看起，選擇與閩南話有關的，或參考有關閩南話的書籍，或求教於鄉親，再從古書之中，找出原文出處。不過，這項工作須時日久，也僅收集一小部分，整理歸納，先就荀子、史記、漢書予以補充，另外增加漢朝以前之典籍（含大儒之書注），還有東漢以後晉朝以前之史書等有關例證，重新收錄有荀子二十四條、史記六十五條、漢書三十六條、漢朝以前之典籍（含大儒之書注）八十五條，以及東漢以後晉朝以前之史書三十條，總共二百四十條，約二十多萬字，名之爲「閩南話考證── 古書例證」。至於收集工作，仍然陸續進行，期望他日更完整，祈請大儒鄉賢，有以教之。

數年來，當我研究閩南話溯源時，有關河洛人、河洛話的說法，常縈繞我心，難道閩南人的先祖，與河洛有關？後來從志書中發現，明朝、崇禎十三年（一六四〇年），泉州郡守孫朝讓，重修泉州、洛陽橋，在記文中，曾經提到，「迄今邊海而居，橫江而渡者，悠然有小河洛之思焉」，乃不揣愚陋，從史書、志書中，多方收集研究，也不顧自己才疏，敢寫出「河洛人（泉州人、漳州人、唐山人、閩南人）源流概述」，約五萬字，

可以說初稿，附錄在「閩南話考證── 古書例證」之後，議論必多，尚祈博學碩儒，惠予補正。

　　本書有關資料收集，以及寫作，多在中央圖書館以及中央圖書館台灣分館完成，非常感謝。

　　民國七十八年十二月黃敬安述於中央警官學校

閩 南 話 考 證

—古書例證

附：河洛人（泉州人、漳州人、唐山人、
閩南人）源流概述

目 次

漢書例證

漢朝以前之典籍（含大儒之書注）例證

東漢以後晉朝以前之史書例證

凡　　例

一、本書原文所取用之古籍，一般據通行本，如藝文印書館印行之荀子、史記、漢書、後漢書、三國志，以及十三經注疏。又如商務印書館印行之四部叢刊本，以及蘭臺書局印行之說文解字。另外，晉書部分，因「坩」字之故，改取鼎文書局印行之新校本，其中之原本、引用文都是。此外，其他文內所引晉書文，仍取用藝文印書館印行之晉書。

二、結構方面，大致分為五部份：

　　㈠荀子例證。

　　㈡史記例證。

　　㈢漢書例證。

　　㈣漢朝以前之典籍（含大儒之書注）例證。

　　㈤東漢以後晉朝以前之史書例證。

三、荀子、史記、漢書等例證，取材較完整，各以本書成一單元。而漢朝以前之典籍（含大儒之書注），以及東漢以後晉朝以前之史書等例證，因各書收集不完整，勉強將所收集的，彙集一起，各自成一單元，所以

體例也有所不同。如荀子、史記、漢書等例證，直接引用原文；而其他二例證部份，則先引書名，再引原文。

四每一部份之編排，都採條例式，依次以卷數、葉數、欄數、行數為序；如同一葉，則以右欄（面）在前，如同一欄，以行數在前為先。

五每一條內容之敘述，大致如下：

㈠先引原文，其中之史記部份，也有在原文之下，引出漢書，可作一比較。

㈡次或引前人之釋義，若無，則省略。

㈢次以閩南話為印證，或引先進、鄉賢之說，也間有己見。

㈣次或引旁證，若無，則省略。

㈤其次或列有音韻證明，如國音與閩南音相近，多省略。如有引證古音，或引古籍、或引大儒之說，也多引段玉裁氏所撰之「詩經韵分十七部表」。

㈥最末附有簡注，儘量註明卷數、葉數、頁數，如卷十二之九，二七頁；即是第十二卷，第九葉，第二十七頁，或寫作12／9a∥27，萬一頁數有誤，還有卷數、葉數可查。

六所引用之著作，都列在「引用書籍」中，敬請查閱指正。

七敍述時有不確定之字，或也有以擬音為之。

八音標方面，分本國音標及寬式國際音標，大多參考中國音韻學研究，以及國語閩南語對照常用辭典（簡稱國閩辭典）二書而成，有關說明，多以中國音韻學研究一書為主。

九聲調符號及簡說，都以國語閩南語對照常用辭典為主。

十筆畫索引方面，筆劃數以大漢和辭典之總畫索引為主。部首之順序，則以康熙字典為主。如同筆畫之字，仍以部首前後為序；如二畫之了、人，了是一畫亅部，人是二畫人部，因此了字在人字之前。如同筆畫不同部首之字，仍以部首在前為先；如土炭、大斗，土部在大部之前，所以土炭在前。又如第一個字相同，則以第二個字的部首前後為序；如不廉、不德、不時，廉字的部首广，而德字的部首彳，則广部在前；另外，時字的部首日，四畫，因此列於後，餘此類推。

圭四角號碼索引，以大漢和辭典之四角號碼索引為主，，如第二字不同，仍以部首前後為序。

圭附錄河洛人（泉州人、漳州人、唐山人、閩南人）源流概述，乃引玉之作，指正補充之處必多，因此文內不附註，只在文後列有引用書籍。

引用書籍

宋板注疏　藝文印書館

周易正義　魏王弼　韓康伯注　唐孔穎達等正義

尚書正義　漢孔安國傳　唐孔穎達等正義

毛詩正義　漢毛公傳　鄭元箋　唐孔穎達等正義

周禮注疏　漢鄭元注　唐賈公彥疏

儀禮注疏　漢鄭元注　唐賈公彥疏

禮記正義　漢鄭元注　唐孔穎達等正義

春秋左傳正義　晉杜預注　唐孔穎達等正義

春秋公羊傳注疏　漢何休注　唐徐彥疏

春秋穀梁傳注疏　晉范甯注　唐楊士勛疏

論語注疏　魏何晏等注　宋邢昺疏

爾雅注疏　晉郭璞注　宋邢昺疏

孟子注疏　漢趙岐注　宋孫奭疏

四部叢刊　商務印書館

韓詩外傳　漢韓嬰傳　經部003

釋名　漢劉熙撰　經部003

景印文淵閣四庫全書　　商務印書館

四書章句集注　宋朱熹撰　　四書類197

廣雅　魏張揖撰　　小學一221

集韻　宋丁度撰　　小學三236

唐律疏義　唐長孫無忌等撰　　政書五672

本草綱目　明李時珍撰　　醫家　773　774

通雅　明方以智撰　　雜家二857

靑箱雜記　宋吳處厚撰　　小說一1036

輟耕錄　明陶宗儀撰　　小說一1040

列子　周列禦寇撰 晉張湛注 唐殷敬愼釋文　道家1055

楚辭章句　漢王逸撰　　楚詞類1062

楚詞補注　宋洪興祖撰　　楚詞類1062

古樂府　元左克明編　　總集1368　1379

史書　　藝文印書館

史記　　漢司馬遷撰　南朝宋裴駰集解　唐司馬貞索隱
　　　　張守節正義　淸王先謙集解

漢書　漢班固撰　唐顏師古注　淸王先謙集解

後漢書　南朝宋范曄撰　唐李賢等注　淸王先謙集解

三國志　晉陳壽撰　南朝宋裴松之注

晉書　唐房玄齡等撰

史書　　鼎文書局
晉書　唐房玄齡等撰
新唐書　宋歐陽修　宋祁等撰
北魏書　北齊魏收撰

四部備要　　中華書局
莊子　周莊周撰　晉郭象子玄注　唐陸德明音義　子部
資治通鑑　宋司馬光撰　元胡省三晉注　　史部

其他
荀子　周荀況撰　唐楊倞注　清王先謙集解　藝文印書
　　　館
小爾雅　漢孔鮒撰　宋宋咸注　叢書集成新編38　新
　　　文豐書局
說文解字　漢許慎撰　清段玉裁注　蘭台書局
廣韻　隋陸法言撰　宋陳彭年等重修　藝文印書館
一切經音義　唐釋玄應撰　委宛別藏093　商務印書館
景德傳燈錄　北宋沙門道原撰　四部叢刊三編子部　商
　　　務印書館
陔餘叢考　清趙翼撰　新文豐書局
六部成語註解　中國法制史料第二輯第四冊　鼎文書局
通俗編　清翟灝撰　大化書局

增廣字學擧隅　清　鐵珊輯　天一出版社

說文解字詁林正補合編　鼎文書局

康熙字典　啓業書局

佛學大辭典　丁福保編　天華實用佛學叢刊

形音義綜合大字典　正中書局

中華大字典　中央圖書館

近代中國史料叢刊續輯四十二冊　沈雲龍主編　文海出
　　版社

龍溪縣志　成文出版社

台灣語典　連雅堂撰　中華叢書編審委員會印行

國語閩南語對照常用辭典　蔡培火撰　正中書局

台灣十五音辭典　黃有實編　南山堂出版社

綜合閩南台灣語基本字典初稿上下　吳守禮撰　文史哲
　　出版社

中國音韻學研究　高本漢撰　趙元任等譯　商務印書館

六法全書　陶百川等編　三民書局

銓敍法規彙編　銓敍部銓敍法規整理編輯小組　公保月
　　刊社

天文日曆　中央氣象局編

中央日報（六十九年十二月二日　文史　一三一期）

民生報（七十年九月一八日　文藝　十二版）

音標說明

本書所用音標，分本國音標和寬式國際音標，而本國音標包括國語注音符號及閩南話注音符號。至於寬式國際音標，則參考中國音韻學研究一書。為方便比照，又分輔音、元音、複合元音、鼻音，以及半鼻音。每一項音標的排列順序，分別是：先寬式國際音標，次國語注音符號，而以閩南話注音符號為後，如果符號不載，則以「一」表示。有關文字說明，則以中國音韻學研究的內容為主，現在分別簡單說明如下：

一、輔音

寬式國際音標	國語注音符號	閩南話注音符號
p	ㄅ	ㄅ

國語「邦」音的聲母。清，口雙唇塞音。

p′	ㄆ	ㄆ

國語「皮」音的聲母，不帶音，雙唇強 p 的送氣音。

b	一	ㆠ

閩南話「肉」、「微」等字的聲母，這符號國語不載。

f	ㄈ	一

國語「父」字音的聲母，清、口、齒唇摩擦音，這符號閩南音無。

m　　　　　ㄇ　　　　　　ㄇ

　　國語「模」音的聲母，濁、鼻、雙唇塞音。

t　　　　　ㄉ　　　　　　ㄉ

　　國語「多」音的聲母，清、口、齒塞音。

t′　　　　　ㄊ　　　　　　ㄊ

　　國語「通」音的聲母，強「ㄉ」的清、齒、送氣音。

n　　　　　ㄋ　　　　　　ㄋ

　　國語「泥」音的聲母，濁、鼻、齒塞音。

l　　　　　ㄌ　　　　　　ㄌ

　　國語「來」音的聲母，濁、口、齒、邊音。

k,ch　　　　ㄍ,ㄐ　　　　　ㄍ

　　國語「哥」，或「吉」音的聲母，在閩南音讀法相同，都是ㄍ（k）音；國語則分成兩部分，像「哥」字的聲母ㄍ（k），是清、口、舌面顎中塞音。他如「吉」字的聲母ㄐ（ch），屬於清、口、舌面齒齦的塞擦音，符號取寬式國際音標作「ch」，好像英文字母「school」之「ch」音。

k′, ch′　　　ㄎ,ㄑ　　　　　ㄎ

　　國語「客」，或「溪」音的聲母，在閩南音讀法相同，都是ㄎ（k′）音。國音則分成兩部份，像「客」

字的聲母ㄎ（k′），是清、顎中送氣音，「k」的發音是強的。至於「溪」字的聲母ㄑ（ch′），是清、舌面齒齦送氣的塞擦音，寬式國際音標擬作「ch′」。

g　　　　　一　　　　　兀

閩南話「鵝」音的聲母。發音時，舌面對硬顎跟軟顎相交的那一部分發生作用，屬於濁、口、舌面中顎的塞音。這符號國語不載，而閩南話注音符號擬作「兀」。

ŋ　　　　　一　　　　　几

閩南話「黃」字的音，或「工」字的韻尾。是濁、鼻、舌面顎中塞音，相當於英文字母「thing」中的「ng」。這符號國語不載，閩南話注音符號擬作「几」。

h，hs　　　ㄏ，ㄒ　　　ㄏ

國語「火」字，或「曉」字的聲母。在閩南音讀法相同，都是ㄏ（h）音。國語則分成兩種讀音，像「火」字的聲母ㄏ（h），是清、喉摩擦音。至於像「曉」字的聲母ㄒ（hs），讀為清、口、舌面前硬顎摩擦音，寬式國際音標擬作「hs」。

ʨ　　　　　ㄐ　　　　　ㄐ

國語「精」音的聲母，是清、口、舌面齒齦的塞擦音。

ʨ′　　　　ㄑ　　　　　ㄑ

國語「清」音的聲母，屬於清、舌面齒齦送氣的塞

擦音。

φ　　　　　　　　ㄒ　　　　　　　　ㄒ

　　國語「心」音的聲母，讀清、口、舌面前硬顎的摩擦音。

tɕ　　　　　　　　ㄓ　　　　　　　　ㄓ

　　國語「之」音的聲母，清、舌尖前硬顎塞擦音。

tɕ′　　　　　　　ㄔ　　　　　　　　ㄔ

　　國語「吃」音的聲母，清、舌尖前硬顎、送氣的塞擦音。

ɕ　　　　　　　　ㄕ　　　　　　　　ㄕ

　　國語「生」音的聲母，清、舌尖前硬顎的摩擦音。

z　　　　　　　　ㄖ　　　　　　　　ㄖ

　　國語「日」音的聲母，濁、舌尖前硬顎的摩擦音，閩南話注音符號擬作「ㄖ」。

ts　　　　　　　　ㄗ　　　　　　　　ㄗ

　　國語「早」音的聲母，清、齒、塞擦音，「t」的發音是弱的。

ts′　　　　　　　ㄘ　　　　　　　　ㄘ

　　國語「雌」音的聲母，清、送氣、齒、塞擦音。

s　　　　　　　　ㄙ　　　　　　　　ㄙ

　　國語「私」音的聲母，清、口、齒、摩擦音。

二、元音

寬式國際音標	國語注音符號	閩南話注音符號
a	ㄚ	ㄚ

等於國語「阿」字音。

e	ㄝ	ㄝ

等於國語注音符號「ㄝ」（e）音。發這音時，舌中部較發æ音時再稍高，雙脣再稍接近，扁形。

i	ㄧ	ㄧ

等於國語「一」字音，但音稍短。

u	ㄨ	ㄨ

等於國語「烏」字音，雙脣圓形。

o	ㄛ	ㄛ

等於國語「喔」字音，發這音時，雙脣較發「ou」音時又稍張、圓形、舌面近根處又稍低。

ɤ	ㄜ	ㄜ，ㄛ

等於國語「婀」字音，發這音時，舌部位置和說「u」音時同，惟雙脣改為扁形，而非圓形。這符號大部份閩南人發音和國音相同，有小部份也讀成ㄛ（o）音，高本漢氏也認為「ɤ有時候寫作"o"，發音的部位稍微不同，就是在k，h後頭的元音比在ɕ（ㄕ）後頭的稍微後一點兒，這個分別是很微的，所以不大值得用

不同的標音。」

y　　　　　　　ㄩ　　　　　　　一

　　等於國語「迂」字音，這符號國音作「ㄩ」，而閩
南音無。

三、複合元音

寬式國際音標　　國語注音符號　　閩南話注音符號

　ie　　　　　　　ㄧㄝ　　　　　　　ㄧㄝ

　　好像國語「耶」字音，但改讀平聲。

　iu　　　　　　　ㄧㄡ　　　　　　　ㄧㄨ

　　等於國語「優」字音。高本漢氏以為「北京人在陰
平聲念 iu，在別的調念 iou。例如（九）北京ㄉㄘㄧㄨ，
或ㄉㄘㄧㄡ。」

　io　　　　　　　一　　　　　　　ㄧㄛ，ㄧㄝㄨ

　　好像閩南話「借」字的韻母。這符號多發生在國語
注音符號ㄠ（au）、ㄧㄠ（iau）、ㄡ（ou）、ㄧㄡ
（iou），或ㄧㄝ（ie）之時。而閩南音作ㄧㄛ，也作
ㄧㄝㄨ（ieu）。

　ia　　　　　　　ㄧㄚ　　　　　　　ㄧㄚ

　　等於國語「鴨」字音。

　ui　　　　　　　ㄨㄧ，ㄨㄟ　　　　ㄨㄧ，ㄨㄟ

　　好像國語「威」字的音。高本漢氏以為「北京話平

聲是 ui，上聲跟去聲是 uei（ㄨㄟ）。」

ue 　　　 一 　　　　 ㄨㄝ，ㄛㄝ

好像閩南話「鞋」字音，但改讀平聲。這符號國語不載，但閩南音作ㄨㄝ，也作ㄛㄝ（oe），像國語閩南語對照常用辭典都作ㄛㄝ。高本漢氏以為「在這些二合音（ua）裏第一個成素的發音常常是很鬆的，所以它非常近於 o，因此有時候遇見拿（oa），（oe）之類的寫法來代表 ua，uæ 之類的音。」

uo 　　　 ㄨㄛ 　　　　 ㆦ，ㄨㄛ

等於國語「窩」字音，這符號國語作ㄨㄛ，閩南音擬作ㆦ。

ua 　　　 ㄨㄚ 　　　　 ㄨㄚ，ㄛㄚ

等於國語「娃」字音，這符號國語作ㄨㄚ，閩南音作ㄨㄚ，也作ㄛㄚ。

ei 　　　 ㄟ 　　　　 ㄟ

好像國語「非」字的韻母。

ai 　　　 ㄞ 　　　　 ㄚㄧ，ㄞ

等於國語「哀」字音，這符號在國語閩南語對照常用辭典也擬作ㄚㄧ。

ou 　　　 ㄡ 　　　　 一

等於國語「歐」字音，這符號國語作ㄡ，在閩南音常轉為ㄠ（au）音。

_27_

| au | ㄠ | ㄠ（ㄜ，ㄛ） |

　　等於國語「凹」字音，這符號在閩南音也有轉成ㄜ，或ㄛ音。至於部份讀為ㄠ音，或也有從ㄡ（ou）音轉來。

四、鼻音

寬式國際音標	國語注音符號	閩南話注音符號
an	ㄢ	ㄢ

　　等於國語「安」字音。

| əŋ | ㄥ | ㄥ |

　　好像國語「燈」字音的韻母。

| aŋ | ㄤ | ㄤ |

　　等於國語「骯」字音。

| ən | ㄣ | 一 |

　　等於國語「恩」字音，這符號在閩南音多轉為ㄨㄣ「ㄨㄣ」（un），讀如國語「溫」字音。

| ien | ㄧㄢ | ㄧㄢ |

　　等於國語「烟」字音。

| in | ㄧㄣ | ㄧㄣ（ㄧㄣ） |

　　等於國語「因」字音。

| iŋ | ㄧㄥ | ㄝㄦ（eŋ） |

　　等於國語「英」字音。這符號在閩南音大部份讀為

ㄝㄫ（ eŋ ）音。

iaŋ　　　ㄧㄤ　　　ㄧㄤ

等於國語「央」字音。

uan　　　ㄨㄢ　　　ㄨㄢ（ㄨㄚㄋ）

等於國語「彎」字音。

un　　　ㄨㄣ　　　ㄨㄣ，ㄨㄉ（ut）

等於國語「溫」字音。這符號在閩南音有時轉為ㄨㄉ（ ut ）音，像廣韵「文」、「吻」、「問」、「物」四韵之中，有很多這種例子。

uaŋ　　　ㄨㄤ　　　一

等於國語「汪」字音，這符號在閩南音多轉為ㄛㄫ（ uoŋ ）音。

uoŋ　　　ㄨㄥ　　　ㄨㄥ

等於國語「翁」字音。

ye　　　ㄩㄝ　　　一

等於國語「約」字音。

yan　　　ㄩㄢ　　　一

等於國語「寃」字音，這符號在閩南音多讀ㄨㄢ（ uan ）音。

yən　　　ㄩㄣ　　　一

等於國語「暈」字音，這符號在閩南音多讀ㄨㄣ（ un ）音。

yuoŋ　　　　　ㄩㄥ　　　　　　｜ㆦㆭ，ㄝㆭ

等於國語「庸」字音。

五、半鼻音

寬式國際音標　　　　　　　　　閩南話注音符號
～　　　　　　　　　　　　　　ㅇ

這符號採用高本漢氏所擬作～，而國語閩南語對照
常用辭典作「ㅇ」，今國語不載。

ã　　　　　　　　　　　　　　　Ｙ°

好像閩南話「擔」（ tã ）字的韵母。高本漢氏以
爲「a的音質不明的還見於幾個方言，……，口音跟半
鼻音開尾的見於寧波汕頭廈門。」這情形常出現在發國
語注音符號ㄢ（ an ），或｜ㄢ（ ien ）之時。同時在
廣韵「談」、「銜」（以平聲統攝上、去、入，以下皆
同）兩部之中，也有部份發這種音，如「談」部之「三
」、「藍」，或「銜」部之「衫」、「餡」等皆是。

ẽ　　　　　　　　　　　　　　　ㄝ°

好像閩南話「嬰」字音，或「更」字的韵母。這情
形常出現在發國語注音符號ㄥ（ əŋ ），或｜ㄥ（ eŋ ）
。同時在廣韵「庚」、「清」、「靑」等三部之中，也
有部份發這種音；如「庚」部之「生」、「平」，「清
」部之「精」、「嬰」，跟「靑」部之「靑」、「冥」

_ 30 _

等都是。還須在此一提的是，這些字還發另一種音，就是ㄧ°（ĩ）音。

ĩ　　　　　　　　　　　　　ㄧ°

好像閩南話「天」（tʼĩ）字音的韻母，或「更」、「嬰」等字音的韻母。高本漢氏以爲「ĩ的音質不明的，……，半鼻音開尾的見於汕頭廈門。」這情形常出現在國語注音符號ㄥ（əŋ）、ㄧㄥ（eŋ），或ㄧㄢ（ien）之時。廣韵裏面，除了前面所說「庚」、「清」，和「青」等三部以外，「先」、「仙」，和「添」等三部，也有部份發這種音；如「先」部之「天」、「年」，「仙」部之「錢」、「篇」，跟「添」部之「甜」、「添」等皆是。

iã　　　　　　　　　　　　ㄧㄚ°

好像閩南話「京」（kiã）字音的韻母。高氏以爲「ia的音質不明的還有開尾跟帶尾的口音見於……，寧波廈門汕頭；最好這三個方言也有開尾的 iã。」其實在閩南音是有開尾的 iã，它常出現在發國語注音符號之「ㄧㄥ」（eŋ），或「ㄧㄢ」（ien）；同時在廣韵「庚」、「清」兩部，有部份的字發這種音，如「庚」部之「驚」、「行」，清部之「贏」、「精」等皆是。至於由ㄧㄢ（ien）音轉爲 iã 音，比較少見；例如，「件」、「健」、「拚」等等。

oã ，uã　　　　　　　　　　　ㄛㄚ°，ㄨㄚ°。

　　好像閩南話「官」字音，或「單」字音的韵母。高氏以爲「開尾的 uã （ a 是半鼻音）見於寧波汕頭廈門。」至於 uã 音有時也用 oã 音代表，如國語閩南語對照常用辭典就把 ua ，或 uã 音，擬作 oa ，或 oã 音。然而發 uã 音的情形，常出現在發國語注音符號之「ㄢ」，或「ㄨㄢ」音。同時在廣韵「寒」、「桓」兩部，也有部份發這種音，如寒部之「單」、「看」，和桓部之「歡」、「官」等皆是。

iũ　　　　　　　　　　　　　　　　ㄧㄨ°。

　　等於閩南話「鴦」字音。高氏以爲「開尾的 iũ （ u 是半鼻音）見於汕頭廈門。」它常出現在國語注音符號之「ㄤ」（ aŋ ），或 ㄧㄤ （ iaŋ ）。同時在廣韵之「陽」部也有，如「羊」、「張」等皆是。

aĩ　　　　　　　　　　　　　　　　ㄞ°。

　　好像閩南話「鏗」字音，或「晃」字音的韵母。它常出現在國語注音符號之ㄥ（ əŋ ），如「鏗」、「哼」，或ㄨㄤ（ uaŋ ），如「晃」，或「獷」等等。

uaĩ　　　　　　　　　　　　　　　ㄨㄞ°。

　　好像閩南話「橫」字的韵母。

uĩ　　　　　　　　　　　　　　　　ㄨㄧ°。

　　等於閩南話「關」字的韵母。

ũõ   ㄨㄛ。

好像閩南話「鼾」字的韻母。

閩南話聲調、符號說明

閩南話聲調符號向稱八聲，因兩聲（第二聲與第六聲）相同，實在只有七聲；比現在國語的四聲（陰平即第一聲，陽平即第二聲，上聲即第三聲，去聲即第四聲），要多出好幾種不同的聲調；然而閩南話七個聲調的符號是這樣的：

第一調，無記號。第二調是「ㄟ」。第三調是「·」。第四調是「ˊ」。第五調是「ˇ」。第六調符號和第二調同。第七調是「-」。第八調是「ˊ」。

歸納起來，這七個符號分別是：

「ㄟ · ˊ ˇ - ˊ」。

這裏只有六個符號，是因第一調以不加記號爲記號的。

現在就把這些聲調、符號說明於下：

第一調：本聲調不加符號。音高而平、稍長，即陰平聲、高平調，和國語陰平聲調（第一聲）相同。
例如：春（ tɕ'un ），燈（ teŋ）等。

第二調：本聲調符號是「ㄟ」。音高、漸降，即上聲、高降調，和國語去聲（第四聲）調相像。例如：友（ iù ），等（ tèŋ ）。

第三調：本聲調符號是「·」。音低、漸降、稍短，即

_ 34 _

陰去聲、低降調，和國語輕聲調相像。例如：
去（k′i˙），釘（tèŋ）。

第四調：本聲調符號是「ı」，依據蔡培火先生說，然而
本調國語不載。

第五調：本聲調的符號是「ˇ」。音低平，收音時升高
，即陽平聲，低曲調，和國語上聲（第三聲）
調相像。例如：茶（tě），林（limˇ）。

第六調：本聲調和第二調相同。

第七調：本聲調的符號是「‐」。音平稍長，即陽去聲
、平長調，這符號國語也不見，例如：轎（
kieū），下（hā）。

第八調：本聲調的符號是「ˊ」。好像國語陽平聲（第
二聲）調。例如：薄（pó），糴（tiá）。

　以上所稱引聲調符號，都本蔡培火先生所訂，所舉
閩南話聲調字例，都是各字的本調。如果兩字，或兩字
連成一詞時，第一字通常多轉為他調，例如「春」字，
原為第一調，說「春天」時，「春」即轉為第七調。其
餘各聲調的字，在同樣情形下，也都轉為其他各不同聲
調了。

荀子例證

一、頓

若挈裘領，詘五指而頓之。註一

　　楊注：「頓，挈也。」

　　集解：「盧文弨曰，頓，猶頓挫，提舉高下之狀，若頓首然，注挈也，疑誤。……，王念孫曰，楊訓頓爲挈，於古無據，且上文已有挈字，此不得復訓爲挈，盧、以頓爲頓挫，於義尤迂。頓者，引也，言挈裘領者，詘五指而引之，則全裘之毛，皆順也。廣雅曰，抈、引也，曹憲音頓，古無抈字，借頓爲之。鹽鐵論、詔聖篇曰，今之治民者，若拙御馬，行則頓之，止則擊之，頓之、引之也。釋名曰，挈、制也，制頓之，使順己也。挈、亦引也。鹽鐵論、散不足篇曰，吏捕索挈頓，不以道理，褚少孫、續史記滑稽傳曰，當道挈頓人車馬。」

　　閩南話也說，「上下抖動」，爲「ㄉㄨㄣˇ」（tùn ），字寫作「頓」。國閩辭典說：「頓手，握手。」註二

　　衣服或棉被皺皺不整齊，或自來水筆的墨水寫不出

來，或手錶停止不動，或者手脚一時麻木、抽筋；這些現象在必要時，或將衣、被、手脚，上下抖動；或者將自來水筆、手錶，上下震動，偶爾也能收到整齊、通順或舒暢的效果，這在閩南話也說「頓」、或說「頓頓」。有時我們坐車、或開車時，發覺車子跑起來不順遂，可能電路接觸不良，或換檔不得當，而發生前後撠頓，嚴重時，幾乎要停頓下來，這也說「頓」。人有時過度疲倦，打起瞌睡，頭會前後左右晃動；或者握手，常會上下用力振動，這種例子很多，現在我們也常聽到頓足，或頓首的說法。而國語注音符號，也有頓號「、」。

頓字旁證

文選，陸機、演連珠：「臣聞頓網探淵，不能招龍，振綱羅雲，不必招鳳。」註三李注，「頓，猶整也。」

頓字的音

頓，國語讀ㄉㄨㄣˋ（tùn），閩南音讀ㄉㄨㄣˋ（tùn）

附　　註

一、卷第一，勸學篇，二八頁。

二、ㄉㄨㄣˇ部，二九五頁。

三、卷五十五之二十，一〇二一頁。

二、名　聲

盜跖吟口，名聲若日月。註一

　　集解：「後漢、梁冀傳，口吟舌言。章懷注，謂語吃不能明了，吟口、當與口吟同義。盜跖吟口三句，與揚雄解嘲，孟軻雖連蹇（口吃），猶為萬乘師，文意近似。」

　　閩南話也說，「名氣，或名望」為「ㄇㄧㄚˇ　ㄒㄧㄚˍ」（ miǎ φiã），字寫作「名聲」。國閩辭典說：「名聲，名譽。」註二

　　名譽、名氣，或聲譽，閩南話也說「名聲」，是一常用語，如「好名聲」（ hǒˍ miǎ φiã ）、「名聲眞芳」（ miǎ φiã ʂφin p'aŋ ）、或「名聲眞響」（ miǎ φiã ʂφin hiàŋ ）等。常聽人說，名譽是人的第二生命，古往今來的人，都以愛惜名譽為重，從古籍的記敍可知，好的名聲，可以享譽一生，還可傳諸後世，如果不愛惜名聲，小者百千人受影響，大者破壞國

家形象，自己也身敗名裂，可不慎哉！

名聲若日月之「若」，在閩南話也是常用語，如果讀音是「拿」，就相當於國語「像」；如「若日月」、「若大人」、「若花」、或「若猴」等。假如讀音是「哪」，就相當於國語「如果」；如「若是他」、「若他去」、或「若好就買」等，例子很多。古書裏面，也常常可以看到，尚書、盤庚，「若網在綱」。或左傳、隱公元年：「若闕地及泉，隧而相見。」

名聲旁證

名聲的說法，在荀子書中，處處可見，如「名聲之所以美也，……，名聲未足以縣天下也。」或「而名聲剸天下之美矣，……，兵者勁之，名聲者美之。」註三

名聲的音

名聲，國音讀ㄇㄧㄥˊ ㄕㄥ（mén ȿəŋ），閩南音讀ㄇㄧㄚˇ ㄒㄧㄚ（miǎ φi ã）。

附　註

一、卷第二，不苟篇，五九頁。

二、ㄇㄧㄚˇ部，二三九頁。

三、分見於卷第五，王制篇，二三八及二四〇頁。

三、 劌

廉而不劌。註一

　　楊注：「說文云，劌、利傷也，但有廉隅，不至於刉傷也。」

　　閩南話也說，「碰到鋒利而受傷」為「ㄍㄨㄟ」（kūi），字寫作「劌」。常見的情形，人不小心碰到刀鋒、鐵釘、玻璃、竹片、或利刺等東西，而受傷流血；或者衣褲、衣被等，不小心碰到銳利的東西，而被割破，這在閩南話也說「劌」。是可知，「劌」是指東西不小心去碰到利物，而不是利物直接去割傷東西。就以刀子來說，只有人拿起刀子，才會切割東西，如果刀子是擺着不動，不會直接傷人，只有人不留意去碰到刀鋒，才會受傷，「劌」便是這個道理。

　　殺、割、劌三者，在閩南話分別得很清楚。殺、指殘殺，人殺氣重，或兇狠都說「殺」（ɡat）；至於一般所說「宰殺」，閩南話多說「ㄊㄞˇ」（tʼai），大多寫作「刉」；因此「殺雞」一語，閩南話多說「刉鷄」。而殺雞之前，往往要把脖子的血管割斷，所以說，「

_5_

气劌受割雞血(tʻǎi ke aiˋ kuat ke huit)。是可知，殺、割、劌三者，層次上的不同，非常明顯。

劌字旁證

劌字的說法，荀子書很多，榮辱篇：「廉而不見貴者，劌也。」註二楊注：「劌，傷也。」集解：「王念孫曰，廉而劌，謂有廉隅而傷人也，如此則人不貴之矣。不苟篇注云，廉、稜也，劌、利傷也，較此注爲勝。」而法行篇也說，「廉而不劌，行也。」註三楊注：「劌、傷也，雖有廉棱（稜），而不傷物，似有德行者，不傷害人。」另外禮記、聘禮也說，「廉而不劌，義也。」註四孔穎達正義引伸說，「言玉體雖有廉稜，而不傷割於物；人有義者，亦能斷割而不傷物，故云義也。」或可說，有稜有角，所以受到敬重，是因不會主動去傷害人，也就是德行、義理的表現。

劌字的音

劌，國音讀「貴」（kuèi），閩南音讀ㄍㄨㄧ（kui⁻）。

附　　註

一、卷第二，不苟篇，六一頁。

四、 傝

窮則弃而傝。 註一

　　楊注：「傝、當爲濕，方言云，濕、憂也，字書無傝字，韓詩外傳，作弃而累也。」

　　集解：「郝懿行曰，玉篇，傝、五甘切，不慧也。廣韵，五紺切、云傝傝。龍龕手鑑一云，傝、五盍反，傝傝、不箸事也。傝、他盍反，傝㑲㑲劣也；又音傝，不謹貌也。然則諸義皆與此近，此言小人窮，則卑弃失志，不能自振，往往如此，楊氏未見玉篇、廣韵，故云字書無傝字；又云，傝、當爲濕，竝非。韓詩外傳四，傝作累，恐亦字形之譌，累與濕，皆俗字。」

　　閩南話也說：「人或動物愚笨，不知厲害，或不識好歹」爲「ㄍㄚㄇ」（gām），字寫作「傝」，國閩辭典也有音「ㄍㄚㄇ」（gām），字卻擬作「憨」，其實就是「傝」，它說：

「儑目,沒有眼力。儑面,傻瓜、愚笨。儑頭儑面,呆頭呆腦。儑人,傻子。儑虎,傻老虎。儑賊,笨賊。」

註二

傻、笨、或愚,閩南話也說「儑」,這是常用語,說明人平時看起來不傻,有時卻像中邪似地,不知厲害,不識好歹;或認不清場合,一意孤行,做事違反常理,而遭到失敗;這在閩南話,也說「儑人」,或說「人儑儑」,也說「人眞儑」。

在閩南話裏,也有一種說法和「儑」相近,就是「憨」。集韻,「憨,愚也」。國閩辭典音「ㄎㄚㄇˋ」(k'am),它說:「你眞正憨,你眞傻。憨面,傻瓜的臉、傻氣。憨頭憨面,傻頭傻腦。憨人,傻子。憨憨,傻氣。憨氣,傻氣。」註三廣韻也說:「憨,癡也。」註四常見的情形,在公開場合,有的人沒考慮到女性在場,忽然說出有味的話而出醜;或有人不顧到自己的能耐,上前高歌一曲而獻醜;或者開會時,有人提出敏感問題,使得與會人士尷尬不已;這在閩南話也說「憨」、或說「憨憨」。或者,大多數的人不輕易替人作保,有人卻認為無所謂,而給人擔保;這種人在某些人的眼裏,被看作是傻人,甚至於是瘋子。因為一旦事後有責任問題,恐怕很難避開,前途也可能受影響,如廣韻說,「憨,害也。」其實這種人也是很憨厚的,這在閩

南話，也說「憨」，也有說「悾憨」（ k'uoŋ k'àm ），因爲作風好像瘋子或傻瓜。現在一般人說「瘋狂」，閩南話也說「悾」。而「悾憨」，台灣語典說「空憨」，「空憨，謂愚鈍也，空謂無能，憨音坎。玉篇，愚也，亦呼平聲如庵。」註五

總之，有時人窮志短，因此自暴自棄，而頹廢喪志；或者鋌而走險，淪爲偷、搶、盜、刼、殺之途，而遭致悲慘下場，可不悲哀；所以說，「君子固窮，小人窮斯濫矣。」這種人也可說「儑人作儑事」（ gām lǎŋ tsǒˋ gām ɕū ）。

儑，國語的讀音，可讀爲ㄢˇ（ ǎn ），閩南音讀「ㄍˉㄚㄇˉ」（ gām），雙方聲音似乎不相關，其實閩南讀音「gām」，可以說得通，說明如下：

儑，廣韵音「五紺切」註六，而「五」字的閩南音讀「ㄍˉㄜˉ」（ guō ），而「紺」字的閩南音讀「ㄍˋㄚㄇˋ」（ kàm），因此「儑」字的閩南音讀「ㄍˉㄚㄇˉ」（ gām），是不錯的。

附　　註

一、卷第二，不苟篇，六六頁。

二、ㄍˉㄚㄇˉ部，六四一頁。

三、ㄎㄚㄇˋ部，五九〇頁。

五、 兪

清之而兪濁者，口也。註一

　　楊注：「欲求其清，而兪濁者，在口說之過，謂言過其實也。或曰，絜其身，則自清也，但能口說，斯兪濁也，兪、讀爲愈。」

　　國語說，越來越好的「越」，閩南音讀爲「如」，字寫作「兪」，也寫作「愈」。國閩辭典說：
「愈久愈好，越久越好。」註二

　　越來越好，閩南話也說「兪來兪好」。「兪」，在閩南話是常用語，而荀子一書，也很常見。至於「越」字，在閩南話則有不同說法，今國語說「反而更」，如「反而更遠」、「反而更好」，在閩南話也說「越兪」（yuat zú）；如「越兪遠」（yuat zú hən）、「越兪好」（yuat zú hɔ̌）。另外國語說「轉」，如「頭轉來轉去」、「轉右邊」，在閩南話也說「越」

；如「頭越來越去」（t'ǎu yuat lǎi yuat k'i⁻）、「越正邊」（yuat Ƅφiã'pěŋ）。而「越南」，就是「轉到南邊」。

俞字旁證

俞字的說法，荀子書中很多，仲尼篇，「說必不行矣，俞務而俞遠。」儒效篇，「鄙夫反是，比周而譽俞少，鄙爭而名俞辱，煩勞以求安利，其身俞危。」註三楊注：「俞，讀爲愈。」

俞字的音

俞，國音讀如「魚」，閩南音讀「如」，雙方聲音似乎相差很大，其實閩南音讀「如」，可以說得通，說明如下。

集韻，「俞、容朱切。」註四而「容朱切」的音，正可以讀爲「如」，和閩南音相近。再者，「愉」、「瑜」等字的音，閩南音也都讀爲「如」，而集韻也是「容朱切」，是亦可證。至於「裕隆」汽車公司的「裕」，閩南音也讀爲「如」，也可作爲旁證。

附　　註

一、卷第二，榮辱篇，七九頁。

_ 11 _

六、　橈

重死持義而不橈，是士君子之勇也。註一

　　楊注：「雖重愛其死，而執節持義，不橈曲以苟生也。」

　　集解：「俞樾曰，此本作重死而持義不橈，故楊注曰，雖重愛其死，而執節持義，不橈曲以苟生也，是楊氏所據本而字，在持義之上。」

　　閩南話也說，「身體動來動去」為「ㄋㄧㄠˊ」，（niáu），字寫作「橈」，國閩辭典也有音「ㄋㄧㄠˊ」（niáu），字卻擬作「翹」，其實就是「橈」，它說：「橈．蠕動、想動。蟲在橈，蟲在蠕動。心肝在橈，心正在想動。心肝橈橈，心裏不安靜。橈橈動，一直地動。」註二

　　凡是人或動物受外力而動，閩南話也說「動」（tāŋ）、「震動」（tinˊtāŋ）、或「橈」。身體一

_12_

動，就屈曲不正直，所以說「橈」有「屈曲」、或「橈曲」之意，這種情形，常見於小孩子，因不好好坐、站、或睡，而動來動去，因此大人常罵小孩子，像廁所裏面的蛆蟲，動來動去，這在閩南話也說「橈」，或說「橈來橈去」。如果人躺着不動，或已經死亡不動，閩南話也說「bē 橈」，或「bē 震動」。至於東西本身不會動，須藉外力接觸才動，像桌子、或桌上公文，本身不會動，除非有人動它才動，這在閩南話也說「震動」，而不說「橈」。

另外，閩南話也說，「挑撥東西」為「ㄋㄧㄠˋ」（ŋiàu），字寫作「撓」。國閩辭典說：「撓，挖。撓耳屎，挖出耳垢。」撓，也是常用語；常見的情形，湯匙滑進湯裏，用筷子或其他東西挑撥起來；或用竹棍挑起死蛇；或從煨燼裏面，挑出甘藷；或用針挑出東西；這在閩南話也說「撓」。荀子議兵篇說：「譬之若以卵投石，以指撓沸。」註三集解，「撓，攪也。」

橈字旁證

橈字的說法，也見於荀子法行篇：「折而不橈，勇也。」註四楊注，「雖摧折而不橈曲，似勇者。」有外力要摧折它，卻絲毫不為所動，是勇者表現，真所謂「威武不屈」。

橈字的音

橈，國音讀「ㄋㄠˊ」（náu），閩南音讀「ㄗㄧ
ㄠˊ」（ŋiáu）。

附　　註

一、卷第二，榮辱篇，八三頁。
二、ㄗㄧㄠˊ部，六七三頁。
三、卷十，三七六頁。
四、卷二十，七四〇頁。

七、　煩　勞

為工匠農賈，則常煩勞。註一
　　閩南話也說，「煩惱」為「ㄏㄨㄢˇ ㄌㄛˋ」(huán
lò`)，字寫作「煩勞」。而國閩辭典擬作「煩惱」，
其實就是「煩勞」。它說：
「煩勞，煩悶、發愁。」註二
　　凡是煩心、勞力之事，常使人煩惱擔憂，司馬相如
、難蜀父老文說：「心煩於慮，而身親其勞。」然而這

種情形很常見，這在閩南話也說「煩勞」。而「煩」也可以說「勞」，禮記、樂記說，「衞音趨數煩志」，鄭注，「煩，勞也。」至於「煩惱」的說法，多見於佛教典籍。佛學大辭典也說：「智度論七曰，煩惱者，能令心煩，能作惱故，名爲煩惱。」註三因此在佛教典籍中，常可以看到，「煩惱河」、「煩惱海」、「煩惱障」、或「煩惱魔」等說法。

煩勞旁證

煩勞的說法，也見於儒效篇，「煩勞以求安利」，以及管子、明法解，「身無煩勞而分職」。註四

煩勞的音

煩勞，國音讀如「繁牢」（ fuán láu ），而閩南音讀「ㄏㄨㄢˇ ㄌㄜˋ」（ huǎn lɤˋ）。

附　　註

一、卷第二，榮辱篇，九三頁。
二、ㄏㄨㄢˇ部，七一九頁。
三、第三冊，十三畫，二四一〇頁。
四、卷二十一之十五，一二六頁。

八、 鄉 鄉

亦呥呥而噍，鄉鄉而飽已矣。註一

楊注：「鄉鄉、趨飲食貌，許亮反。」

集解：「先謙案，楊讀鄉爲向，故訓爲趨飲食貌；但呥呥是噍貌，則鄉鄉當是飽貌，若解爲趨飲食貌，文義不一律，且趨飲食，反在噍嚼之後，未免倒置，楊說非也。鄉，當爲薌之渻，薌、亦香字也，重言之，則曰鄉鄉。」

閩南話也說，「匆忙、突然」爲「ㄏ丨ㄜㄥˇ」（hiuǒŋ），或說「ㄏ丨ㄜㄥˇ ㄏ丨ㄜㄥˇ」（hiuǒŋ hiuǒŋ），字擬作「鄉」、或作「鄉鄉」，國閩辭典也有音「ㄏ丨ㄜㄥˇ」（hiuǒŋ），字卻擬作「雄」，其實就是「鄉」，它說：「鄉，慌忙、慌張。動作真鄉，動作太慌張。鄉逼逼，慌張、慌忙。」註二

匆忙、急忙、慌張，或突如其來，在閩南話也說「鄉」、或說「鄉鄉」，這是常用語。常見的情形，突然刮風、下雨；或者人、車，突如其來衝過來；這在閩南話也說「鄉鄉」。如，「鄉鄉起風、落雨」，或「人、

車鄉鄉衝過來」。如果有人似乎在逃避，或有急事，而不顧一切，開着快車，在閩南話也說，「駛車眞鄉」（ɛ̀ai ⱨɸia ⱨɸin hiuǒŋ ）。有時看到人吃飯很快，像囫圇吞棗，就說，「食眞鄉」，這種例子很多。至於「鄉鄉」的說法，或可能和「洶洶」的音義相似，說文，「洶，洶洶，湧也。」註三我們也常聽說，「洶湧澎湃」、「水勢洶急」、或「來之洶洶」。因此，像水勢突如其來而且快，或可說「洶洶」了。至於「鄉」和「洶」的閩南音也相同，在國閩辭典裏，「凶」、「兇」、「鄉」也同音「ㄏ丨ㄛㄦ」（hiuoŋ ）。只不過，「鄉」也可以讀爲「許亮反」（hiuǒŋ ）。

做事求快，原本是好事，如果勉強求快，有時也不免顧此失彼，甚至於產生後遺症；如開車時，雖踩足油門，一再加速，也只圖得匆匆到達而已，沿途情景，不免忽略，稍不注意，又容易出事。再如吃東西時，雖拉長嘴巴，不停嚼嚼，也只是匆匆塡飽肚子而已。其中美味，也無暇品嚐，一不小心，甚至帶來病痛。這種只圖快，不切實際的作法，不足取。

鄉鄉的音

鄉，國音讀ㄒ丨ㄤ（hsiaŋ ），閩南音也讀「ㄏ丨ㄛㄦ」（hiuǒŋ ），和「許亮反」的音相同。

附　註

一、卷第二，榮辱篇，九四頁。
二、厂ㄧㄞㄦ部，七六二頁。
三、十一上二之八，五五四頁。

九、　逢

士君子之容，其冠進，其衣逢，其容良。 註一

　　楊注：「逢、大也，謂逢掖也。」

　　集解：「俞樾曰，下云其衣逢，注曰，逢、大也，於冠言高，於衣言大，義正相類。」

　　閩南話也說，「人或物壯大」為ㄉㄨㄚˊㄆㄧㄤ（tuá pʻiaŋ），字寫作「大逢」，這也是常用語。常見的情形，大人長相雄壯魁梧，或小孩子長得胖又壯，這在閩南話也說「大逢」。至於建築物、飛機、或動物等，看起來雄偉高大，也常說「大逢」。現在一般人則常說「龐大」，或「龐然大物」。平常偶爾也聽到「好棒」，「眞棒」的說法；或許「棒」、和「逢」也有些相關。尚書、洪範曾說，「身其康彊，子孫其逢吉

_ 18 _

。」註二釋文：「馬云，逢、大也。」愚以為，「身其康彊，子孫其逢，吉。」因為「身其康彊」，所以「子孫很棒」，乃是大吉大利之事。因此，「逢」，有「盛」、「大」、「棒」、「好」之意，也和「彊」諧韵。至於「其衣逢，其容良」，「逢」和「良」也是諧韵。

古書裏面，與「逢」的音義相近，或許是「豐」。方言說，「豐、大也。」後漢書、樊準傳，也有「豐衣博帶」的說法；「豐衣」，或與「逢衣」相似，荀子儒效篇說，「逢衣淺帶」，楊氏以為，「逢、大也，淺帶、博帶也。」至於「豐」字的音，廣韵說，「敷空切」，而「敷空切」的音，閩南音也讀如「p'aŋ」，和「逢」（p'iaŋ）音相近。

逢字旁證

逢字的說法，也見於其他古籍，禮記、儒行說：「丘少居魯，衣逢掖之衣；長居宋，冠章甫之冠。」註三鄭注：「逢，猶大也。大掖之衣，大袂襌衣也，此君子有道藝者所衣也。」

逢字的音

逢，國音讀如「縫」（fuón），閩南音讀「ㄆㄧ尢˙」（p'iaŋ）。

附　註

一、卷第三，非十二子篇，一四五頁。
二、卷十二之十七，一七五頁。
三、卷五十九之一，九七四頁。

十、　塡　塡

塡塡然。 _{註一}

　　楊注：「塡塡然，滿足之貌。」

　　集解：「郝懿行曰，塡塡者，盈滿之容。」

　　閩南話也說，「滿」爲「ㄉ丨°」（ t ĩ⁻），或說
「ㄉ丨° ㄉ丨°」（ t ĩ⁻ .t ĩ⁻），字寫作「塡」、
或作「塡塡」。國閩辭典也有音「ㄉ丨°」（ t ĩ⁻），
卻擬作「浱」，其實就是「塡」，它說：

「塡，滿。水塡了，水滿了。塡塡，滿滿。塡流，滿潮
。」_{註二}

　　滿，閩南話也說「塡」，或說「塡塡」，也說「塡
滿滿」（ t ĩ⁻ muá muá ）。常見的情形，人、車，
或東西擠塞得滿滿；或者水、酒、或其他東西滿了，這

_20_

在閩南話也說「塡」、「塡塡」、或「塡滿滿」，其例甚多。

另外，閩南話也說「聲響」為「塡」，音讀如「胆」，也是常用語。常見的情形，雷、鼓、鐘、或警報器發出聲響，在閩南話也說「塡」，如「雷響」就說「塡雷」（tǎn luiˉ），楚辭章句、九歌、河伯說，「靁塡塡兮雨冥冥」。註三而「鼓聲響」也說「塡」，孟子、梁惠王上說，「塡然鼓之，兵刄既接。」趙注，「塡，鼓音也。」孫疏，「塡、塞也，又滿也。趙氏云鼓音，蓋言鼓音之充塞，洋洋而盈滿也。言鼓音既充塞盈滿於戰陣之際，則兵刄刀鎗既以交接。」至於「鼓之塡然」，或可說，「鼓之響然」，或者說，「鼓聲響徹雲霄，塞滿天際。」至如「塡」字的音，朱熹集注說，「塡，音田」，至如田字的古音，也可以音陳。而史記、田敬仲完世家也說，「以陳字為田氏」。現在「陳姓」的讀音，在閩南都讀為「胆」（tǎn·）。因此「塡」、「田」、「陳」三者聲音相近，是可知，「塡」也可以讀為「胆」。

古書當中，也有音義和「塡」相近的，或是「闐」；因為「闐」，也有「盛」、「滿」、「鼓聲」，或「雷聲」之義。段氏解釋說文「闐」篆說，「謂盛滿於門中之貌也」。史記、鄭當時傳也說，「始，翟公為廷尉

，賓客闐門。」註四「闐」，或可以說「滿」、或「盛」。至於解釋爲「鼓聲」，或「雷聲」，如小雅、采芑，「伐鼓淵淵，振旅闐闐。」註五，鄭箋，「伐鼓闐闐然」。正義：「以淵淵、闐闐，俱是鼓聲。」而楚詞補注、九辯也說，「屬雷師之闐闐兮」，註六洪注，「闐，音田，鼓聲。」

填字旁證

填字的說法，也見於其他古籍，漢書、鄭當時傳：「先是，下邽翟公爲廷尉，賓客亦填門；及廢，門外可設爵羅。」註七後漢書、崔駰傳也說：「所至之縣，獄犴填滿。」註八

填字的音

填，國音讀如「田」，閩南音讀ㄉ丨°（ tĩˉ）。

附　　註

一、卷第三，非十二子篇，一四六頁。

二、ㄉ丨°部，三一五頁。

三、卷二之十五，1062～23頁。

四、卷一百二十之八，一二七一頁。

五、卷十之二之十一，三六一頁。

六、卷八之十六，1062～221頁。

七、卷五十之十六，一一〇二頁。

八、卷五十二之二，六一一頁。

十一、　炊

可立而待也，可炊而僾也。註一

楊注：「炊、與吹同。」

集解：「炊而竟，猶言終食之間，謂時不久也。」

閩南話也說，「蒸」爲「ㄔㄨㄟ」（tɕ'uei）
，字寫作「炊」。國閩辭典說：

「炊，蒸。炊紅龜，蒸紅色的龜狀糕。炊粿，蒸糕
、蒸米糕。」註二

蒸，閩南話多說「炊」，是常用語，如「蒸飯
」、「蒸魚」、「蒸年糕」、「蒸熱」、「蒸熟」
等，在閩南話多說「炊」。凡是新鮮的東西，才可
以蒸，尤其是魚類，蒸起來味道特別鮮美，營養價
值也高，只是腥味重而已。蒸東西時，氣會上升，
而溫饀東西也一樣，其意義却不同。國語所說「蒸
饀」，閩南話只說「饀」（liū），煮過的東西再
蒸熱，就是「饀」，廣韵說，「饀，饀飯。」註三
孔子曾經告訴我們，學了之後，還要時常溫習，好

_23_

像餾飯一樣，因此閩南話也說「溫習」為「餾」。

　　荀子以為，人以位尊則必危，任重則必廢，擅寵則必辱，因為要墮毀他的人很多，扶持他的人很少；因此一時位尊、任重，或擅寵，就好像立而待，炊而儳，為時不久。

炊字旁證

　　論衡、知實：「顏淵炊飯，塵落甑中。」註四青箱雜記也說，「仁宗廟諱貞，語訛近蒸，今內廷上下，皆呼蒸餅，為炊餅。」註五

炊字的音

　　炊，國音讀如「吹」，閩南音也相同。

附　　註

一、卷第三，非十二子篇，一五八頁。
二、ㄑㄨㄝ部，九一八頁。
三、卷四，去聲、四十九、宥，四三六頁。
四、卷二十六之十，二五三頁。
五、卷二之八，1036～618頁。

十二、 上

老身長子不知惡也，夫是之謂上愚。註一

楊注：「有偏僻之見，非昧然無知，然亦不免於愚，故曰上愚。」

集解：「劉台拱曰，上愚，猶言極愚，楊注非。」

閩南話也說，「最」為「ㄒㄧㆦㄥ」（φiuōŋ），字寫作「上」。國閩辭典說：

「上後，最後。上後壁，最後頭。上閒，最閒。上輩，前輩、先輩。上品，上等。上頭，最初、最前頭。上頭前，最前頭、最前面。上古，最古的時代。上久，最久、最長久。上緊，最快。上好，最好、頂好。」註二

最、至、極，閩南話也說「上」，這是常用語，而一般多說「最」。史記、樊噲傳，「灌廢丘，最」，註三集解引張晏說，「最，功第一也。」另外，在閩南話裏，也常聽說「上頭」，在古書裏面，也可見，樂府古辭、陌上桑說，「東方千餘騎，夫壻居上頭。」而輟耕錄、上頭入月，也有提及，「今世女子之笄，曰上頭。而倡家處女，初得薦寢於人，亦曰上頭。」註四

上字旁證

周易、乾卦、上九，以及坤卦、上六，孔穎達分別解釋爲，「上九，亢陽之至大而極盛。」「上六，是陰之至極。」而儀禮、鄉射禮也說，「鄉侯上个五尋」，註五鄭注，「上个，謂最上幅也。」

上字的音

上，國音讀如「尙」（ɕàŋ），閩南音讀「ㄒㄧㆲ」（ɕiuōŋ）。

附　　註

一、卷第四，儒效篇，一七五頁。
二、ㄒㄧㆲ部，一〇六八頁。
三、卷九十五之四，一〇七九頁。
四、卷十四之十九，1040～569頁。
五、卷十三之十七，一五一頁。

十三、鄉　也

鄉也混然，涂之人也，俄而竝乎堯禹，豈不賤而貴矣哉！註一

集解：「鄉，音向。」

閩南話也說，「從前」、「剛才」，或「前些時候」爲「ㄏㄧㆦㄥ ㄚ」（hiuoŋ à），字寫作「鄉也」。這種說法，在鄉下也可見。本鄉有一村，村名叫「灣內」，村中父老，往往脫口而出，口音也很重，非常特出。在古書裏面，也有說「鄉者」，淮南子、道應訓說，「鄉者，吾問道於無窮。」註二在閩南話裏，「也」字的音、義，或相當於國語「呀」，或「啊」。因此「鄉也」，或可說，「從前呀」，或「剛剛啊」。現在我們也常聽說，「你呀」、「我啊」、「牛啊」，或「羊呀」，這在閩南話或可說，「爾也」、「余也」、「牛也」，或「羊也」。像「牛仔褲」，或可說「牛也褲」（gú à kʻuō）。另外，閩南話也說，「個」，或「的」爲「兮」（hě），如「一個」，或「我的」，在閩南話也說，「一兮」，或「余兮」。因此在閩南話裏，「也」與「兮」，音義自有不同。

鄉也旁證

鄉也說法，在荀子一書很多，「鄉也，效門室之辨，混然曾不能決也。」「鄉也，胥靡之人，俄

而治天下之大器舉在此，豈不貧而富矣哉！」註三而論語、顏淵篇也有這種說法，「鄉也，吾見於夫子而問知。」

鄉也的音

「鄉也」的音，國音和閩南音相近；「鄉」字的證明，已見前說。至於「也」字的音，國音讀「丨ㄝˇ」（iě），閩南音讀「丨ㄚ˙」（iȧ）音，像國閩辭典，「也」音「丨ㄚ˙」；而「爺」、「椰」、「耶」也同音「丨ㄚˇ」，是可證。

附　　註

一、卷第四，儒效篇，一七六頁。
二、卷十二之一，八三頁。
三、同註一。

十四、　碩

草木榮華滋碩之時。註一

　　閩南話也說，「成熟」為「ㄒㄝㄍ」（φek），字

寫作「碩」，國閩辭典也有音「ㄒㄝㄍ」（φek），字却擬作「熟」，其實就是「碩」，它說：

「碩，成熟。蕃麥碩，包米熟了。柑仔還未到碩，橘子還沒有成熟。」「碩，懂事、老成、聰明、滑頭。」註二

成熟、老成、健壯，閩南話也說「碩」，也說「眞碩」，這是常用語。常見的情形，人作風老成穩重，或長得豐滿成熟；或者牲畜肥壯，瓜果長大充實，這在閩南話也說「碩」。一般說來，人大多越老越成人，做事越老練，學問也淵博深厚，有如碩學通儒。後漢書、荀淑（荀爽）傳說，「積十餘年，以著述爲事，遂稱爲碩儒。」註三有時我們也很欣賞女性美，女人因身心成熟，看起來很健美，因此古人有「碩女」的說法，詩經、小雅、車舝，有「辰彼碩女」之說。衞風、碩人也提到，衞莊公娶齊東宮得臣之妹爲妻，名叫莊姜，並形容莊姜，「碩人其頎，衣錦褧衣」，可見莊姜的容貌，是如何「長麗俊好」了。

至於牲畜的碩大，或也可以說「碩牲」，可用來播種傳宗，品質一定優良，左傳、桓公六年，「謂其畜之碩大蕃滋也」。註四再者，瓜、果，或豆類，一旦碩大成熟，便可採食；或選擇特優，留爲種用。易經、剝卦也說，「上九，碩果不食，君子得輿，小人剝廬。」註

五程傳以爲，「諸陽剝削已盡，獨有上九一爻尙存，如碩大之果，不見食，將見復生之理。」前人也有「碩果僅存」之說，其理甚明。

碩字旁證

荀子、富國篇：「禮節將甚文，珪璧將甚碩，貨賂將甚厚。」註六楊注：「碩，大也。」詩經，唐風、椒聊篇，也有「碩大無朋」、「碩大且篤」的說法，鄭氏以爲，「碩，謂狀貌佼好也。」

碩字的音

碩，國音讀ㄕˊ，也讀ㄕㄨㄛˋ，閩南音則讀「ㄒㄝㄍ」（φek），而閩南音的讀法，可以說得通。

比如說「室」、「釋」、「式」等字的音，國音聲母讀ㄕ音，而國閩辭典同音「ㄒㄝㄍ」（φek）。

另外，「碩」字的閩南音韻母讀爲「ㄝㄍ」（ek），也說得通。以詩經諧韵來說明。「伯、宅（崧高二章）。」「碩、伯（崧高八章）。」註七「碩」、「伯」、「宅」三字，可以分別諧韵，而三字的閩南音，分別是「φek」、「pek」、「t'ek」，可見「碩」字的韵母，可以讀爲ㄝㄍ（ek）音。

再從諧聲偏旁來說，說文以爲，「碩，从頁、石聲

_30_

。」而詩經，邶風、柏舟三章，「石」、「席」諧韵；「席」字的閩南音又讀「ㄒㄝㄍˊ」（φék），又可證「碩」字的韵母，可讀爲「ㄝㄍ」（ek）。

至於「碩」字的國音韵母，又讀ㄨㄛ（uo）音，或可從詩經諧韵看出。如「碩、獲（秦駟鐵二章）」「碩、若（大田一章）」，而「獲、若」的國音韵母都讀ㄨㄛ音。

附　　註

一、卷五，王制篇，二三〇頁。

二、ㄒㄝㄍ部，一〇二七頁。

三、卷六十二之六，二〇五六頁。

四、卷六之十八，八九頁。

五、卷三之十八，六四頁。

六、卷六，富國篇，二七七頁。

七、第五部，入聲，八五三至八五四頁。

十五、不時

餘若丘山，不時焚燒，無所臧之。 註一

閩南話也說，「常常」爲「ㄅㄨㄉ　ㄒㄧˇ」（put φiˇ），字寫作「不時」。國閩辭典說：

「不時，常常、常。」註二

常常、時時、時常，閩南話也說「不時」，這也是常用語。現在常聽說，「時常在一起」、「時常買來吃」、「時常來」、「時常感冒」、「時常趕車」等，這在閩南話也說「不時造會」、「不時買來食」、「不時來」、「不時感冒」、「不時趕車」等。至於「不時」，或可說，「時間不固定，而次數却不少。」另外，史記也有「時時」的說法，酈食其傳，「沛公時時間邑中賢士豪俊騎士歸」。註三時時，也見於國閩辭典，解釋爲「常常」，或「時常」。

古書裏面，還有不時說法，意義却有所不同，論語、鄉黨，「不時，不食。」不時，或可說，「不得時」、「不合時」，或「不到時候」。也有「以時」的說法，或可說，「按時」、「適時」，孟子、梁惠王上，「斧斤以時入山林」，說法不一，意義也不同。

不時的音

不時，國音讀「ㄅㄨˋ　ㄕˊ」，閩南音讀「ㄅㄨㄉ　ㄒㄧˇ」（put φiˇ）。

附　註

一、卷第五，王制篇，二四八頁。

二、ㄅㄨㄅ部，一二三頁。

三、卷九十七之一，一〇九五頁。

十六、　糞

多糞肥田。註一

　　閩南話也說，「垃圾堆裏面腐化的穢物」為「ㄅㄨ
ㄣ」（pún），字寫作「糞」。國閩辭典說：
「糞堆，垃圾堆。糞圾，垃圾。糞圾堆，垃圾堆。」註
二

　　從前在鄉下，常看到住家附近，多挖有大垃圾坑，
鄰居們都把垃圾、水肥等穢物，倒進垃圾坑，積久成垃
圾堆；經過雨淋水漬，垃圾腐化，可作肥料；到時—牛
車—牛車分肥，或賣，或暫存，或運往田裏施肥。這種
腐化之穢物，或垃圾堆，閩南話也說「糞肥」（pun
puiˋ，或「糞堆」（pùn tui）。

　　因為「糞肥」屬天然有機質肥料，營養分高，施肥

之後，可使土壤鬆軟、肥沃，便於作物吸收成長。如果作物從播種、生長、開花、結實都能施糞肥，多能繁茂結實。只是糞肥須日久多時，收取不易，因此多用化合肥料配合。但是化合肥料功效有限，不僅土質不易鬆軟，還須依照各種成長過程，分別使用各種不同化合肥料，不像糞肥，能使作物一氣呵成，一勞永逸。因此糞肥在目前還是不可缺。當今經濟部所屬台灣糖業公司，很多糖廠附近有許多「畜殖場」，大批養豬，其目的之一，即在收取豬糞、尿作肥料。因此在「畜殖場」設有大糞坑，貯存豬排泄物；尿肥可以抽取到田裏，而糞便則和甘蔗渣漚浸一起，成糞肥，作肥料。在這之前，台糖公司多向民間收購糞肥，以補不足。然而糞肥可以作肥料，糞土污穢不潔，則毫無所用，其理自明。

今國語說「糞便」，閩南話多說「矢」、或「𥪝」，音同「晒」（ṣài），而「𥪝」字，見於說文解字。

另外，閩南話也說，「收取東西」為「糞」，音同「不」（put）。常見的情形，掃完地後，用糞箕把垃圾取走；或稻、穀晒完，扒進糞箕，裝入麻帶；或者用糞箕把沙石取走，這在閩南話也說「糞」。或可說，「糞」有「收拾」、「清除」之義。荀子、彊國篇說：「堂上不糞，則郊草不瞻曠芸。」註三左傳、昭公三年也說，「小人糞除先人之敝廬」。註四然而「糞」字，說

文解字也有說明，「糞，棄除也，从廾推華、糞釆也。官溥說，似米而非米者，矢字。」註五段注，「按，棄，亦糞之誤，亦複舉字之未刪者，糞方是除，非棄也。與土部垚，音義皆略同。」「許意，垚用帚，故曰掃除；糞用華，故但曰除。古謂除穢曰糞，今人直謂穢曰糞，此古義今義之別也。凡糞田，多用所除之穢爲之，故曰糞。」從段氏所說可知，古人以爲「糞除東西」爲「糞」，當今閩南話說法也一樣。而所說之「糞便」，閩南話多說「矢」，或「薗」。至於「糞田」，閩南話也說「壅糞」（yèŋ pùn），其音轉爲「本」之輕聲，音義非常清楚。

再者，國語說「掃除」，閩南話也說「抨」，音「ㄅㄧㄚ°」（piã）。常見的情形，把小孩子丟滿地的玩具，收拾整理；或利用假日，將屋子裏外清掃乾淨；或者遇清潔日，或快過年時，把屋子大掃除一番，使得住家煥然一新；或者把清掃的垃圾倒掉，這在閩南話常說「抨」，或說「抨抨」，也說「抨掃」。如「抨茨內」、「大抨掃」，或「抨糞圾」。禮記、少儀說，「掃席前曰抨」，註六一般說來，清掃工作，須用心用力，腳踏實地，一絲不苟，所以閩南話也形容人「努力做事」、或「勤奮用功」，爲「撲抨」（p'à piã），好像抨命似的。因此很「用力打掃」，閩南話常說，「眞撲

抃抃掃」。現在有一首歌，歌名取為「愛抃才會贏」，意義非常深遠。然而「抃」，說文解字作「坌」，已見前面段玉裁說。

　　總之，在閩南話裏，「糞」有兩種音義，一作名詞，讀音好像國音「本」之輕聲，解釋為「糞肥」；另一作動詞，讀音好像國音「不」，其義為「收取」、「清除」。另外，在閩南話裏，「抃」也可以說「打掃」，或「傾倒」。如國語說，「用力打掃豬圈，清除豬糞，除取豬糞，倒進糞坑，作肥料，使田肥沃」；這在閩南話或可說，「撲抃抃豬箸，清豬菌，糞豬菌，抃落糞堆，後日變糞，壅田田肥」（ p'à　piã˙　piã´ ti tiǎu， ᵖɸ'eŋ ti s̀ai，put ti g̀ai，piã´ lǒ˙pùn tui，ǎu zi´ p̃i˙pùn，yèŋ tg̀ǎn tg̀ǎn puiˇ）。從閩南話的說法，似乎可以分辨得很清楚了。

糞字的音

　　糞，國音讀如「份」（fə̀n），閩南音讀如「本」之輕聲。

附　　註

一、卷第六，富國篇，二五七頁。
二、ㄅㄨㄣˇ部，一二六頁。

十七、 麩

午其軍，取其將，若撥麩。 註一

　　楊注：「周禮籩人職云，朝事之籩，其實麷蕡，鄭云，麷，熬麥；今河閒以此（北）煮種麥賣之，名曰麷。據鄭之說，麷、麥之牙蘖也，至脆弱，故以喻之。若撥麷，如以手撥麷也。麷，音豐。」

　　集解：「郝懿行曰，取其將，若撥麷者，熬麥曰麷，見籩人注。熬、乾煎也，今謂之熀，蓋麥乾煎，則質輕脆，故撥去之甚易，荀義當然。籩人注又云，今河閒以北，煮種麥賣之，名曰逢，逢，當音蓬；今江南人蒸稬米曝乾熀之，呼米蓬，與鄭義合。知逢，古音如蓬也，蓬、謂蓬蓬然張起，此後鄭義，與先鄭異。楊注既引先鄭，於義已足，而並蔓引後鄭，又改其曰，逢者爲麷，且云據鄭之說，麷、麥之牙蘖也，二鄭皆無此義，楊

氏不知，而妄測之，皆鄙書燕說耳。」

閩南話也說，「米花糖」爲「ㄅㄧˊ ㄆㄤ」（biˊ pʻaŋ），字寫作「米麷」。國閩辭典也有音「ㄅㄧˊ ㄆㄤ」，字却擬作「米香」，其實就是「米麷」。它說：「米麷，米花糖。」註二

米花，閩南話多說「米麷」，現在也常見「爆玉米花」，玉米經過高溫熬烤，膨大爆裂，芳香四溢。

每到天涼時，常看見夫妻檔開輛發財車，載著用具，就地爆起米花，其法大致如此，單獨用米、或混合花生，倒進長圓形鋼筒裏面，蓋子蓋緊，在瓦斯爐上來回轉；另外在小爐子上熔化麥芽糖；過一會兒，把鋼筒前頭對著大鐵絲網，然後鉤開筒蓋，爆的一聲，米花爆出來，落在鐵絲網裏面，接著倒進大盆子，加上麥芽糖汁，攪拌均勻，再倒在木板上，用圓滾木來回滾平，而後切成一塊一塊，又香又脆，便成「米麷」。因爲米粒經過烘熬，膨脹變大，味道香，質量輕，可輕易撥開，所以說「若撥麷」。

荀子以爲仁人治國，能「脩志意，正身行，伉隆高，致忠信，期文理」，則「王公不能與之爭名」，且「天下莫之能隱匿」。於此「上下一心，三軍同力」；則國內屯聚，民安且固。因此一旦兩軍相遇，能夠擊退其軍，輕取其將，就好像撥米麷，輕而易舉。

前人對於「麰」字的說法有多種，說文解字以爲是「煮麥」，賈公彥認爲是「熬麥」，而孫詒讓則說，「古所謂熬，卽今所謂炒也。」都和閩南話說法不同。或者古時有「烘柿」的作法，或可作爲參考。本草綱目，「柿、烘柿」李注：「烘柿、非謂火烘也，卽靑綠之柿，收置器中，自然紅熟如烘成，澀味盡去，其甘如蜜。」註三從前在鄕下，也常看到類似這種作法，大多把水果放在米缸裏面，或者甘藷籤中，不透氣，水果很快變熟。

麰字的音

　　麰，國音讀「ㄈㄨㄥ」（fuoŋ），閩南音讀「ㄆ　ㄤ」（pʻaŋ），和「芳」字音相同。

附　　註

一、卷第六，富國篇，二七六頁。
二、ㄅ｜ˋ部，二二〇頁。
三、卷三十之十八，773～627頁。

十八、塊

塊然獨坐，而天下從之如一體。 註一

閩南話也說，「單身一個人」為「ㄐ一ㄉˊ ㄎㄨㄛˊ ㄌㄤˇ」（ȶɕitˊkˊuo lăŋ），字寫作「一塊人」。這是常用語，今國語說，「一個人」，閩南話也說「一兮人」，或說「一塊人」。「一塊人」往往說明人形影孤單、寂寞。常見的情形，已到適婚年齡，仍單身獨居，或小姑獨處；或一個人離鄉背井，隻身出外奮鬥；或者夫婦離異，有一方孤單離去，又變成獨身；這在閩南話也說「一塊人」。一個人常空無所有，因此閩南話也說，「一塊人縷縷」。一個人的問題較容易解決，自己顧好就可，不若一家之主，需為家人生活奔波煩惱，所以也有「一塊人飽，全家飽」的說法。總之，單身漢在心理及生理上，都會互為影響，而不太平衡；一旦有重責大任，誰也不敢寄託給他，因為不知齊家，何能治國！

再者，國語說「胖子」、或「大塊頭」，閩南話也說「大塊」（tuá kˊuo）、「大逢」（tuá pˊiaŋ）、「粗朴」（tsˊuo pˊɤˉ）、或「大朴」（tuá pˊɤˉ）。莊子、齊物論，「夫大塊噫氣」，「大塊」，陸德明引司馬云，「大朴之貌」。我們也常聽到「大塊頭」，或「塊頭大」的說法，因此，「眞胖」，或「胖子」，閩南話常說「眞大塊」，或「大塊人」。

至於「大朴」之「朴」，也有「粗大」之義，楚詞補注、天問：「恒秉季德焉，得夫朴牛。」註二洪注，「恒、常也，季、末也，朴、大也；言湯常能秉持契之末德，修而弘之，天嘉其志，出田獵，得大牛之瑞也。」然而「朴牛」，或可說「牛大朴」，或「牛粗朴」。

塊字旁證

塊字說法，也見於漢書、陳湯傳，「使湯塊然」。
註三

塊字的音

塊，國音讀ㄎㄨㄞˋ（k'uài），閩南音讀ㄎㄨㄛ（k'uo），雙方聲音相近。而閩南音的讀法，也可以說得通。

塊，廣韵，「苦對切」，註四　而「會」字的國音韵母，可讀ㄨㄞ音，或ㄨㄟ音。又詩經諧韵方面，「懷畏、懷畏、懷畏（鄭、將仲子一二三章）」，註五「懷」、「畏」的國音韵母，分別是ㄨㄞ、ㄨㄟ。再者「火、葦（豳七月三章）」，而「火」、「葦」的國音韵母，分別是ㄨㄛ（uo）、ㄨㄟ（uei）音，是可知，「塊」，閩南音讀k'uo，可以說得通。

附　註

十九、　劙

則劙盤盂，刿牛馬。註一

　　楊注：「劙，割也，音戾。劙盤盂、刿牛馬 ，蓋
古用試劍者也。戰國策，趙奢謂田單曰，吳干將之劍，
肉試則斷牛馬，金試則截盤盂；盤、盂皆銅器，猶刜鍾
無聲，及斬牛馬者也。」

　　閩南話也說，「割開，或劃開東西」爲「ㄌㄝˊ」
（lé），字寫作「劙 」，國閩辭典也有音「ㄌㄝˊ」
（lé），字却擬作「裂」，其實就是「 劙 」，它說：
「劙， 用刀尖劃。柚子用刀先劙才剝皮，柚子先用刀
劃再剝皮。」「劙，裂痕。一劙 ，一個裂痕。」註二

用刀劃開，閩南話也說「剺」，這是常用語。常見的情形，用刀在東西上面劃一劃，如賣豬肉的老闆，往往將半條豬的豬肉，先切成塊塊，再在上面，劃幾刀，賣時好切。或有時買回大塊豬肉，拜拜作牲禮用，也常在肉上劃幾刀，下水很快就熟。另外，煎魚或炸魚之前，也常把魚肉割開，然後下鍋。像虱目魚質美味鮮，只是魚刺多且細，因此在下鍋之前，多劃上幾刀，魚刺也被割斷成短短的，避免鯁刺在喉。這在閩南話也說「剺」，或「剺剺」，也說「剺一痕一痕」　（lé ʦɤit hūn ʦɤit hūn）。

　　另外，在閩南話也說「割取東西」爲「劉」。「剺」是用刀劃割開，還接連未斷；而「劉」是長長地割取下東西，常聽到說，「如不識好歹，就割下耳朵」；也常見肉商隨客人之意，割下一塊肉賣；或客人也會要求把豬皮，或肥肉割掉；另外，賣虱目魚粥的人，都先把虱目魚割成兩片，除掉中間骨刺；這在閩南話也說「劉」（lieǔ）。然而「劉」字，古書多解釋爲「殺」，尚書、盤庚上說，「重我民，無盡劉。」註三孔傳，「劉，殺也。」也見於「爾雅」、「方言」。而說文解字也有「鎦」字，其音、義也和「劉」相同。

　　爲了分別「殺」、「劉」、「剺」之不同，或可說，「殺」，可一下致人於死；「劉」，則長長地割下

一塊肉，也會致人於死：「劏」，却是細細地一刀刀劃，如果在傷口灑上鹽，或辛辣刺激物，可眞是生不如死，痛不欲生。如果器皿被劏割，不是被割開，至少也有痕跡。荀子以爲，方法得當，原料好，技術佳，火候夠，彼此互相配合，可製出良劍莫邪；再去其生澀，反覆砥厲，則盤盂可劏割，牛馬可殺死，也是輕而易擧之事了。

劏字旁證

劏字的說法，也見於方言、十三，「劏，解也。」註四玉篇也說，「劏，解也、分割也。」註五

劏字的音

劏，國音讀ㄌㄧˇ（liˇ），閩南音讀ㄌㄝˊ（léˊ）。

附　　註

一、卷第十一，彊國篇，四〇九頁。
二、ㄌㄝˊ部，四四〇頁。
三、卷九之二，一二六頁。
四、卷十三之二，四二頁。
五、卷十七之四，六四頁。

二十、領

衣裘三領。註一

楊注：「三領，三稱也。」

閩南話也說，「計算衣、被的數量名」為「ㄋㄧㄚˋ」（nià），字寫作「領」。這是常用語，多用在衣服、床單、棉被，或草蓆的數目名稱上，如「一領衫」（ʦʦit'nià sã）、「一領被」（ʦʦit'nià p'uēi），「一領草蓆」（ʦʦit'nià ts'áu ʦʦiēu）。

一般拿起衣服，多提衣領，或衣腰，因此有「要領」」之說；漢書、張騫傳，「竟不能得月氏要領」。註二而提振棉被，也常拿被頭，便於抖平整理，如鄭注禮記、喪大記，「綴之領側」，正義，「領，為被頭」。或可說，衣衫，或棉被之類，為便於提拿、整理，或計算，常提其要領，或領頭，而後以「領」為數目名稱。因此不論內衣、襯衫、大衣，或夾克的單薄厚重，在閩南話一件都說「一領」。褲子也一樣，不管短褲、長褲的厚薄，一件也說「一領」。如果成套衣服，就不能說「領」，而是另有說法。

至於古人所說「稱」、或「襲」，意義或相近。後漢書、趙咨傳，「衣、衾、稱、襲之數」，註三李賢注

，「衣單複具曰襲」。而漢書、昭帝紀也說，「賜衣、被一襲」，_{註四}顏注，「一襲，一稱也。」

領字旁證

領字的說法，也見於漢書、霍光傳：「賜金錢、繒、絮、繡被百領。」_{註五}

而「衣裘三領」，也見於禮論篇、楊注說，「喪大記，士陳衣於序東三十稱，今云三領，亦貶損之甚也。」_{註六}

領字的音

領，國音讀ㄌㄧㄥˇ（lěn），閩南音讀ㄋㄧㄚˋ（niǎ）。

附　註

一、卷十二，正論篇，四七五頁。

二、卷六十一之二，一二三八頁。

三、卷三十九之十五，四七四頁。

四、卷七之六，一〇六頁。

五、卷六十八之十一，一三二八頁。

六、卷十三，五〇六頁。

二一、 律

不沐則濡櫛，三律而止；不浴則濡巾，三式而止。註一
　　楊注：「律、理髮也，今秦俗猶以枇髮爲栗。」
　　集解：「盧文弨曰，注枇髮，舊本枇作批，誤，案
，魏志、管輅傳，筮十三物，一一名之，惟以梳爲枇耳
。古枇作比，漢書有比疏，蓋梳疏而比密也。說文櫛下
云，梳比之總名。郝懿行曰，枇、當作比，比者、梳之
密者也。律、猶類也，今齊俗亦以比去蟣蝨爲律，言一
類而盡除之也。律、栗音同，注內栗字，依正文作律，
亦可不必別出栗字也。」
　　閩南話也說，「梳理頭髮」爲「ㄌㄨㄚˊ」（ luá
），字寫作「律」，國閩辭典也有音「ㄌㄨㄚˊ」，字却
擬作「捋」，其實就是「律」，它說：
「律，梳子。律頭毛，梳頭髮。」註二
　　梳頭髮，閩南話多說「律」，這是常用語，大多適
用在男人方面，如「頭髮梳一梳」，或「梳幾下」，閩
南話也說「律」，或「律律」。而「梳子」，閩南話也
說「律也」。因此「用梳子梳頭髮」，閩南話也說，「
用律也律頭毛 」（ iuòŋ luá à luá tʼău mēŋ ），「
律」或可說，有「梳理」、「整理」之義，說文解字說

，「梳，所以理髮也。」是可知楊注「律」爲「理髮」，是不錯的，而與現在所說的「理髮」，是有差別的。

除了「律」、「梳」以外，「櫛」和「比」也和理髮有關。說文解字說，「櫛，梳、比之總名也」，註三段注，「疏者爲梳，密者爲比」。至於「比」，或可說，「比櫛小而細，其齒密比，可以去蟣蝨，或稱做比」，而「比」也作「笓」。至於比櫛大而粗，其齒稀疏，可以理髮，則或可說「梳」。因此「櫛」、「梳」、「比」如再細分，三者有別；本草綱目、梳笓、釋名、櫛，李注：「劉熙釋名云，梳，其齒疏通也；笓，其齒細密相比也；櫛，其齒連節也。」註四因爲「比」可以去蟣蝨，郝懿行氏拿來解釋「律」，並說「律」猶「類」，可以「一類而除之」。其實可以「一類而除之」的說法，在閩南話另有所指，如家庭自己宰殺雞、鴨、鵝等家畜，往往先把脖子的血管割斷，再放進熱水盆裏面，然後將毛拔除乾淨；或者洗澡時，常用手指袪除身上污垢；這在閩南話也說「類」，音「ㄌㄨㄅ」（lut），如「類雞毛」（lut ke mǒŋ），或「類ㄒㄧㄢ」（lut φien），而「類」字的音，好像集韵，「類，劣戌切」的音。

荀子以爲喪禮，要做到如死如生，如亡如存，始終如一。因此權宜之計，無法洗頭之時，也須用濕的櫛，梳理幾下頭髮；或不能洗澡之時，仍要用濕浴巾，擦擦

身體，雖逢亂世，禮儀還是不可少。

律字的音

律，國音讀ㄌㄩˋ，閩南音讀ㄌㄨㄚˊ（luá），而閩南音讀ㄌㄨㄚˊ（luá）是可以說得通的。荀子、成相篇說：「君教出，行有律，吏謹將之無鈹滑。」 註五 因為「出」、「律」、「滑」三字諧韵，而「滑」字的音，國音讀ㄏㄨㄚˊ（huá），也讀ㄍㄨˇ（kǔ），而「律」與「滑」可以諧韵，因此「律」字的韵母，也可以讀為ㄨㄚ，因此「律」可以讀為ㄌㄨㄚˊ（luá），也可以說得通。

附　　註

一、卷十七，君子篇，六三二頁。

二、ㄌㄨㄚˊ部，四三〇頁。

三、六篇上之四十一，二六一頁。

四、卷三十八之二十一，774～165頁。

五、卷十三，五一五頁。

二二、 慶

傳曰：一人有慶，兆民賴之，此之謂也。註一

楊注：「尙書，甫刑之辭。」

閩南話也說，「人聰明睿智」爲「ㄎㄧㄤ˙」（k'iäŋ）字寫作「慶」。國閩辭典也有音「ㄎㄧㄤ˙」，字却擬作「強」，其實就是「慶」，它說：「慶，能幹。你眞慶，你眞能幹。」註二

聰明、能幹，閩南話多說「慶」，這是常用語，形容人天資聰穎、睿智非凡，做事多能成功。例如有人考試得第一名，左右鄰居常跑去道賀，並誇讚褒獎一番；或有人參加競賽，得到冠軍，則傑出、聰明，很行之辭，常贊不絕口；或者能克服萬難，絕處逢生，終於英雄式脫險歸來，這種可眞智慧超人，聰明絕頂；民國六十三年，台東有一山胞李光輝先生，被日軍徵兵至南洋作戰，大戰結束後，隱匿山林近三十年，結果奇蹟式回到文明世界，回國之日，松山機場內外瞻仰風采的人，不下一千人，本人也是其中之一，當然無人不敬佩他的智能，也可以說李光輝先生是一個超人；這些情形，閩南話多說「慶」。說文，「慶，行賀人也。」註三人因聰明而表現傑出，有大成就，值得去慶賀，所以說「慶」。

日本語「恭喜」，漢字寫作「御目出度」。或可說，「御」是 尊敬 ，「目」是品評、頌揚，或稱許；後漢書、許劭傳：「曹操微時，常卑辭厚禮，求爲己目。」註四「度」則是風釆。後漢書、竇融傳論，「嘗獨詳味此子之風度」。註五因此「御目出度」，或可說，「別人有傑出表現，很恭敬 去道賀，頌揚對方特出的風釆。」換句話說，稱讚對方「眞慶」，或恭喜對方「眞慶」。

歷史上有很多絕世偉人，所謂天縱、天出、或天生。孟子說：「天將降大任於斯人也，必先苦其心志，勞其筋骨……。」然後造就出不世之功業。如漢高祖劉邦，創造大漢聲威。我 國父孫中山先生，懸壺濟世，醫人之餘，不忘治國之道，乃獻身革命，終於領導全國同胞，推翻二百六十八年的滿清政府，締造我中華民國，而四千六百多年的帝王統治，也告結束。以及我老總統蔣公，秉承 國父遺志，北伐、抗戰、剿匪，再造中國，並建設台灣爲三民主義模範省，所以說，「一人有慶，兆民賴之。」至如一家之主，或是機構之首長，又何嘗不如此。

慶字的音

慶，國音讀くㄧㄥˋ（chʼeŋ），閩南音讀ㄎㄧㄤ

51

（ k'iaŋ），而閩南音的讀法，可以說得通。

比如韵母方面，從詩經諧韵可知，「牂、慶（楚茨六章）。」「梁、京、倉、箱、梁、慶、疆（甫田四章）。」註六「慶」，可以和「梁」、「箱」、「疆」、「牂」諧韵，可見「慶」字的閩南音韵母，讀爲「｜ㄤ」（iaŋ）是不錯的。

附　　註

一、卷十七，君子篇，六三二頁。
二、ㄎㄧㄤ˙部，六三四頁。
三、十篇下之二十九，五〇九頁。
四、卷六十八之七，八〇〇頁。
五、卷二十三之十，三〇二頁。
六、第十部，八五八頁。

二三、　顛　倒

顛倒衣裳而走，禮也。註一

閩南話也說，「衣服裏外反穿」，或「衣服前後反穿」爲「ㄉㄧㄢ　ㄉㄜˊㄅㄝㄇ」（tien toˊpèn），或爲「ㄉㄧㄢ　ㄉㄜˊㄊㄠ」（tien toˊtˇau）

，字寫作「顛倒反」，或「顛倒頭」，這是常用語。常見的情形，有急事趕時間，或碰到緊急場合，不免匆忙穿衣服，有時把反面當正面穿；或者替小孩包尿片，因不熟練，也常錯把反面當作正面，這在閩南話也說「顛倒反」，或說「顛倒轉」，也簡說「倒反」，或「倒轉」。再者，穿衣服時，有意或無意，而前面後面倒反；有時也看到小孩子穿了鞋子不對頭，左腳、右腳弄反，或者皮帶繫反，這在閩南話也說「顛倒頭」，或說「倒頭」，至於「倒」，也有「顛倒」之義，禮記、曲禮下說，「倒筴側龜於君前，有誅」，鄭注，「倒，顛倒也。」以上情形，就大人來說，已不多見；因某些原因，而一時衣冠不整，倒是多見，部隊緊急集合，就是一例。

在古書裏面，也有提到古人匆促之間，穿反衣服的情形；詩、齊風、東方未明說「顛倒衣裳」，鄭箋以為，「挈壺氏失漏刻之節，東方未明而以為明，故群臣促遽顛倒衣裳」。而說苑、奉使篇也說，魏文侯派遣大臣倉唐攜一稱衣，賞賜太子，且令倉唐在雞鳴前送到；太子迎拜受賜之後，開箱取衣，發現衣服顛倒反，因為倉唐匆促接受命令，且限令趕到，慌忙之間，把衣服弄反了。

再者，古人也有「倒履」之說，表示衷心歡迎之至。

三國志、王粲傳：「時邕才學顯著，貴重朝廷，常車騎填巷，賓客盈坐，聞粲在門，倒屣迎之。」「邕曰，此王公孫也，有異才，吾不如也。」註二當時王粲年幼弱，容貌短小；而蔡邕一聽王粲在門，怱遽之間，左右屣顚倒穿，出門迎接，難怪一座盡驚，這也是我們常聽到的「倒屣迎」的典故。

另外，閩南話也說，「事情倒反」，或「反而」爲「顚倒」；國閩辭典說：「顚倒，倒、却。顚倒好，倒好、却好。」這也是常用語，凡是事情與原來相反，閩南話也說「顚倒」。如「反而升官」、「反而慢」、「反而香」等，閩南話多說，「顚倒升官」（tien tǒˋ ɸeŋ kuã）、「顚倒慢」（tien tǒˋmān）、「顚倒芳」（tien tǒˋ pʼaŋ）。

荀子以爲，諸侯有事召其臣，臣不須待車子來到，卽使衣裳顚倒穿，匆忙出發，也不違禮，正如詩經所說，「顚之倒之，自公召之。」

顚倒旁證

詩、齊風、東方未明：「東方未明，顚倒衣裳。」註三正義：「以挈壺氏失漏刻之節，每於東方未明，而爲已明，告君，使之早起。群臣當以失晚，復恐後期，故於東方未明之時，急促惶遽，不暇整理衣服，故顚倒

著衣裳而朝君。」

顛倒的音

顛倒，國音「ㄉㄧㄢ ㄉㄠˇ」（tien tǎu），而閩南音「ㄉㄧㄢ ㄉㄛˋ」（tien tǒˋ）。

附　　註

一、卷十九，大略篇，六七六頁。
二、卷二十一，魏志，卷二十一之一，五七九頁。
三、卷五之一之十二，一九一頁。

二四、　時　世

時世不同，譽何由生，不得爲政，功安能成。 註一

　　閩南話也說，「時代」爲「ㄒㄧˇ ㄒㄜˋ」（φiˇ φe˙），字寫作「時世」。現在常聽說，「時代在變」，或「時代不一樣」，有關「時代」的說法，閩南話也說「時世」。

　　一般說來，時代變遷，並非人力所能逆料。一旦時代不一樣，有關典章、制度、或觀念、作法，也要配合

時代，而加以調適，不可墨守成規，一成不變，否則將不合時世。就一般人而言，也要有此一時，彼一時的觀念，年長與青少，不要有代溝存在。人人都追求富而好禮的生活，則明天必會更好。如果貪淫之心充斥，必世風日下，有心人將興起「時世不同」之嘆了。

時世旁證

時世的說法，也見於漢書、叔孫通傳，「禮者，因時世人情，爲之節文者也。」註二

時世的音

時世，國音讀ㄕˊ ㄕˋ，閩南話讀ㄒㄧˊ ㄒㄝ˙。

附　　註

一、卷二十，堯問篇，七六六頁。
二、卷四十三之十五，一〇三二頁。

史記例證

一、 愛

瞽叟愛後妻子。註一

　　閩南話也說，「喜歡」爲「ㄞ⁻」(aī)，字寫作「愛」。國閩辭典說：「愛，喜歡。愛看戲，喜歡看戲。」註二

　　愛、好、或喜歡，閩南話也說「愛」，這種說法很普遍。一般人說「好吹冷氣」、「好說大話」、或「喜歡爬山」，閩南話也說「愛吹冷氣」(aī⁻ tɕʻuei lēŋ kʻi⁻)、「愛講大話」(aī⁻ kuóŋ tuā uéi)、或「愛爬山」(a i⁻ pé ɡuã)。如果是「不喜歡」，閩南話也說「無愛」(bǒˇ ai⁻)。另外，在閩南話裏，很少聽說「喜歡」的說法，卻常說「歡喜」，跟國語「高興」相類似。因此，「我很高興」，在閩南話也說「我眞歡喜」(guá þφin huã hiˋ)。

　　虞舜，姓姚，名重華，父名瞽叟，至舜，已有七代。從第三代起，都是平民。瞽叟有目無珠，舜母早死，瞽叟再娶，生象，象傲慢。「瞽叟愛後妻子」，常迫害

舜，大罰，舜就逃避，小過，則受罰。順事其父、後母、和弟，一天天厚重謹慎，能不失子道，兄弟孝慈，不敢稍懈，二十歲時，孝聲滿天下。

三十歲時，四岳推薦給帝堯，帝送二女陪侍舜，看他們修身齊家之理。還派九男孩，和舜在一起切磋為人處世之道。結果其妻不敢對親戚失禮，甚有婦道。九個內兄弟，也更加惇厚謹敬。秦楚之際月表云：「昔虞、夏之興，積善累功數十年，德洽百姓，攝行政事，考之於天，然後在位。」事詳五帝本紀。

愛字旁證

愛字的說法，在史記很多，如：
「舜復事瞽瞍，愛弟彌謹。」「願大王毋愛財物，賂其豪臣。」「太后召趙王友，友以諸呂女為后，弗愛，愛他姬。」註三

附　　註

一、卷一之二十一，五帝本紀，三六頁。

二、ㄞˋ部，九頁。

三、分見於卷一之二十二，三七頁。

　　卷六之六，秦始皇紀，一一七頁。

　　卷九之七，呂后紀，一八六頁。

二、 大 拱

亳有祥，桑、穀共生於朝，一暮大拱。註一

　　集解：「孔安國曰，祥、妖怪也。二木合生，不恭之罰。」

　　索隱：「此云一暮大拱，尚書大傳作七日大拱。」

　　漢書：「後八世，帝太戊，有桑穀生於廷，一暮大拱。」註二

　　閩南話，形容「東西之大」，也說「ㄉㄨㄚˊ ㄍㆲ（tuá kuŏŋ），字寫作「大拱」。國閩辭典也有音「ㄉㄨㄚˊ ㄍㆲˉ」，卻擬作「大槓」，其實就是「大拱」，它說：

「放大拱，打大砲。」「大拱，大砲。」註三

　　較大的東西，閩南話也說「大拱」，像手、腳之大拇指，閩南話也說「大拱拇」，其大好像有兩指合在一起。現在多以「手之拇指」而言，說文解字則解釋「將指」，或者，「將指」可為群指之表率，好像「首領」，或「手屈一指」了。有時慶賀人，或讚美人，也豎起「大拇指」，表示很了不起。而甲骨文，或金

_59_

文的「白」字，很像大拇指的形狀，是以「五伯」之伯，或「伯、仲、叔、季」之「伯」，皆從「白」字，表示「高人一等」，或「唯我獨尊」。形音義綜合大字典說：

「甲文『白』，與金文『白』略同；金文白，象手握拳，而翹起大拇指形，以指推，爲第一之事，故古多假此爲伯、仲、叔、季之伯，藉明其居長之義。」註四

　　大砲比槍大，當看到大砲時，不自覺地以爲很大，因此閩南話也說大砲爲「大拱」。日據時代，居住糖廠附近的同胞，看到烟囱，往往也說「大拱」。

　　古人出門，有的攜帶大煙斗，走路時可當枴杖，休息時，裝上烟葉，旣可提神，又能消除疲勞，這種烟斗，閩南話也說「大拱薰吹」。目前所見，多已經過改良，旣美觀方便，氣派也不小，像「麥克阿塞將軍的烟斗」，人與烟斗共享盛名。

　　有關「一暮大拱」的說法，王先謙、漢書補注說：「沈欽韓曰，……，書大傳，說苑敬愼篇，並作七日大拱，以爲武丁時。韓詩外傳，作穀生湯之庭，三日而大拱。傳記各異，當從書序，作太戊昏生旦拱，理涉怪妄；五行志，作七日爲是。」

　　西元前一六三七年，殷帝太戊繼位，用伊尹之子伊陟爲相，京都亳有不祥之事發生，「桑穀共生於朝，一

暮大拱。」帝太戊怕，伊陟告以妖不勝德，修德後，妖桑枯死，三年後，七十六諸侯朝之，殷朝復興，史稱中宗。

大拱的音

大拱，國音讀ㄉㄚˋ　ㄍㄨㄥˇ（ tà kuǒŋ ），閩南音讀ㄉㄨㄚˊ　ㄍㆲ（ tuá kuōŋ ）。

附　註

一、卷三之三，殷本紀，六三頁。
二、卷廿五上之三，郊祀志上，五三七頁。
三、分見於二〇八頁，及五〇二頁。
四、白部，一〇九三頁。

三、　病

楚圍雍氏，期三月也，今五月不能拔，是楚病也。註一
　　閩南話形容人「差勁」、或「實力弱」，也說「ㄅㆤ。」（ pẽ⁻ ），字寫作「病」。國閩辭典說：「病，不中用。你實在眞病，你實在很不中用。」註二

人做事情差勁，或因實力弱，不能勝任工作，而顯示出缺點，或瑕疵，這種情形，閩南話也說「病」。例如批評人處事能力不佳，使得事情沒有依限完成，也說，「他眞病」。或者做事不能堅持到底，向人示弱，而打退堂鼓，也說，「表示你病」；這種例子很多，因此「是楚病也」，或可以說，「正是楚國實力弱也」。

病字旁證

病字的說法，史記仍有提及：「今相國乃徵甲與粟於周，是告楚病也。」註三「告楚病也」或者說「向楚國示弱也」。另外，素問、宣明五氣說，「氣病，無多食辛。」註四注，「病，謂力少不自勝也。」因爲辛辣的東西易散氣，所以氣虛的人，應少吃辣。

病字的音

病，國音讀ㄅㄧㄥˋ（ pèŋ ），而閩南音讀ㄅㆤ˚（ pẽˉ）。

附　　註

一、卷四之三十五，周本紀，八六頁。
二、ㄅㆤ˚　部，一三九頁。
三、同註一。
四、卷七之九，五四頁。

四、譽勞

公不若譽秦王之孝，因以應爲太后養地。

富辰諫曰：平、桓、莊、惠，皆受鄭勞。註一

閩南話也說，「稱贊」、或「讚美」爲「ㄛ ㄌㄛˋ」（ㄨ ㄌㄨˋ），字寫作「譽勞」），而國閩辭典也有音「ㄛ ㄌㄛˋ」（o loˋ），字卻擬作「褒了」，其實就是「譽勞」。它說：

「譽勞，讚美、褒獎。」註二

稱讚、誇獎，閩南話也說「譽勞」，是常用語，有勉勵，或獎勵之義。人如果參加競賽，或考試，獲得優異的表現，總希望得到師長，或親友的道賀、誇獎，也就是「譽勞」。在古書之中，很少見「譽勞」的說法，往往「譽」、「勞」分開，而閩南話則「譽勞」連用。

譽勞旁證

「譽」字的說法，如史記：

「驪姬詳譽太子，而陰令人譖惡太子 」「文侯由此得譽於諸侯 」「長公主日譽王夫人男之美」。註三

至於「勞」字的說法，如史記：「皇帝敬勞將軍，成禮而去。」註四周禮、司勳說，「事功曰勞」。註五

有關「譽勞」的說法，或可以說，「稱譽別人的事功」。

譽勞的音

譽勞，國音讀ㄩˋ　ㄌㄠˋ，閩南音讀ㄜ　ㄌㄜˋ，雙方的聲音似乎不同，其實閩南讀音也可以說得通。

譽、國音讀ㄩˋ，閩南音讀ㄜ音，這種例子也有，如詩經韵分十七部表：

「譽、射（車舝二章）。」「嶼、者（采綠四章）。」
註六

以上「譽」、「嶼」兩字的國音讀ㄩˋ、ㄒㄩˋ，而「者」、「射」兩字，國音韵母讀ㄜ音。至於勞字的音，雙方聲音相近。

附　　註

一、卷四，周本紀，八七頁、八三頁。

二、ㄛ部，二七頁。

三、分見於，卷三十九之七，晉世家，六五○頁。

　　卷四十四之四，魏世家，七三二頁。

　　卷四十九之八，外戚世家，七八六頁。

四、卷五十七之八，絳侯周勃世家，八二九頁。

五、卷三十之二，四五四頁。

六、第五部，八五三頁。

五、後　嗣

帝舜曰：咨爾費，……，爾後嗣將大出。註一

　　索隱：「言爾後嗣繁昌，將大生出子孫也。」

　　閩南話也說，「後代，或後世子孫」為ㄏㄧㄜˊ
ㄙㄨˉ（hioˊ sū ），字寫作「後嗣」，國閩辭典
說：

「後嗣，子孫。」註二

　　後代子孫，或後裔，閩南話也說「後嗣」，或可以
代表子、或孫，也可以說，後世子子孫孫。或者也表示
，能繼承上代，嗣續繁衍其後世子孫。如果說無後，或
可以說「絕嗣」，史記、孟嘗君傳：「孟嘗絕嗣，無後
也。」

後嗣旁證

　　史記、蕭相國世家：「相國何卒，謚為文終侯，後
嗣以罪失侯者，四世，絕。」註三漢書、賈山傳：「秦
皇帝計其功德，度其後嗣，世世無窮。」註四

後嗣的音

後嗣，國音讀ㄏㄡˋ ㄙˋ，閩南音讀ㄏㄧㄛˊ ㄙㄨˉ。

附　　註

一、卷五之一，秦本紀，九三頁。
二、ㄏㄧㄛˉ部，九頁。
三、卷五十三之六，八〇五頁。
四、卷五十一之五，一一〇五頁。

六、　遮

遮秦兵於殽，擊之，大破秦軍。_{註一}

　　閩南話也說，「攔阻」為「ㄓㄚˊ」（ tçá ），字寫作「遮」。國閩辭典也有音ㄐㄚˊ（ㄓㄚˊ），字卻擬作「闸」，其實就是「遮」。它說：「遮路，攔路、堵路。遮光、遮雨……。」_{註二}

　　攔阻或攔截，閩南話也說「遮」。常見的情形，在途中攔阻車子，而搭便車；或者籃球比賽，持球員不小心

，球被攔截走了；另外，人行進當中，忽然被攔阻盤問，或者被截殺，這些現象，閩南話也說「遮」。例如，「遮車」、「遮球」、「遮問」，或「遮路」。

古時候皇帝出巡，侍衞人員周列，而遮止行人，這種情形就是「遮列」。當今國家元首蒞臨，或重要外賓經過，治安單位往往實施交通管制，常見警察人員揮手攔阻人、或車輛經過，或請改道通行，這跟「遮列」有些相似。

秦穆公三十三年，滅滑，威脅晉國。當時正好晉文公喪未理，晉襄公大怒，抱著哀兵必勝之心情，「遮秦兵於殽，擊之，大破秦軍，無一人得脫。」虜秦三將，因晉文公夫人，是秦穆公之女，所以爲這三囚將請命，說以穆公之「怨此三人，入於骨髓，願令此三人歸，令我君得自快烹之。」襄公釋放三囚將，囘到秦國，穆公素服郊迎，面對三將，自責大哭，說「三子何罪乎！子其悉心雪恥，毋怠，遂復三人官秩如故。」事詳左傳、及秦本紀。

遮字旁證

遮字的說法，見於史記多矣，如：「有人持璧遮使者」「三老董公，遮說漢王。」「陳王出，遮道而呼涉。」「梁刺客後曹輩，果遮刺殺盎，安陵郭門外。」註三

遮字的音

遮，國音讀ㄓㄜ（ tʂɤ ），而閩南音讀ㄓㄚˊ（ tʂaˊ ），雙方的聲母相同，韻母也相近，如史記，「十二月初臘」。正義，「臘，盧盍反。」而今「臘」、「盍」的國音韻母，分別讀「ㄚ」（ a ），或「ㄜ」（ ㄜ ）。可見閩南音的讀法，可以說得通。

附　註

一、卷五之十四，秦本紀，九九頁。

二、ㄐㄚˊ部，七七二頁。

三、分見於卷六之二十五，秦始皇紀，一二七頁。

卷八之二十，高祖本紀，一七一頁。

卷四十八之八，陳涉世家，七七九頁。

卷一百一之七，袁盎傳，一一一八頁。

七、　法　度

中國以詩、書、禮、樂、法度為政。 註一

閩南話也說，「治理事務的方法」爲「ㄏㄚㄉㄨㄛˋ」（fat tuǒ），字寫作「法度」，國閩辭典說：「法度，方法、法子。」註二

有模範、規則可循，閩南話也說「有法度」，如果無法可循，常說「無法度」，這是常用語，和國語「有辦法」、或「沒辦法」相類似。

法度，或可說是法令、規章、制度，一國之法度完備，政治必上軌道，甚且國家富強。如商鞅變法成功，就是依賴法度，而且上下守法度，秦才得以從落後的民族，轉變成強國，以此奠定秦始皇滅六國，統一天下的根基，連劉邦漢帝國，也蒙受其惠，是可知法度的重要。就如日本之成爲世界強國，也是明治維新，創立法度，而且上下遵循法度的結果。因此或可以說，「有法度」便有希望，「無法度」則困難重重了。

本人上應用文課，講解公文程式之前，必先講「中央法規標準法」，因爲法治國家，任何施政，都要以法律制度爲依規，而中央法規標準法，位階僅次於憲法，很多法令之制定，多以中央法規標準法爲本，因此要能實現以法治國，則憲法、中央法規標準法，以及六法全書，多必須瞭解。或可從國小五年級起，開始灌輸法律知識，一旦高中、或大學畢業，至少也有八年到十二年的時間，有關法律的理念、知識，或也有不少深入其心

。如果每一家庭，都能備有一本六法全書，則法治精神必可逐漸建立。我國歷史上，確立法治精神的人物是商鞅，其實商鞅的作法很簡單，讓「人人都知法、守法」，或可以說，公務人員知法，本身不敢違法，對人民也不敢玩法；另一方面，人民知法，本身不敢犯法，也可制衡公務人員玩法，如此人人知法，守法，法治精神就這樣建立。

從史記、商君列傳，或可以看出，商鞅變法的過程，以及所樹立的一些法度，很值得我們瞭解。

以變法的過程來說：

1.先舉行公開聽證會

商鞅得到秦孝公支持，並不敢自作主張，「恐天下議己」，為了分擔責任，而實施公聽會，參加的人員有三派，有贊成、反對，及折中三派，結果商鞅一派成功，才敢開始立法。

2.取信於民

法令草擬完備之後，還不敢公佈，「恐民之不信己」，為了取得人民對政府的信心，因此有徙木立信之舉，「以明不欺」，然後才敢公布，並要求人民遵守。

3.太子犯法

法令實施之後，抗議、檢舉法令不便、不好的，有上千件，一時變法有中斷之虞，結果太子犯法，商鞅以為「

法之不行，自上犯之」，只不過，太子是儲君，不能受罰，因此改罰太子之師傅，因為他們管教不周，結果特殊階級不敢犯法，人民樂得守法。

4.重罰言行不一，投機取巧的人。

法令施行之後，批評的人很多，後來有些批評法令不便的人，見風轉舵，歌功頌德，商鞅認為這些投機取巧的人，是「亂化之民」「盡遷之邊城」。

法令措施方面：

1.組織人民

建立村、里、鄰體系，掌握戶口。

2.行連坐法

現在所謂的連帶保證、保證人，或保證書，仍然在實施。

3.社區守望相助、防範犯罪

作姦犯科的人，住進社區，社區的人，不敢不告，也不敢藏匿，「告姦者與斬敵首同賞」，「不告姦者腰斬」「匿姦者與降敵同罰」，這種措施，看起來嚴苛，不合人道，其實它的精神還是值得參考，以現在來說，作姦犯科的人，動不動傷人、殺人，視人為草菅，有良心的人，怎能幫助他們？所以「不告姦」，或「匿姦」都要受罰。另一方面，動不動殺人、傷人的不良份子，對付這種人，或可以其人之道，還諸其人之身，也就是說，傷人者，法律亦傷其身，殺人者，一律處死，不然的話

，對無辜被殺傷，或被殺死的親屬何以交待。因此，法律的制裁，如果採用肉體刑，如斬手，就無法再拿刀、槍殺人，如此，監獄也可省下不少，槍械走私也可減少，而更積極的作用，在預防犯罪，遏阻犯罪，讓玩槍舞刀的人，深思熟慮，冒被斬手的懲罰，是不是值得？一般說來，人可以不怕坐牢，斬斷雙手，卻是人人害怕，因為再有錢，再有勢，一旦失去雙手，甚至於生命，一切都會化成烏有，或可以說，天不怕、地不怕，只怕法律肉體刑。因此，要使善良的人得到保障，為非作歹的人，受到得當的懲罰，肉體刑可能是必須的，甚至於所謂槍枝泛濫，也可逐漸消失，或可說，這也是法律的積極精神。像商鞅所採取，告姦，不告姦，或匿姦等賞罰辦法，先是讓犯法的人，天下雖大，卻無可容身，繼而使人不敢為惡，這也是防制犯罪的有效方法。

4.繁殖人口

鼓勵人民從事農業發展，以及國防建設，藉使國家富強，足食足兵，因此獎勵小家庭制度，各自謀求生活，「民有二男以上，不分異者，倍其賦」。一旦男人分開生活，為了農耕，須及早成家，成家之後，人口增加，多多益善，這樣，耕田有人，打戰也不缺兵源，秦日後能一統天下，這是重要因素之一。

5.以軍功定富貴

平民在戰場上，得有戰功，論功行賞，可以享受富貴；宗室貴族，無軍功表現，除其籍，「宗室非有軍功，論不得爲屬籍」。這種情形，好像民主國家的選舉制度，一經過選舉，平民可擔任公職，原先擔任公職的人，也可能一夜之間，恢復平民，或者，在野者可以當政，當政者淪爲在野，這種措施，可以說很公平。

6.遷都

國都從中部的「雍」城，遷往北邊的咸陽，鄰近北部、東部諸強國，不僅沒有敵國、外患、安全等顧慮，反而能乘勢逼近，終於秦國能一統天下。

7.中央集權

全國行政區域，統一劃分爲三十一縣；度、量、衡、賦稅，也全國同一標準，「而賦稅平，平斗、桶、權、衡、丈、尺」。

8.農地重劃

本國土地，以及得自鄰國的土地，都從新規劃，「開阡陌封彊」，或租、贈與人民。

9.全國皆兵

全國人民，都列入兵籍，現在的身份證統一編號，可能因此而來。另外，全國分爲三軍，壯男一軍，負責打仗，壯女一軍，從事防護工作，還有老弱一軍，可從事畜牧、補給。「有軍功者，各以率受上爵，爲私鬥者，各

以輕重，被刑大小。」

10身份證件

住宿要驗身份證件，現在我們還有這種規定，「商君之法，舍人無驗者，坐之」。

11村里民大會

國家有任何法令新立、修正、廢止，或有其他施政措施，透過村里民大會，讓人民知道，人民也知道，政府在為人民做些什麼，可見村里民大會的重要性。

不過，商鞅變法，最先是實行法治，時日一久，權力使人腐化，改以嚴刑峻法約束人民，最後也不免被五牛分屍。

法度旁證

法度的說法，仍多見於史記，「夫自上聖黃帝作為禮、樂、法度」「知教不同，法度不明，……，大聖作治，建定法度」。註三

法度的音

法度，國音讀ㄈㄚˇ ㄉㄨˋ（fǎ tù），閩南音讀ㄏㄚㄉ ㄉㄨㄛˋ（hat tuó）。

附　註

一、卷五之十五，秦本紀，一〇〇頁。

二、厂丫ㄅ部，七一七頁。

三、同註一，以及卷六之十七，秦始皇紀，一二三頁。

八、 接　界

楚、魏與秦接界。_{註一}

　　閩南話也說，「交界」爲「ㄐㄧㄚㄅ　ㄍㄞˋ」（ʧɕiap kaiˊ），字寫作「接界」。凡是國與國，田與田，路與路，相交接的地方，都可說交界，或接界。

　　周顯王七年，秦孝公元年，西元前三六二年，黃河、太行山以東，有六大強國，分別是齊、楚、魏、燕、趙、韓等六國，而小國也有十多國。當時楚國北面、魏國西面，和秦國交界。因爲周室衰微，諸侯爭相併，而秦國位居雍州，中國諸侯都視秦爲夷狄，有鑑於此，秦孝公乃下求賢詔，施行變法，終於成爲強國。

接界旁證

　　論衡、詰術：「民間之宅，與鄉亭比屋相屬，接界相連。」_{註二}

接界的音

接界，國音讀ㄐㄧㄝ ㄐㄧㄝˋ（ʨie ʨiè），閩南音讀ㄐㄧㄚㄅ ㄍㄞˇ（ʨiapkaiˇ）。

附　註

一、卷五之二十一，秦本紀，一〇三頁。
二、卷二十五之一，二三九頁。

九、　地　動

十五年，大興兵，⋯⋯，取狼孟，地動。註一

　　閩南話也說，「地震」為「ㄉㄝˉ　ㄉㅊˇ」（tē taŋ），字寫作「地動」，國閩辭典說：「地動，地震。」註二

　　地震，閩南話多說「地動」，鄉老傳說，「地牛翻身」而引起地震。好像「日蝕」，或「月蝕」，是因太陽，或月亮被天狗所吞蝕，以上這些現象，科學家早已幫我們求得答案了。

　　台灣地區常見的天然災害，以颱風最多；而颱風過

後，往往帶來豪雨，也常造成水災。除此之外，地震也是一大災害。不過，地震並非各處都有，有些地方千載難逢，也有些像家常便飯，常常發生。經常發生地震的區域，稱爲地震帶。據科學家說，世界上有兩個主要地震帶，其一是，環太平洋地震帶；全世界的地震，有百分之六十八，發生在這個地帶，本省即屬於這個地震帶。其二是，歐亞地震帶，發生在這個地帶的地震，約佔百分之廿一，我國康、藏邊界，以及新疆、甘肅、陝西都是。至於其他在海洋發生的地震，約佔百分之十一。

為什麼會發生地震呢？科學家解釋說，地震的原因，由於構成地殼的岩石，也是一種有彈性的物質，因此在地殼內部，如有急激的變動，就會發生震動，這種地震波，向四周傳播，所以不在地殼變動的震源地區，也能感覺地震。然而地殼爲什麼會發生變動？據專家說：

一、地殼塌陷：因爲在地殼中，往往有一種容易溶解的岩層，受地下水的溶解，逐漸造成地底的洞穴。當這種洞穴擴展到相當程度時，受表面地層壓力作用而崩壞，稱爲塌陷地震，震源比較淺，範圍比較小，有時震度也很強烈。

二、火山活動：在火山活動地區，常因火山爆發，水蒸汽與熔岩，自火山口噴出，因此引起地震，稱爲火山地震。

三、地殼錯動：又叫做斷層地震。由於地層發生裂隙，沿裂隙兩側，地面有隆起，或下降的現象，而變更位置。這種裂隙的發生，與地殼褶曲有密切關係，當地殼褶曲的程度，超過岩層的彈性時，就要破裂而發生斷層的現象，因此引起地震。

除了以上重要原因之外，還有其他原因，像地球表面冷卻作用，大陸漂移，重力分佈不均，或岩層物理性，化學性的變化等等，也會產生地殼變動。

交通部中央氣象局負有地震觀測的重責大任，現有觀測站十七處，其中以鞍部為世界標準地震站，可以得到非常準確的時刻信號。一旦各觀測站測得附近有感地震，或遠處較大地震時，由電訊快速傳到局本部，加以分析、測驗、計算其震央位置、震源深度、規模等，然後通知各新聞、或傳播機構，快速發佈地震消息，給民眾知道。

有關地震震度，階級標準、及其影響，各有不同，我國分為七級，從0級到6級；0級，無感，只有地震儀有紀錄，人體則無感覺。而6級則相反，屬於強烈地震，足以使房屋傾塌，山崩地裂，地層斷陷等。

地震來臨只是分、秒之間，毀滅範圍甚廣，震撼極大，分秒之間，人的生命財產，往往就消失無形。因此對於地震的預測，雖然研究者多，還是很難把握住，以

往有藉之於自然現象，觀之於鳥、獸、草、木、蟲、魚，所得也有限。有朝一日能使「地服於我」，將是科學家對全人類的重大貢獻，也是功德無量的大事。有關地震知識，請參閱「天文日曆」，中央氣象局所編。

地動旁證

地動的說法，多見於史記，如：
「四月乙巳，……，地動。」「中三年，……，四月，地動。」「後元年，……，五月，丙戌，地動。其晝食時，復動，上庸地動二十二日。」註三

地動的音

地動，國音讀ㄉㄧˋ ㄉㄨㄥˋ（tiˋ tuòŋ），而閩南音讀ㄉㄝˉ ㄉㄤ˙（tē taŋ˙）。

附　　註

一、卷六之七，秦始皇本紀，一一八頁。
二、ㄉㄝˉ部，二八七頁。
三、卷十一，孝景本紀，二〇四頁至二〇五頁。

十、　惡

水波惡。註一

　　閩南話也說，「猛烈，或凶猛」為「ㄛㄍ」（uok
），字寫作「惡」。國閩辭典說：

「惡，猛烈。酒眞惡，酒很烈。」註二

　　猛烈，或者凶猛，在閩南話也說「惡」，這是慣用
語。比如說，「味道辛辣惡臭」、「動物很兇」、或「
水流湍疾險惡」，這種現象，閩南話也說「惡」。人一
旦遇之，多避而遠之。有些人的臉孔看起來很兇，讓人
家望而生畏，這也可以說「惡」，或說「惡面」。

　　秦始皇三十七年十月，出游，隨行的有少子胡亥，
及左丞相李斯等。十一月，至錢塘，經浙江，水勢險惡
，乃偏西百二十里，從狹中過去，事詳秦始皇本紀。

惡字的音

　　惡，國音讀ㄜˋ，閩南音讀ㄛㄍ。

附　　註

一、卷六之二十六，始皇紀，一二七頁。

二、ㄅㄍ部，二五頁。

十一、 驚

二世大驚，與群臣謀。註一

　　閩南話也說，「怕」爲「ㄍㄧㄚ°」（ kiã ），字寫作「驚」，國閩辭典說：「驚見笑，怕羞、害臊。驚死，怕死、嚇死。驚驚，駭怕的樣子。」註二

　　怕，或怕怕，閩南話多說「驚」，或「驚驚」，是常用語。像「嚇一跳」，或「受驚」，閩南話多說，「驚一跳」，或「著驚」。如果有人受了驚嚇，而縮成一團，常形容這種人「驚洒洒」。而「洒」字的說法，見於莊子，「洒然異之」，註三釋文，「崔李云，（洒然），驚貌。」詳細內容，請參閱拙著，閩南話考證，四十。

　　恐怕，閩南話也說「恐驚」，也是常用語。國閩辭典說：「恐驚，恐怕。」註四另外，在古書之中，也有說「恐」，或「驚恐」或「恐駭」；作「驚恐」者，如史記、李斯傳所說：「見吏舍廁中鼠，食不潔，近人犬

，數驚恐之。」註五說「恐」，史記、魏其武安侯傳：「上恐太后誅夫，徙爲燕相。」註六如作「恐駭」，見於漢書、五行志：「武丁恐駭，謀于忠賢。」註七

秦二世皇帝元年，西元前二〇九年，七月，河南人陳涉等起義，攻陳，自立爲王，號張楚。秦二世二年冬，陳王派陳之賢人周章爲將，率數十萬兵，攻進陝西戲亭，「二世大驚，與群臣謀曰，奈何。」章邯獻計，請就近特赦酈山徒，即人奴產子（畜奴），並動員攻擊陳王楚軍，大敗楚軍，周章自殺。章邯並乘勝追擊，殺陳勝，滅項梁，收定楚地。事詳始皇本紀、陳涉世家。

驚字的音

驚，國音讀ㄐㄧㄥ（chen），閩南音讀ㄍㄧㆩ。（kiã）。

附　註

一、卷六之三十三，秦始皇紀，一三一頁。

二、ㄍㄧㆩ部，五五五頁。

三、卷八，雜篇、庚桑楚，一頁。

四、ㄎㄧㆲ丶，六三五頁。

五、卷八十七之一，一〇二七頁。

六、卷一百七之六，一一六一頁。

七、卷廿七中之下之五，六二八頁。

十二、　減　省

請且止阿房宮作者，減省四邊戍轉。註一

　　閩南話也說，「減少、節省」為「ㄍㄧㄚㄇˋ　ㄒㄝㄧ˗」（kiàm　ɸēŋ　），字寫作「減省」，這也是常用語。常見的情形，有時生活用度，不如以往充裕，一切開銷不得不緊縮節省，暫時克服眼前的難關，這種減少預算，節省開支，閩南話也說「減省」。如果一切調度適宜，不僅工作績效提高，盈餘增多，相對地，可以「減省」很多不必要的浪費。

　　秦二世二年冬，趙高騙胡亥居禁中，不上朝。當時，盜賊甚多，朝廷派關東軍追剿，無功，李斯等乃勸胡亥，「請且止阿房宮作者，減省四邊戍轉」，二世不聽，李斯因此下獄，事詳始皇本紀。

減省旁證

　　減省的說法，也見於漢書、元帝紀：「有可蠲除減省以便萬姓者，條奏，毋有所諱。」註二

減省的音

減省，國音讀ㄐㄧㄢˇ ㄒㄧㄥˇ（chiěn φěŋ），閩南音讀ㄍㄧㄚㄇˋ ㄒㄝㄦ¯（kiàm φēŋ¯）。

附　註

一、卷六之三十三，始皇紀，一三一頁。
二、卷九之四，一二三頁。

十三、　號　名

朕尊萬乘，毋其實，吾欲造千乘之駕，萬乘之屬，充吾號名。註一

閩南話也說，「命名，名號」為「ㄏㄜ¯ㄇㄧㄚˇ」（hò¯ miǎ ），字寫作「號名」。國閩辭典說：「號名，取名。」註二

命名、取名，或名號，閩南話也說「號名」，這是常用語。凡是小孩子出生，就要取名，因此常聽說，「取名了沒有」、「取一個名」、「他取名叫做」，這在閩南話也說，「號名未」、「號一个名」、「他號名叫

做」。或可以說，先是號名，而成爲名號。一般說來，取名之前，都要參考很多因素，這些因素都可做爲號名的根據，而當今的名人，也是參考因素之一呢！

號名旁證

號名的說法，也見於周禮、夏官、大司馬：「讀書契、辨號名之用。」註三鄭注：「凡要號名者，徵識所以相別也。」

號名的音

號名，國音讀ㄏㄠˋ ㄇㄧㄥˊ（hàu méŋ ），閩南音讀ㄏㄜˉ ㄇㄧㄚˇ（hɤˉ miǎ ）。

附　註

一、卷六之三十四，始皇本紀，一三一頁。

二、ㄏㄜˉ部，七〇八頁。

三、卷二十九之九，四四三頁。

十四、　名　姓

書，足以記名姓而已。註一

漢書：書，足記姓名而已。註二

閩南話也說，「姓名」為「ㄇㄧㄚˇ　ㄒㄝㄥˊ」（miǎ φèŋ），字寫作「名姓」。國閩辭典說：「名姓，姓名。」註三

今國語說「姓名」，閩南話多說「名姓」。若以史記、漢書來說，「名姓」之說，見於史記；而漢書則寫作「姓名」，由此或可見，閩南話之典雅古老了。

名姓旁證

名姓之說，還見於史記：「四人前對，各言名姓」「更封傳，變名姓，以出關。」註四

附　　註

一、卷七之一，項羽本紀，一四三頁。

二、卷三十一之八，項籍傳，九一九頁。

三、ㄇㄧㄚˇ部，二三九頁。

四、分見於卷五十五之十二，留侯世家，八一七頁；及卷七十五之四，孟嘗君傳，九四五頁。

十五、　掩

梁掩其口曰：毋妄言，族矣。註一

　　閩南話也說，「用手，或東西遮蓋住另外的東西」為「ㄚㄇ」（ am ），字寫作「掩」。國閩辭典說：「掩，搗也。掩目睭，搗眼睛。」「掩，套。牛嘴掩，牛嘴套。」註二

　　「搗住」、「掩蓋」，閩南話也說「掩」，是一常用語。用手掩住嘴巴，或用衣物遮蔽身體，或者東西掩藏在土沙裏面，這些現象常說「掩」。現在的衞生口罩，，閩南話也說「嘴掩」。

掩字旁證

　　掩字的用法，古書裏面很常見。史記、孝武本紀：「臣恐效文成，則方士皆掩口。」註三

　　三國志、王粲傳，「諺有掩目捕雀」。註四另外，韓非子也有敍述，楚王美人見王常掩鼻，而夫人鄭袖譖之，楚王劓之的故事。

掩字的音

掩，國音讀ㄧㄢˇ（iěn ），而閩南音讀ㄚㄇ（am ）。

附　　註

一、卷七之二，項羽本紀，一四三頁。

二、ㄚㄇ部，一〇頁。

三、卷十二之九，二一一頁。

四、二十一卷，魏志，卷二十一之三，三七一頁。

十六、餘　、　數

籍長八尺餘，力能扛鼎。

陳餘爲將，將卒數萬人。註一

　　漢書：「籍長八尺二寸，力扛鼎。」「陳餘將卒數萬人」註二

　　閩南話也說，「不定數目的多，或幾」爲「ㄦㄨㄚˊ」（guá ），或「ㄕㄨㄛ˙」（ʂuǒ ），字寫作「餘」、或「數」。國閩辭典也有音ㄦㄨㄚˊ（gùá ）

，字卻擬作「外」，其實就是「餘」，它說：「十餘日，十多天。」「數擺，好幾次。數次，好幾次。」註三

餘、數的說法，在閩南話很普遍，而且分別很清楚。例如，「一班學生有十多人，或二十幾人」，這「多」、或「幾」，閩南話多說「餘」。或說，「一班學生有幾十人」，這「幾十人」，閩南話多說「數十人」。因此，餘、數的說法，在閩南話裏，很清楚而不會混淆。不過，現在偶爾也跟「幾」混合使用，與國語相近。

項羽少時，學書不成，學劍又不成功，學兵法，略知其意，也不肯竟學。以二十四歲之青年才俊起事，三年之後，滅秦分裂天下，分封王侯，自號楚霸王，其聲勢近古未曾有。卻自矜武功，逞其私智，而不師古，因此五年之間，卽亡其國。何以故？凡事不肯用心，學無恆也。

餘、數旁證

餘字的說法，見於史記很多，如：
「沛公旦日從百餘騎，來見項王。」「丞相平卒，上復以勃爲丞相，十餘月。」註四

數字的說法，也見於史記：
「收齊亡卒得數萬人，……，殺漢卒十餘萬人」「而漢王乃得與數十騎遁去」。註五

餘、數的音

數，國音讀ㄕㄨˋ，閩南音讀ㄕㄨㄛ·。

餘字的音，國音讀ㄩˊ，閩南音讀ㄍㄨㄚˊ。集韻，「餘，余遮切。」在此，「余」字的音，閩南音可以讀ㄍㄨㄚˊ。而「遮」字的韻母，閩南音又讀ㄚ音，可見「餘」字的音，閩南音可以讀為ㄍㄨㄚˊ（guá）

再舉詩經諧韻來說，如詩經韻分十七部表：

「瓜、壺、苴、樗、夫（邠七月六章）。」「廬、瓜、菹（信南山三章）。」註六

以上所舉之「苴」、「菹」等字的韻母，國音讀ㄩ，而瓜字的韻母，國音讀ㄨㄚ音，可見閩南音讀「餘」為（guá），可以說得通。

附　註

一、卷七，項羽本紀，一四三頁、一四六頁。

二、分見於卷三十一，項籍傳，第九二〇、九二二頁。

三、分見於六四六頁，及九八七頁。

四、卷七之十四，項羽本紀，一四九頁。

　　卷五十七之五，絳侯周勃世家，八二八頁。

五、卷七，項羽本紀，一五三頁。

六、第五部，八五二頁。

十七、　放　殺

今項羽放殺義帝於江南，大逆無道。註一

前漢書所敍，少「於」字，餘皆同。註二

閩南話說「遺棄」，或「甩掉」爲ㄅㄤˋ ㄗㄚㄍ（pàŋ ɕak），字寫作「放殺」，或寫作「放蔡」、「放猻」。國閩辭典也有音「ㄅㄤˋ ㄗㄚㄍ」（pàŋ ɕak），字卻擬作「放捽」，其實就是「放殺」，它說：

「放殺，放棄、丟棄。」註三

「放逐」、「遺棄」、或「甩掉」，閩南話也說「放殺」。常見的情形，妻子被丈夫遺棄，或先生不顧家，而抛家棄子；然而現在也有太太離家出走，甩掉家庭者，這種讓對方自生自滅的作法，或可說「放殺」。如有人得寵後失寵，而不受重視，也可以說「放殺」。

古書之中，「放」和「殺」有分開使用，而意義不同者，漢書、淮南王傳：「昔堯舜放逐骨肉，周公殺管、蔡。」註四關於此事，再引史記周本紀來說明：「周公乃攝行政，當國，管叔、蔡叔，群弟疑周公，與武庚

作亂畔周，周公奉成王命，伐誅武庚、管叔，放蔡叔。」註五於此或可知，「放」有放逐使之自活之義，而「殺」則指「誅殺」。然而史記鄒陽傳文中，則只說逐出，而不說殺，「不合則骨肉出逐不收，朱、象、管、蔡是矣。」註六由此觀之，就狹義言，放是放逐，殺是誅殺，而廣義說來，「殺」也包涵「放逐」，或「放散」，因此有「放殺」的說法，也請參閱史記管蔡世家。

「殺」，如作「放逐」，或「放散」解，其字或可當作「蔡」，左傳、昭元年說：「周公殺管叔，而蔡蔡叔。」註七杜預注，「蔡，放也。」這種說法，段玉裁在說文解字「蔡」篆，也有說明。說文，「蔡，艸丰也。」段注：「丰，讀若介，丰字，本無，今補。四篇曰，丰，艸蔡也，此曰蔡，艸丰也，是為轉注，艸生之散亂也。」然而「殺」、「蔡」不僅意相近，其音也可相通，禹貢曰，「二百里蔡」，註八孔穎達在下文解釋說，「故鄭注云，蔡之言殺，減殺其賦。」

另外，「殺」，也可當作「粲」，說文解字：「粲，糳粲散之也。从米、殺聲。」註九段注：「粲者，複舉字，糳者，衍字。左傳、正義兩引說文，粲，散之也可證。……，是粲，本謂散米，引伸之，凡放散皆曰粲，字譌作蔡耳，亦省作殺。齊民要術凡云殺米者，皆粲米也。孟子曰，殺三苗於三危，即粲三苗也。」是可知，

「𢿦」有「放散」之義，後人或省作「殺」字，或譌寫爲「蔡」字，因此「𢿦」，「蔡」通用。

　　上文「而蔡蔡叔」，經典釋文說，「上蔡字，音素葛反，說文作𢿦，音同，字从殺下米，云撼𢿦散之也。」正義也說，「說文云，𢿦、散之也，从米、殺聲。然則𢿦字，殺下米也。𢿦爲放散之義，故訓爲放也。隸書改作，已失本體，𢿦字不復可識，寫者全類蔡字。」「尚書蔡仲之命云，周公乃致辟管叔于商，囚蔡叔于郭鄰，以車七乘。孔安國云，囚，謂制其出入，郭鄰，中國之外地名，是放蔡叔之事也。」或可以說，「放殺」、「放𢿦」，或「放蔡」，其音義或相通。

放殺的音

　　放殺，國音讀「ㄈㄤˋ　ㄕㄚ」（ fàŋ　ɕa ），而閩南音讀「ㄅㄤˋ　ㄕㄚㄍ」（ pàŋ　ɕak ）。

附　註

一、卷八之十九，高祖本紀，一七一頁。

二、卷一上之三十一，高帝紀上，四二頁。

三、ㄅㄤˇ部，一〇四頁。

四、卷四十四之七，一〇三七頁。

五、卷四之十五，七六頁。

十八、 共

漢王跳，獨與滕公共車，出成皋、玉門。_{註一}

漢書所敍，同。_{註二}

閩南話也說，「共同」，或「相同」爲「ㄍㄤ⁻」（kāŋ），字寫作「共」，國閩辭典說：「共樣，同樣。共名，同名。共人，同人。共款，同樣。共種，同種。共姓，同姓。」_{註三}

同，在閩南話也說「共」，是一常用語。像同一個人、同一個位子、同一種款式、同一班級、同一單位、同一個人作、或者同一交通車，在閩南話也說「共人」、「共位」、「共班」、「共單位」、「共人作」、或者說「共車」，這種例子很多。另外，像「相同」，或「同樣」，閩南話也說「相共」，或「共款」。

漢王四年，漢軍駐紮滎陽，築地下道，取敖倉，軍

糧可以安全輸入。而後，項羽侵奪甬道，並圍漢高祖。高祖請和，項羽不准，漢軍絕食，漢王逃出，入關收兵，出武關，和黥布隨行收兵。項羽引兵攻高祖，漢深壁不戰。剛好彭越和楚軍，戰於睢水，楚軍大敗，項羽乃引兵攻彭越，敗之。高祖引兵留守成皋，項羽則反攻滎陽，虜韓王信，並圍成皋。「漢王跳，與滕公共車，出成皋、玉門。」北渡河，收張耳、韓信兵權，實力倍增，事詳高祖本紀。

共字旁證

共字的用法，古書也有很多，史記、張釋之傳，「太子與梁王共車入朝」，註四漢書同。說文解字：「共，同也。」世說新語：「晉武帝時，荀勖爲中書監，和嶠爲令。故事，監、令由來共車。」註五劉注引曹嘉之晉紀曰：「中書監、令常同車入朝。」

共字的音

共，國音讀ㄍㄨㄥˋ（ kuðŋ ），閩南音讀ㄍㄤ˗（ kāŋ ）。

附　　註

一、卷八之二十三，高祖本紀，一七三頁。

十九、　戇

然陵少戇。註一

漢書：王陵可，然少戇。註二

　　閩南話形容人，「做事爽直，大而化之，或馬虎」爲ㄏㄚㄇ˙（hàm），字寫作「戇」，國閩辭典也有音ㄏㄚㄇ˙（hàm ），字卻擬作「放」，其實就是「戇」，它說：「做生理眞戇，做生意太馬虎。戇唐，荒唐。戇狗，沒有定見、馬馬虎虎。戇古，荒誕無稽的故事。」註三

　　人，有的精明能幹，卻斤斤計較；有的則大而化之，少變通，凡事無所謂，像這種人的作爲，閩南話也說「戇」，或說「戇戇」。例如買東西時，不問價錢，也不細挑；或者討論問題時，雖經多人暗示，也會意不過來，還擇善直言，卻因此吃虧，或遭難堪，這種人常被

批評爲「戇」。然而人戇，並不可怕，因爲愚直，容易相處，並值得交往和信賴。

王陵少文，好直言，漢高祖未發迹時，兄事王陵。及劉邦入咸陽，王陵也擁兵自重，而後其母爲項羽所烹，才追隨劉邦，定天下。因爲王陵和劉邦仇人雍齒相好，所以晚封，後爲右丞相。

漢高祖十一年七月，淮南王黥布反，高祖親征，爲流矢所中，十一月囘長安。十二年二月病甚，不使醫治病，呂后乃乘機問：「陛下百歲後，蕭相國卽死，令誰代之。」高祖說：「曹參可。」問其次，曰：「王陵可，然陵少戇，陳平可以助之，陳平智有餘，然難以獨任，周勃重厚少文，然安劉氏者，必勃也，可令爲太尉。」呂后復問其次，高祖曰：「此後，亦非而所知也。」四月，高祖崩長樂宮，壽六十二歲，時西元前一九五年，事詳高祖本紀。

戇字旁證

漢書、嚴助傳：「且越人愚戇、輕薄、負約、反覆。」註四

戇字的音

戇，國音讀ㄓㄨㄤˋ（tɕuàŋ），閩南音讀ㄏㄚ

ㄇˇ（ hǎm ），雙方的音看起來不同，其實閩南音讀
ㄏㄚㄇˇ（ hǎm ），可以說得通。如集韵，「憨，呼
紺切」，此音即與閩南音相近。

附　　註

一、卷八之三十五，高祖本紀，一七九頁。
二、卷一下之二十三，高帝紀一下，五八頁。
三、ㄏㄚㄇˇ部，六八三頁。
四、卷六十四上之三，一二七二頁。

二十、外　家

大臣皆曰：呂氏以外家惡，而幾危宗廟。註一
　　閩南話也說，「婦人之娘家」為「ㄨㄟ̄ㄨㄚˊㄍㄝ」
（ guǎ　ke ），字寫作「外家」。國閩辭典說：
「外家，娘家、外頭。」註二
　　娘家，閩南話多說「外家」，也說「後頭」，或說
「後頭茨」，這是慣用語。如說「囘娘家」，或說「娘
家有錢」，閩南話常說，「轉去外家」，或「外家有錢
」。然而，為什麼說「婦人之娘家」為「外家」，釋名

、釋親屬：「妻之父曰外舅，母曰外姑，言妻從外來，謂至己家爲婦。故反以此義稱之，夫妻匹敵之意也。」註三漢書也說：「婦人內夫家，外父母家。」又說：「所發諸官署，及所造作，遺賜外家群臣妾。」註四顏注，「外家，謂后之家族，言在外也。」綜合以上所說，或可以說，婦人從母家嫁到夫家，從此以夫家爲內，而以母家爲外了，是以子、女稱母家之父、母爲外公、外婆；另外，母家以其女出嫁於外，其所生之子女，就稱外孫了。

外家旁證

史記，「及孝惠帝崩，天下初定未久，繼嗣不明，於是貴外家。」「高后崩，大臣議立後，疾外家呂氏彊，皆稱薄氏仁善，故迎代王，立爲孝文皇帝。」註五而胡注資治通鑑、梁紀，「刑及外族」，註六，「婦人謂父母之家爲外家，外族，外家之族。」

外家的音

外家，國音讀ㄨㄞˋ ㄐㄧㄚ（uài ȶɕia），閩南音讀ㄍㄨㄚˊ ㄍㄜ（gúa ke）。

附　註

一、卷九之十三，呂后本紀，一八九頁。

二、ㄅㄨㄚˊ部，六四六頁。

三、卷三之二十二，一四頁。

四、分見於，卷三十六之二十七，楚元王傳，九七五頁。

　　卷九十七下之二，外戚傳，一六九一頁。

五、卷四十九，外戚世家，七八三、七八四頁。

六、卷一百六十三，太宗簡文皇帝上，五頁。

二一、 祝 詛

民或祝詛上，以相約結，而後相謾。註一

　　集解：「駰案，漢書音義曰，民相結，共祝詛上也
。」

　　索隱：「韋昭云，……，謂初相約，共行祝，後相
欺誑，中道而止之也。」

　　漢書，同。註二

　　閩南話也說，「發誓」爲「ㄐㄧㄨˋ ㄐㄨㄚˉ」（
ȷɸiuˋ ȷɸuā），字寫作「祝詛」。國閩辭典也有音「
ㄐㄧㄨˋ ㄐㄛㄚˉ」（ȷɸiuˋ ȷɸoā ），字擬作「
咒誓」，其實就是「祝詛」。它說：

_ 100 _

「祝詛，立誓、宣誓。」註三

宣誓、立誓、發誓，閩南話也說「祝詛」，這是常用語。常見的情形，先生向太太發誓，表示忠心耿耿。或者，朋友之間，為相互取信，在神明面前立誓。從前在選舉期間，常聽到候選人，相邀赴廟裡斬雞頭宣誓的說法。這種現象，閩南話也說「祝詛」。其實人與人之間，貴乎誠心，所謂不誠無物，因此不誠的人，天地萬物皆不容，祝詛又有何用。

漢初法律，有誹謗妖言之罪，而一般百姓多觸犯之。因為百姓喜歡相互發誓，做為約定，後來多不能履行，甚至於謾罵、控告。官吏深為其苦，多以大逆、或誹謗治之。文帝二年三月，乃下詔，廢止，事詳孝文紀。

祝詛的音

祝詛，國音讀ㄓㄨˋ ㄗㄨˇ（ tɕù tsǔ ），閩南音讀ㄐㄧㄨˋ ㄐㄨㄚˉ（ tɕiù tɕuā ），雙方聲音似乎差異很大，其實閩南讀音可以說得通。

祝，說文作「詶」，解釋「詛也」。段注：「玉篇云，說文，職又切，詛也。元應六，引曰祝。」在此，「州」、「祝」、「職又切」的音，或可讀ㄐㄧㄨ（ tɕiu ），正和閩南音相近。

再者，說文「詛 ，從言、且聲」。而詩經韵分十

101

七部表、第五部，「蘇、華、都、且（山有扶蘇一章）」諧韵，可知，「華」、「且」，可以諧韵，韵母可以讀爲ㄨㄚ（ua）音。另外，段注古本音「且」說，「且聲在此部，……，今兼入馬」。是可知，詛字的閩南音讀ㄐㄨㄚˉ（ȵʑuā），是可以說得通。

附　註

一、卷十之十，孝文本紀，一九五頁。

二、卷四之十，文帝紀，七二頁。

三、ㄐㄧㄨˋ部，八六〇頁。

二二、　陵　轢

陵轢邊吏。註一

　　漢書，同。註二

　　閩南話也說，「留難」、「作弄」或「折騰」爲「ㄌㄝㄥˉ　ㄌㄝㄍ」（lēŋ lek），字寫作「陵轢」，也作「凌轢」，國閩辭典也有「ㄌㄝㄥˉ　ㄌㄝㄍ」（lēŋ lek）的音，字卻擬作「凌勒」，其實就是「陵轢」。它說：

「陵轢，留難。」註三

為難、作弄，或為害，閩南話也說「陵轢」。常見的情形，小孩子糾纏大人，大人常被折騰不堪，或者小孩子頑皮，把屋子弄得混亂，大人免不了要大大地整理，也有剛整理好的東西，小孩子又亂丟，大人不勝其煩，這些現象多可說「陵轢」。

一個家庭如果出了不良份子，多會給家庭帶來困擾，像有的人，為害地方，擾亂地方安寧，也有的人不務正業，甚至於游手好閒，這種情形，閩南話也說「陵轢」。

漢文帝四年五月，西元前一七六年，匈奴入寇，文帝以為，漢與匈奴有約為昆弟，不害邊境，因此賞賜匈奴很厚。現在古賢王率眾入居河南，並且往來近塞，捕殺吏卒，「陵轢邊吏」，不遵守約定，乃動員邊境吏騎，八萬五千，由丞相率軍攻匈奴，匈奴離去，從此並派軍守衛長安。文帝也趁此時，回到太原，見老部屬，並舉功行賞，與民同樂，晉陽中都老百姓，受恩賜，可免除三年租役，事詳孝文本紀。

陵轢旁證

史記、孔子世家：「楚靈王兵彊，陵轢中國。」註四然而「陵轢」，也作「凌轢」，如「橫恣潁川，凌轢

宗室。」註五漢書也有作「輘轢」，如「橫恣潁川，輘轢宗室。」註六師古曰，「輘轢，謂踏踐之也。輘、音凌，轢，音郎擊反。」

陵轢的音

陵轢，國音讀ㄌㄧㄥˊ　ㄌㄧˋ（léŋ lìˋ），閩南音讀ㄌㄝㄦ˗　ㄌㄝㄍ（lēŋ lek），雙方的音相近。因為「陵」字的音相通，至於「轢」字的音，上文引師古音，「郎擊反」，此音或讀「ㄌㄝㄍ」，正與閩南音相近。

附　註

一、卷十之十一，孝文本紀，一九六頁。

二、卷九十四上之十，匈奴傳，一五九九頁。

三、ㄌㄝㄦ˗部，四四三頁。

四、卷四十七之四，七六一頁。

五、卷一百七之十，魏其武安侯列傳，一一六三頁。

六、卷五十二之十一，竇嬰傳，一一二五頁。

二三、大　行

更命廷尉爲大理，……，大行爲行人。註一

集解：「服虔曰，天子死，未有謚，稱大行。……，如淳曰，不返之辭也。」

閩南話也說，「死」爲「ㄍㄧㄚˇ」（kiaˇ），字寫作「行」。國閩辭典說：「行，死。行去了，死掉了。」註二

死去，閩南話也說「行去」，這是一慣用語。如「他前天死去了」，閩南話也說，「他昨日行去也」。至如國語說「走路」，閩南話多說「行路」。再者，國語說「跑」，閩南話多說「走」，如「跑來跑去」，閩南話多說「走來走去」。因此，「行」與「走」，閩南話是分別得很清楚。

如果拜訪人，或參加聚會，必須提前離去，或先走，常說，「我愛先行」。不過，這種說法，跟「死」雙關，很多人多不願這樣說，免得犯忌，可是大多數的人還是無所謂的。行去，或走了，好比人走開，就不在此地，因此又引申爲不在，或死去。

大行旁證

史記、魏其武安侯傳：「書奏上，而案尙書，大行無遺詔。」註三正義：「天子崩，曰大行。」漢書、霍光傳：「受皇帝信璽，行璽大行前。」註四韋昭曰，「

大行，不返之辭。」小爾雅、廣名：「諱死，謂之大行。」註五宋注：「韋昭曰，大行者，不返之辭也，天子崩，未有諡，故稱大行也。……，風俗通曰，天子新崩，未有諡，故且稱大行皇帝。……，周密齊東野語云，大行，韋注，平聲。……，案，……，此云，諱死者，蓋不敢斥其死，故諱之，稱爲大行。」六部成語註解，「大行皇太后尊諡」，註六 註解，「大行者，一去不返之意，猶言已故。」

第二次世界大戰結束以來，在位最久的君王，也是日本歷史上在位最久的天皇，同時歷經戰爭與和平兩個時代的日本天皇裕仁，終於在一九八九年一月七日上午六時三十三分（台北時間，上午五時三十三分）與世長辭。而裕仁在位六十二年又十三天（一九二六年十二月二十五日至一九八九年一月七日），年號取自我國尚書堯典，「百姓昭明，協和萬邦」，以及史記、五帝本紀，「百姓昭明，合和萬國」的「昭和」時代，也隨之結束。年五十五歲（一九三三年十二月二十三日出生）的明仁皇太子，隨即繼位，成爲日本第一百二十五代天皇，改年號爲「平成」。至於「平成」年號，則取自我國尚書大禹謨，「地平天成……，萬世永賴」，以及史記、五帝本紀，「父義、母慈、兄友、弟恭、子孝，內平外成」。

裕仁天皇一月七日大行之後，日本政府循大正天皇之禮，第四十八天，才爲大行皇帝舉行「大喪儀」（國葬），因此，從二月二十四日下午起，裕仁從地面消失，而一往不返。

行字的音

　　行，國音讀ㄒㄧㄥˊ（ hsén　），閩南音讀ㄍㄧㄚˇ（ kiãˇ）。

附　　註

一、卷十一之五，孝景本紀，二○五頁。

二、ㄍㄧㄚˇ部，五五六頁。

三、卷一百七之十二，一一六四頁。

四、卷六十八之七，一三二六頁。

五、卷三之五十八，七四頁。

六、禮部成語，六八頁，總頁二七七八頁。

二四、行　禮

太常諸生行禮，不如魯善。 註一

漢書，同。註二

閩南話也說，「敬禮，獻禮」爲「ㄍㄧㄚˋ　ㄌㄝˋ」（kiãˇ lè），字寫作「行禮」。國閩辭典說：「行禮，獻禮、做禮。」註三

　　敬禮、獻禮，或鞠躬，閩南話也說「行禮」，這也是常用語。每當遇到師長，或升旗典禮，或者到偉人紀念館，向偉人銅像致敬，往往都要行禮，這種例子很多。從前，有關單位曾經提倡禮貌運動，要人民養成行禮的好習慣。人與人相遇，彼此能相互行禮，或者問好，或點頭，或舉手，或鞠躬，彼此距離拉近，或者也是群育的基礎。而人民修養的起步，或者從相互行禮開始，道理非常簡單，做不到的人，卻還是不少。

行禮旁證

　　史記、封禪書：「於是始皇遂東游海上，行禮祠名山大川及八神。」註四

行禮的音

　　行禮，國音讀ㄒㄧㄥˊ　ㄌㄧˇ（hséŋ liˇ），閩南音讀ㄍㄧㄚˋ　ㄌㄝˋ（kiãˇ lè）。

一、卷十二之十七，孝武本紀，二一五頁。
二、卷二十五上之三十五，郊祀志，五五三頁。
三、《ㄐㄚ ˇ 部，五五六頁。
四、卷二十八之九，五四一頁。

二五、　熊

熊熊赤色有光。……，炎炎有光。　註一

　　閩南話也說，「燒火」，或「燃火」爲「ㄏㄧㄚˇ」（hiãˇ），字寫作「熊」，國閩辭典，也有音「ㄏㄧㄚˇ」（hiãˇ），字卻擬作「然」，其實就是「熊」，它說：

「熊，燒。熊滾水，燒開水。熊火，燒火。」註二

　　燃燒東西，閩南話也說「熊」，「燒火」常說「熊火」，這是常用語。常見的情形，燒火煮飯作菜，從前多燒柴、草，或煤球，現在多改用瓦斯，而燒開水也是一樣。像「燒火」、「燒柴」、或「燒開水」，閩南話常說「熊火」、「熊柴」、或「熊滾水」。燒火的時候

，火要旺，閩南話也說「熊火愛火旺」（hiã˅ huèi ài huéi· uōŋ），這種例子很多。

熊字旁證

春秋經、昭公十二年，「楚殺其大夫成熊」，公羊，作「成然」。註三「然」，說文解字說，「燒也」。白虎通、號：「黃帝中和之色，自然之姓，萬世不易。」「黃帝有天，號曰自然者，獨宏大道德也。」註四也有說，黃帝號有熊，則有熊、自然，意義或相承。

熊字的音

熊，國音讀ㄒㄩㄥˊ（hsyóng），閩南音讀ㄏㄧㄚ˅（hiã˅），雙方聲音看起來有不同，其實閩南讀音可以說得通。在聲母方面，讀為ㄏ（h）音，並無疑義。韻母讀為ㄧㄚ°（iã）音，也沒有錯，並且還是古音。

說文，「熊，从能、炎省聲」，段玉裁注，「春秋左氏，敬嬴，公、穀作頃熊」。又說文，「嬴，从女、羸省聲」，段注，「嬴，地理志作盈」。

從以上或可知，「嬴、熊、羸、盈」四字的音，可以相通。而「嬴、盈、羸」三字，同在廣韻、下平、十四清，同音「以成切」。其中之「嬴」字，閩南讀音是ㄧㄚ˅

（ iãˇ ），因此可知，熊字的韵母，可以讀爲ㄧㄚ。（
iã ）音，也是古音。

附　　註

一、卷二十七之十六，天官書，五一六頁。
二、ㄏㄧㄚˇ部，七五二頁。
三、卷二十二之二十，二八二頁。
四、卷一之十一，一一一頁；之十三，一二頁。

二六、所　在

然必察太歲所在，……，歲星所在，五穀逢昌。 註一
　　閩南話也說，「地方」爲「ㄙㄨㄛˊ　ㄗㄞ﹣」（
suó　tsāi ），字寫作「所在」。國閩辭典說：
「所在，地方。」註二
　　居所、處所，或地方，閩南話常說「所在」，這是
常用語。像房子的處所，或人居住之處，都可說「所在
」。因此「有地方嗎？」「地方狹、闊、好」、或「好
地方」，閩南話多說，「有所在莫？」「所在狹、闊、
好」、或「好所在」。臺灣是寶島，一年四季如春，物

產豐盛，戰略地位重要，全國上下一條心，眞是「好所在」。

所在旁證

左傳、定公五年：「聞王所在，而後從王。」註三史記、信陵君傳說：「公子聞趙有處世毛公，藏於博徒，薛公藏於賣漿家。公子欲見兩人，兩人自匿，不肯見公子，公子聞所在，乃間步往，從此兩人游，甚歡。」註四

所在的音

所在，國音讀ㄙㄨㄛˇ　ㄗㄞˋ，而閩南音讀ㄙㄨㄛˊ　ㄗㄞ˗。

附　　註

一、卷廿七之三十五，天官書，五二六頁。
二、ㄙㄨㄛˊ部，九八六頁。
三、卷五十五之四，九五九頁。
四、卷七十七之六，九五九頁。

二七、土 炭

冬至短極，縣土炭，炭動。註一

集解：「晉灼曰，蔡邕律歷記，候鐘律權土炭，冬
至，陽氣應，黃鐘通，土炭輕而衡仰；夏至，陰氣應，
蕤賓通，土炭重而衡低。」

閩南話也說，「煤炭，煤」為「ㄊㄨㆦˇ　ㄊㄨㄚ°
」（tʰouˇ tʰũã⁻），字寫作「土炭」。國閩辭典說：
「土炭，煤炭、煤。」註二

煤，是一種固體化石燃料，呈褐色至黑色，由古代
植物在適宜的地質環境下，逐漸堆積成厚層，而埋在水
底或泥沙中，經過漫長地質年代的天然煤化作用而成。
依煤化程度的不同，可分為泥炭→褐煤→煙煤→無煙煤
四類。因為煤炭是由泥炭演進而來，泥炭又好像土炭，
所以閩南話也說「土炭」。

從前在鄉下，看到蒸汽火車燒的是土炭。有的人也
把土炭做成煤球，賣給家庭做為燃料，好比現在的液體
瓦斯、或天然氣。現在台北市的富豪，有的是靠賣煤球

起家的，因爲做好的煤球，要曬，要儲存，都要相當大的地方，從前是不值錢的地方，今日則成爲寸土寸金了。至於燒過的煤球渣，閩南話說「土炭菡」，還可以用來鋪路，眞是一舉數得。

土炭的音

土炭，國音讀ㄊㄨˇㄊㄢˋ，閩南音讀ㄊㆦˇ　ㄊㄨㄚ。

附　註

一、卷二十七之三十五，天官書，五二六頁。
二、ㄊㄨㆦˇ部，三五七頁。

二八、　野　雞

野雞夜雊。註一
　　集解：「如淳曰，野雞、雉也，呂后名雉，故曰野雞。」
　　漢書：野雞夜鳴。註二
　　閩南話也說，「雉」、或「自己覓食的雞」爲「ㄧ

ㄚˋ ㄍㄝ」（ià ke ），字寫作「野雞」。國閩辭典
說：

「野雞，雉、或街頭的娼女。」註三

　　雉、或郊野之雞，閩南話也說「野雞」。野雞在野
外自己覓食維生，而且居無定所，這種現象，閩南話也
引申到阻街女人，以及車子方面。

　　有的女人離家在外，或迫於生活環境，居無定所，
或站在街頭巷尾，尋找男人賺錢；也有的人，處在飯店
、西餐廳，或特定場所，等待應召，這種女人，稱為阻
街女郎、應召女郎，或野雞。至於車子，也有野雞轎車
、野雞遊覽車之說，坐過的人，都曉得。

野雞旁證

　　野雞的說法，也見於漢書、郊祀志，而王先謙補注說：
「顧炎武曰，竊謂野雞者，野中之雞耳。」「郊祀志之
雄雉野雞，五行志之野雞飛雉，皆判然兩物。」

野雞的音

　　野雞，國音讀ㄧㄝˇ　ㄐㄧ（iě　chi），閩南
音讀ㄧㄚˋ　ㄍㄝ（ià　ke）。

附　註

一、卷二十八之四，封禪書，五三八頁。
二、卷二十五上之五，郊祀志，五三八頁。
三、ㄧㄚˋ部，六四頁。

二九、　物

有物如雉，往來城上。註一

　　閩南話也說，「東西」爲「ㄇㄧˊ」（miˊ），或說「ㄇㄧˊ　ㄍㄧㄚ˚」（miˊ kiãˋ），字寫作「物」，或寫作「物件」。國閩辭典說：
「買物，買東西。物配，副食物、菜。物件，東西。物食，吃食。」註二

　　可吃，或可用的食品、器具等東西，閩南話多說「物件」，或簡說「物」，這是常用語。像「好吃的東西」，或「屋子裏面東西眞多」，閩南話多說，「好食兮物件」，或「茨眞濟物件」。有些人喜好崇洋，愛使用外國的東西，閩南話常說「愛外國物」，這種例子很多。

物字旁證

史記、匈奴傳：「今單于變俗，好漢物，漢物不過什二。」註三「好漢物」，相當於現在之「舶來品」。周禮、天官、大宰：「九曰，物貢。」註四鄭注：「物貢，雜物，魚、鹽、橘、柚。」然而「雜物」，或可說「多種不同的東西」。

關於以「物」為「東西」的說法，見於通雅、諺原：「齊豫章王嶷傳，嶷謂上曰，南山萬歲，殆似貌言，以臣所懷，願陛下極壽百年。上曰，百年亦何可得，止得東西一百，於事亦濟，則謂物曰東西。」稱謂也說：「稱男子曰南北，猶稱物為東西也。」註五

物字的音

物，國音讀ㄨˋ，而閩南音讀ㄇㄧˊ（mi´），因為「微」母字的音，閩南音多轉讀為m音，或b音，這種例子很多。

附　　註

一、卷二十八之三十，封禪書，五五一頁。
二、ㄇㄧˊ部，二三九頁。
三、卷一百十之十五，一一八四頁。

_117_

三十、 馬 母

官假馬母，三歲而歸。註一

集解：「李奇曰，邊有官馬，今令民能畜官母馬者，滿三歲歸之也。」

漢書，同。註二

閩南話也說，「母馬」為「ㄅㄝˊ　ㄅㄨˋ」（bé bù），字寫作「馬母」，這是慣用語。在閩南話，對於禽獸雌、雄的說法，與國語稍異。像，「公牛」、「母雞」，閩南話多說，「牛公」、「雞母」。這很合乎自然法則，因為當我們看到禽獸時，先識別是那一種禽獸，再分別雌、或雄，公或母。比如說，先看到的動物是狗，再看出是母的，所以說，這是一隻「狗母」，也可見閩南話的自然典雅。

就人來說，有男人、女人，如果依照前面說法，或可以說，人男、人女。現在我們或可比方說，「這個人

_ 118 _

是男的」，「這個人是女的」。不過，人字是可以省略，一旦省去人字，或可說，「這是男」，「這是女」。而這種說法，在閩南話，或說成「者夫」「tɕa puo），「者婦」（ tɕa buò ），現在有人寫成查晡，查某。或許有人會有疑問，難道男、女分別不清嗎？在古時，周朝稱人民為「黎民」，秦則說「黔首」。或可說，不論男女，頭包黑布巾，身穿黑色衣服，辨識起來可不容易。現在也有人打扮起來，一時間分不出男或女，萬一自動送上門來，可能還怕會染上AIDS而拒絕呢！

馬母的音

馬母，國音讀ㄇㄚˇ ㄇㄨˇ（ mǎ mǔ ），閩南音讀ㄅㄝˊ ㄇㄨˋ（ bé bù ）。

附 註

一、卷三十之十五，平準書，五六九頁。
二、卷二十四下之十七，食貨志下，五三○頁。

三一、 發 病

楚王欲走魏，秦追至，……，懷王遂發病。註一

　　閩南話也說，「生病」為「ㄆㄨㄚˊ　ㄅㄝ°」（p'uá　pē⁻），字寫作「發病」。國閩辭典也有音「ㄆㄨㄚˊ　ㄅㄝ°」（p'uá　pē⁻），字卻擬作「破病」，其實就是「發病」，它說：
「發病，生病。」註二

　　生病，閩南話多說「發病」，像生病住院，病得很重，或病死，閩南話多說，「發病住院」，「發病真重」，或「發病死」。另外，閩南話也說，「人生活困苦」，或「身體痛苦」為「艱苦」，音「ㄍㄢ　ㄎㄨㄛˋ」（kan k'uò　），像生活真艱苦，或身體真艱苦。因此「生活艱苦談」，跟「生活甘苦談」，意義是有差別的。而「發病」和「艱苦」，也是不一樣的。

　　周赧王十六年，楚懷王三十年、秦武王八年，西元前二九九年，秦王邀約楚王在武關同盟。秦王使詐，閉武關，送楚王到咸陽，待以人臣之禮，並久留楚王，不讓他回國。楚國內大臣，到齊迎接太子回國，代立為頃襄王，並通告秦國，秦國發怒，攻楚，大敗楚軍。

　　頃襄王二年，懷王逃離秦國，不敢住宿，怕給秦發覺，遮住去路，因此楚王從便道至趙，剛好趙惠王初登基，懼怕秦國，而不敢接受。懷王逃亡魏國，卻給秦兵遇到，又被遣回咸陽。結果「懷王遂發病」，隔年，死

在秦國，事詳楚世家。

發病旁證

發病的說法，見於史記、漢書很多，史記：「寄於上最親，意傷之，發病而死，不敢置後。」「丞相（申屠嘉）遂發病死」，註三漢書所敍亦同。

漢書：「亞父大怒而去，發病死。」「（杜業）憂恐，發病死。」「后（定安公太后）大怒，笞鞭其旁侍御，因發病，不肯起。」註四

發病的音

發病，國音讀「ㄈㄚ　ㄅ丨ㄥˋ」（fa pèŋ），而閩南音讀「ㄆㄨㄚˊ　ㄅㄝ°」，至於「發」，國音發輕脣音，而閩南音發重脣音，並讀與「潑」同音。

附　註

一、卷四十之二十九，楚世家，六八三頁。

二、ㄆㄨㄚˊ部，一六四頁。

三、分見於卷五十九之七，五宗世家，八四二頁。

　　卷一百一之八，鼂錯列傳，一一一八頁。

四、分見於卷一上之三十五，高帝紀上，四四頁。

　　卷六十之十六，杜周傳，一二三六頁。

卷九十七下之二十四，外戚傳，一七〇二頁。

三二、失　禮

群臣皆有外心，禮益慢，唯高共不敢失禮。 註一

　　閩南話也說，「失禮數」，或「對不起」爲「ㄒ｜
ㄌ　ㄌㄝˋ」（ɓit lè ），字寫作「失禮」。國閩
辭典說：「失禮，欠禮、得罪。失敬，失禮。」註二

　　禮貌不周、欠禮、或對不起，閩南話多說「失禮」
，這是常用語。凡是人與人之間欠禮、無禮、失儀態、
或失禮儀，都可說「失禮」，至如像史記所說，「吳王
由此稍失藩臣之禮」，註三這種情形，可算嚴重失禮了。

　　周定王十四年，晉出公十七年，西元前四五五年，
趙簡子死，太子繼位爲趙襄子。趙襄子四年，知伯率領
韓、趙、魏，瓜分范中行屬地。晉出公怒，欲請齊、魯
兵，討伐四卿，四卿先發制人，出公被迫逃亡齊國，死
在途中。知伯擇立昭公曾孫爲晉懿公，從此知伯更驕橫
，向韓、魏請割地，不敢不給。請趙、趙不給。知伯率
韓、魏攻趙，趙襄子怕，逃到晉陽。

　　三家攻晉陽，多年不下，就引汾水灌城，城被水浸

泡，「城中懸釜而炊，易子而食，群臣皆有外心，禮盆慢，唯高共不敢失禮。」襄子怕，夜遣趙相張孟同，暗中和韓、魏同謀，以三月丙戌，滅掉知氏，瓜分其地。事後趙襄子論功行賞，高共居首功。張孟同說：「晉陽之難，唯共無功。」趙襄子卻說：「方晉陽急，群臣皆懈，唯共不敢失人臣禮，是以先之。」襄子在位卅三年卒，事詳趙世家。

失禮旁證

史記：「平原君怪之曰，勝所以待諸君者，未嘗敢失禮，而去者何多也。」「君貴，用事久，多失禮於王兄弟。」註四

失禮的音

失禮，國音讀ㄕ ㄌㄧˇ，閩南音讀ㄒㄧㄅ ㄌㄝˋ。

附　　註

一、卷四十三之十三，趙世家，七一四頁。

二、ㄒㄧㄅ部，一〇九三頁。

三、卷一百六之二，吳王濞列傳，一一五一頁。

四、分見於卷七十六之一，平原君列傳，九五一頁。

卷七十八之八，春申君列傳，九六五頁。

三三、欿

燕盡齊之北地，去沙邱、鉅鹿，欿三百里。註一

正義：「欿、減也。言破齊滅韓之後，燕之南界，秦之東界，相去減三百里。」

閩南話也說，「差一點點、幾乎、將近、大約」爲「ㄌㄧㄚㄇˋ」（liàm），字寫作「欿」，或作「斂」。國閩辭典作「斂」，它說：

「斂，稍微不足。較斂一萬，稍微不足一萬、一萬弱。」註二

差一點、幾乎、大概、大約，閩南話也說「斂」，這是慣用語。比如說，「水差一點就滿」、「差一點沒趕上車」、「差一點不及格」、「差一點受騙」，或「時速一百公里，差一點超速」，這種現象，閩南話也說「欿」，或「欿欿」。

趙惠文王十六年，秦又與趙合擊齊，齊人恐，蘇厲乃爲齊遺趙王書，以爲燕已經佔領齊國北邊，燕之南界，秦之東界，相去將近三百里，事詳趙世家。

歛字的音

歛，國音讀ㄌㄧㄢˋ（lièn　），閩南音讀ㄌㄧ
ㄚㄇˋ（liàm　）。

附　　註

一、卷四十三之二十九，趙世家，七二二頁。

二、ㄌㄧㄚㄇˋ部，四五三頁。

三四、按

王勃然不說，去琴，按劍。註一

　閩南話也說，「扶」，為「ㄏㄨㄚ°」（huaˉ）
，字寫作「按」。國閩辭典說：

「按，扶著。按人的肩頭，扶著人家的肩頭。按欄杆，
扶著欄杆。」註二

　扶著、掌握，或掌管，閩南話也說「按」，這是常
用語。像小孩子扶著東西學步，坐車的人，手要扶好；
開車的人，手要握住方向盤，這種情形，閩南話多說「
按」。

手扶著東西，必須掌握它，才不會脫手，因此閩南話也說「掌握」為「按」，國閩辭典說：

「按，掌管。按盤，掌管營業。按舵，掌舵、把舵。按頭，掌管、主管。按家，持家、掌管家事。按定，把握著。心頭按定，沈着、鎮靜。」

齊辯士騶忌子，藉鼓琴來見齊威王，王大悅。不久，齊王鼓琴，騶忌子說很好，「王勃然不說，去琴，按劍」說，你何以知道？乃以琴音調，而天下治的道理說明，齊王大喜，三月後，拜騶忌子為相。

按字旁證

史記：「於是天子乃按轡徐行」「毛遂按劍，歷階而上。」註三

按字的音

按，國音讀ㄢˋ（àn），閩南音讀ㄏㄨㄚﾟ（huã⁻）。雙方聲音似乎差異甚大，其實閩南音讀法，可以說得通。因為，有部份無聲母的字，也就是元音起頭的字，閩南音又讀 h 音。國閩辭典說：「岸、按」同音「ㄏㄛㄚﾟ」（hoã⁻），「雨、護」同音ㄏㄛ⁻（huō），「魂、雲」同音ㄏㄨㄣˇ（hǔn），「瓦、蟻」同音ㄏㄧㄚ⁻（hia），這種例子很多，就如

_ 126 _

英文之「honest 、 hour 、 honor」，聲母是 h 音，現在多讀無聲母。或可知，按字的閩南音，也是很古。

附　　註

一、卷四十六之八，田敬仲完世家，七五二頁。
二、ㄏㄛㄚ°（ㄏㄨㄚ°）部，七一一頁。
三、分見於卷五十七之八，絳侯周勃世家，八二九頁。
　　卷七十六之二，平原君傳，九五一頁。

三五、失　　志

失志爲昏，失所爲慾。註一
　　索隱：「左傳，及家語，文皆同。」
　　閩南話也說，「失望，或灰心」爲「ㄒㄧㄅ　　ㄐㄧ˙」（ φit 　ｂφi˙），字寫作「失志」。國閩辭典說：
「失志，失望，灰心。」註二
　　失望，或意志消沈，閩南話也說「失志」，這也是常用語。常見的情形，人在官場不得意，或情場失意，

或者生意失敗，有時顯得精神不振，往昔風采暫失，甚且不願在公開場合出現，這種現象，或可以說是「失志」。

魯僖公十六年四月己丑，孔子卒，哀公弔之，講話不得體，子貢引孔子之言，「失志爲昏，失所爲愆」，來批評哀公對於孔子，「生不能用，死而誄之，非禮也」，事詳孔子世家。

失志的音

失志，國音讀ㄕ ㄓˋ，閩南音讀ㄒㄧ ㄉㄚ ㄐㄧˊ。

附　　註

一、卷四十七之二十七，孔子世家，七七三頁。
二、ㄒㄧ ㄉㄚ 部，一〇九四頁。

三六、櫟

嫂詳爲羹盡，櫟釜。 註一
　　索隱：「櫟，音歷，謂以杓歷釜旁，使爲聲。」
　　漢書：陽爲羹盡，轣釜。 註二

閩南話也說，「攪拌」爲「ㄌㄚˇ」（ lǎ ），字寫作「樏」。國閩辭典也有音ㄌㄚˇ（ lǎ ），字卻擬作「撈」，其實就是「樏」，它說：

「樏，攪。糖樏水，糖攪水。樏散，攪勻、攪開。」註三

在器皿裏面攪拌，或翻拌東西，閩南話也說「樏」，這是常用語。例如用筷子，或湯匙在熱稀飯裏面，不停攪拌，使稀飯轉溫。如果稀飯滿滿地，攪拌時很少碰到碗邊，否則碰到碗邊，會發出聲音。至於拌糖水、果汁，或咖啡加糖，也多用湯匙加以旋拌，使它均勻，這些情形，閩南話也說「樏」。

現在有一種鍋，比一般彩色鍋要高，較電鍋小得多，可用來煮稀飯，或熬湯；有時小孩子也拿它當玩具，手拿著湯杓，在鍋裏旋弄，當然發出很大的聲音，這跟「樏釜」很相像。

劉邦有兄弟四人，長兄名伯，蚤死。高祖微少時，常呼朋引友到長嫂處吃飯，嫂不勝其煩。某次，劉邦跟弟兄又來，嫂不願請客，故意羹湯煮不滿鍋，用湯杓在鍋子裏邊，來回攪碰，其弟兄聽見聲音，以爲羹盡，相偕離去，而後劉邦發現鍋裏還有羹湯，怨其嫂。即帝位後，不封伯之子，經太上皇面說，乃封爲侯，怨其母非長者也。有關記敍，請詳閱楚元王世家。

淮陰侯韓信爲布衣時，也常寄人籬下，頗惹人厭。曾多次在下鄉、南昌兩亭長家開伙，一連數月，亭長夫人怕信依賴不走，曾提前在牀上開飯。到時韓信來，已無飯可吃。信乃聰明人，不忍其辱，憤而離去。漢高祖五年正月，韓信爲楚王，都下邳，至國，「召所從食漂母，賜千金。及下鄉、南昌亭長，賜百錢，曰，公，小人也，爲德不卒。」以上故事，多所相似，也請參閱淮陰侯傳。

櫟字旁證

「櫟釜」，漢書作「轢釜」，服虔曰，音「勞」。師古曰：「以勺轢釜，令爲聲也。轢，音洛，又音歷。」

櫟字的音

櫟，國音讀ㄌㄧˋ（lìˋ），閩南音讀ㄌㄚˇ（lǎ）。以服虔讀「轢」音「勞」來說，與閩南音相近。

附　　註

一、卷五十之一，楚元王世家，七九二頁。
二、卷三十六之一，楚元王傳，九六二頁。
三、ㄌㄚˇ部，四六四頁。

三七、失　德

今秦失德棄義。註一

漢書：今秦無道。註二

閩南話也說，「缺德」爲「ㄒㄧㄉ　ㄉㄝㄍ」（φit tek），字寫作「失德」。國閩辭典說：「失德，缺德。失德僥倖，很可憐。」註三

缺德，或嚴重缺失，閩南話也說「失德」，這也是常用語。常見的情形，小孩子打壞了貴重的東西，或是小孩子來回奔逐，弄得滿身髒亂，甚且受傷；或者小孩來回騎在大人背上，大人被折磨不堪，這種情形，給家人看到，往往會說「眞失德」。如果男人不安於室，有時太太也會罵他「眞失德」。至於「眞失德」，有時也常說，「眞p'aî（壞）失德」，表示非常過份不該。

失德旁證

失德的說法，也見於詩經、小雅、伐木：「民之失德，乾餱以愆。」註四

_131_

失德的音

失德，國音讀ㄕ ㄅㄜˊ，閩南音讀ㄒㄧㄅ ㄅㄝ
ㄍ。

附　　註

一、卷五十五之六，留侯世家，八一四頁。
二、卷四十之五，張良傳，九九八頁。
三、ㄒㄧㄅ 部，一〇九四頁。
四、卷九之三，三二九頁。

三八、去

誰爲陛下畫此計者，陛下事去矣！註一
　　漢書，同。註二
　　閩南話也說，「不妙、不好、完了、完蛋」爲「ㄎ
ㄧˋ（kˊi˙），字寫作「去」，這是常用語。常見的情形
，考試不理想，投機事業被套牢，或者趕時間遲到，這
在閩南話也說「去也」，現在一般人多說「完蛋了」，
這種例子很多。

劉邦爲漢王三年，西元前二〇四年，項羽急攻滎陽，劉邦勢弱，與酈食其共謀對策，食其勸劉邦復立六國之後。劉邦心動，轉問張良，張良大驚，請問是誰提出的計畫，如果照這樣的計畫去做，大事就不妙了，事詳留侯世家。

去字旁證

　　去字的說法，留侯世家還有提到，「誠用客之謀，陛下事去矣」，而漢書寫作，「誠用此謀，陛下事去矣」。

去字的音

　　去，國音讀ㄑㄧˋ（chi̍ˋ），閩南音讀ㄎㄧˇ（k'i˙）。

附　　註

一、卷五十五之六，留侯世家，八一四頁。
二、卷四十之六，張良傳，九九八頁。

三九、屬

天下屬安定，何故反乎！註一

　　漢書：天下屬安定，何故而反。註二

　　閩南話也說，「好」，或「甚」爲「ㄓㄛㄍˊ」（tₛuók），字寫作「屬」，是常用語。例如：「車子好好（棒）」，「水果好好吃」，「花好香」，「人好乖」，或「走路好快」等，閩南話也說，「車屬嬸」，「水果屬好食」，「花屬芳」，「人屬乖」，或「行路屬緊」。因此國語說「甚」，或「好」，閩南話也說「屬」。

　　「天下屬安定，何故反乎？」或可以說，「天下已經好安定，何故要反呢？」好比說，「零用錢好多，何故偷呢！」或「生活好富裕，何故不滿呢？」或者說，「兒子好用功，何故落榜？」古人曾解釋「屬」爲「近」，愚則以爲，「屬」應相當於「好」，或「甚」，倒底它是口語啊！

　　史記、漢書之中，仍有不少相類似的語法，史記：「及聞梁王薨，竇太后哭極哀。」「丞相特前戲許灌夫，殊無意往。」「韓御史良久謂丞相」「所誘漢亡人滋多」。註三漢書，「任后絕欲得之」，註四以上所舉之「殊」、「良」、「滋」，及「絕」，意義多相近。

　　高祖六年，已大封功臣廿多人，爭功未定者不少，高祖曾在洛陽南宮，望見諸將在沙中坐談，高祖疑問，

留侯說，「陛下不知乎，此謀反耳。」高祖納悶，反問留侯，乃從留侯計，封賞要命的雍齒，諸將心才堅定。當是時，天下並非好安定，諸將也無造反之意，然而一激一間之後，久懸不決的問題，一時能皆大歡喜，非留侯誰能爲之。

屬字的音

屬，國音讀ㄓㄨˇ（ tɕǔ ），閩南音讀ㄓㄅㄍˊ（ tɕuók ），雙方的聲音相關，像「著」字的音，國音讀ㄓㄨˋ，又讀ㄓㄨㄛˊ，而閩南音讀「屬」，和「著」（ㄓㄨㄛˊ）音相近，只不過多一收聲ㄍ（ k ）而已。左傳、僖公廿三年，「右屬囊鞬」，註五杜注，「屬，著也。」

附 註

一、卷五十五之八，留侯世家，八一七頁。

二、卷四十之七，張良傳，九九九頁。

三、分見於卷五十八之五，梁孝王世家，八三五頁。

卷一百七，魏其武安侯列傳，一一六二頁，及一一六四頁。

卷一百十五之二，朝鮮列傳，一二二二頁。

四、卷四十七之六，文三王傳，一〇六〇頁。

五、卷十五之十二，二五二頁。

四十、一　世

人生一世間，如白駒過隙。註一

　　漢書：人生一世，如白駒之過隙。註二

　　閩南話也說，「一生，或一輩子」為「ㄐㄧ ㄍ ㄒㄧˋ ㄌㄤˇ」（ʔit̚ ɡíˋ lǎŋ）， 字寫作「一世人」。國閩辭典說：「一世人，一輩子、一生。」註三

　　人的一生，或一輩子，閩南話也說「一世人」，這是常用語。有的人一生像牛馬般奔波勞作，還是過艱苦的生活；也有的人，一生不愁吃，生活富裕愉快。不過，天生命好的人，如果不知為善最樂，時時造福積德，不過三代，還是一場空。常聽說，一生賺多少，花多少，都是天註定，一切都不能強求。因此，要使生活充實，多給下一代積點陰德，惟有多從事公益、社會福利，或慈善工作，則下一代必會更好。富豪之家，或達官貴人子弟，更要有此體認，則豈止三代好，世世代代也可永垂不朽。

　　楚漢相爭，劉邦得以建立漢帝國，張良功最多。而功成之後，棄人間事，從赤松子遊。劉邦死後，呂后感謝張良對漢朝的貢獻，強要張良吸食人間烟火，以為「人生一世間，如白駒過隙，何至自苦如此乎」，張良不

得已聽從，後八年，死，事詳留侯世家。

一世旁證

一世的說法，也見於淮南王傳：「人生一世間，安能邑邑如此。」註四

一世的音

一世，國音讀一ˊㄕˋ，閩南音讀ㄐㄧㄉˊㄒㄧˋ。

附　　註

一、卷五十五之十二，留侯世家，八一七頁。
二、卷四十之十一，張良傳，一○○一頁。
三、ㄒㄧˋ部，一○三五頁。
四、卷一百十八之五，一二五六頁。

四一、檻

嚕受詔，即反接，載檻車。註一
　　漢書：同。註二
　　閩南話也說，「覆蓋，或封閉」為ㄎㄚㄇˋ（k'àm

），字寫作「檻」。國閩辭典也有音ㄎㄚㆬˋ（k'ầm
），字却擬作「蓋」，其實就是「檻」，它說：「用鼎
蓋檻，用鍋蓋蓋。檻密，密封、密蓋起來。」註三

　　掩蓋，閩南話也說「檻」。如「掩飾」、「蓋起來」
，或「蓋住蓋子」，閩南話也說，「掩檻」（ām
k'ầm），「檻起來」（k'ầm k'i- lǎi），或「檻蓋」
（k'ầm kuā ）。常見的情形，像從前的軍用卡車
，很多沒有蓬蓋，爲了免於風吹、日曬、雨淋，就在車
頂上，以及兩邊加上帳蓬，好像用帆布將上面，和左、
右兩面覆蓋住，這在閩南話也說，「用帆布檻起來」。
又如卡車上裝滿東西，免於雨淋，或掉落，多用塑膠布
，全部覆蓋著，這也說「檻」。

　　當東西裝進瓶罐裏面，則必須蓋緊蓋子，才能密不
通風，可以持久。現在的囚車，相當封閉，旣安全，又
可限制犯人行動，所以古人說「檻車」。

　　樊噲原以屠狗爲業，和高祖共進退，鴻門宴中，奮
身護主，項羽稱之爲壯士。娶呂后之妹呂須爲妻，與高
祖極親。高祖親征黥布，囘長安病重，又燕王盧綰反，
派噲以相國之尊，率兵征討，後有人謠傳噲聯合呂氏，
謀取高祖帝位。高祖用陳平計策，命周勃取代樊噲，並
殺之。陳平、周勃有所顧忌，僅將樊噲反接，載檻車，送
到長安，由劉邦審判。在路中，高祖已崩，因此到了長

安，趕緊赦免樊噲，並復爵邑，請參閱樊噲傳。

檻字旁證

漢書、張耳傳：「迺檻車，與王詣長安。」註四師古曰：「檻車者，車而爲檻形，謂以板四周之，無所通見。」谷永傳也說：「檻塞大異，皆瞽說欺天者也。」註五師古曰：「檻義，取檻柙之檻，檻，猶閉也。」補注：「蘇輿曰，文選西京賦，薛注，檻，闌也。廣雅，闌，遮也。檻塞，猶遮塞，若今云搪塞矣，諸說皆未了。」從上或可知，「檻」或可以說，「封閉」、「閉塞」、「遮蓋」、「覆蓋」、或「搪塞」；然而「搪塞」，或「掩飾」，閩南話也說「掩檻」。漢書在淮南王傳也說到，淮南載檻車，由縣依次傳致京都，結果「縣傳者，不敢發車封。」而王死無人知，孟康曰，「檻車有封也」，因爲淮南王勇猛，所以沒有人敢打開車封，可見「檻」跟「封」很有關係。

然而「檻」字，史記又作「轞」，如張耳傳：「乃轞車膠致，與王詣長安，治張敖之罪。」註六正義：「謂其車上著板，四周如檻形，膠密不得開，送致京師也。」

檻字的音

檻，國音讀ㄎㄢˇ（k'ǎn），閩南音讀ㄎㄚ㇇
（k'ǎm）。

附　註

一、卷五十六之七，陳丞相世家，八二三頁。

二、卷四十之十七，陳平傳，一〇〇四頁。

三、ㄎㄚ㇇部，五九一頁。

四、卷三十二之八，九三四頁。

五、卷八十五之五，一四九四頁。

六、卷八十九之十一，一〇四七頁。

四二、椎

趣為我語，其椎少文如此。_{註一}

漢書，同。_{註二}

閩南話也說，「遲鈍、樸直」為「ㄊㄨㄧ⁻」（
t'ui⁻），字寫作「椎」，國閩辭典也有音「ㄊㄨㄧ⁻
」（t'ui⁻），字却擬作「禿」，其實就是「椎」。它
說：「筆尾椎，筆鋒鈍。椎椎，不靈敏、不懂事。」_註
三。

人頭腦不靈光，反應不靈敏，或動作遲緩，閩南話也說「椎」，或說「椎椎」。這種人耳不聰，目不明，像在課堂上，老師再三解說，仍不能會意；或者簡單容易的事情，也處理不好，如參加監理所汽車路考，有的人要考三次、四次，或更多次，像這些情形，也可以說「椎」。

人心性樸直，反應不快，並不一定就是缺點，只要能虛心向學，多向人請益，必也勤能補拙，終有成功之時。不像有些聰明人，處處自以為是，雖然一時佔上風，終因根柢不深，不能堅守，使得聰明反被聰明誤，其下場往往很難堪，反不如當初能力差，而能守住根本的人。

絳侯周勃，與劉邦同鄉，在家時，常為人吹簫，給喪事。後隨劉邦起事，總戰績是，「得相國一人，丞相二人，將軍、二千石，各三人，別破軍二，下城三，定郡五，縣七十九，得丞相，大將各一人。」

周勃為人，木彊敦厚，漢高祖認為可屬大事。不過，周勃不好文學，有時召請諸生、說士論道，卻高高在上，並斥責對方說，有話快說，可見其質樸愚直「趣為我語，其椎少文如此。」

孝惠帝六年，以周勃為太尉。呂后崩，呂氏專權，周勃不得入軍門，陳平為丞相，不得用事。而後周勃與

陳平共謀，殺諸呂，立孝文帝，爲右丞相。一個多月，爲明哲保身，辭丞相位。而後又繼陳平爲丞相，在孝文帝十一年卒，長子勝之娶文帝女爲妻，繼承侯爵。六年，夫妻不和，坐殺人被免，而後由次子亞夫繼承，封爲條侯，官至將相，事詳周勃世家。

椎字旁證

漢書，「其椎少文如此」，服虔曰，「謂訥鈍也」。師古曰：「椎，謂樸鈍如椎也。」

椎字的音

椎，國音ㄔㄨㄟˊ（tʂ'uéi），閩南音讀ㄊㄨ一ˉ（t'uī）。

附　　註

一、卷五十七之五，絳侯周勃世家，八二八頁。
二、卷四十之二十三，周勃傳，一〇〇七頁。
三、ㄊㄨ一ˉ部，三六八頁。

四三、毋侗

毋侗好佚，毋邇宵人。註一

　　集解：「應劭曰，無好逸游之事。」

　　漢書：毋桐好逸，毋邇宵人。註二

　　閩南話也說，「不可」為「ㄇ˙　ㄊㄤ」（m⁻
t'aŋ），字寫作「毋侗」，或作「毋桐」。國閩辭典
也有音ㄊㄤ（t'aŋ），字却擬作「可」，其實可寫作
「侗」或「桐」。它說：「侗或毋侗，可以或者不可以
、可以麼？」註三

　　可以，或不可以，閩南話也說「侗也毋侗」（t'aŋ
a　m⁻　t'aŋ），這是常用語，可以去，或不可以去
，閩南話也說，「侗去」，或「毋侗去」，這種例子很
多。

毋侗的音

　　毋侗（毋桐），國音讀ㄨˊ　ㄊㄨㄥˊ，閩南音讀
為ㄇ˙　ㄊㄤ。顏師古曰：「桐，音通。」可見閩南音
讀「侗」、「桐」為ㄊㄤ（t'aŋ），是對的。

附　　註

四四、民　　家

平原君家樓臨民家，民家有躄者，槃散行汲。註一

　　閩南話也說，「百姓的住家」爲「ㄇㄧㄣˇ　ㄍㄝ
」（binˇ ke），字寫作「民家」。民家，以現在來說
，或相當於國民住宅。從前的民家，或國民住宅，多建
築在市郊，或鄉野，因此，民家也可以說是民間。閩南
話也說，「出世民家」、「民家流傳」，或「民家者有
」，就是一般人所說，「在民間出生」、「民間流傳」
、或「鄉間才有」。

　　在都市裏面，除了達官貴人的官舍寓邸，尋常百姓
家還是不少。至於官邸與民家相鄰的，也不在少數。像
戰國時代，以養士出名的平原君，府邸也與民家爲鄰。
想不到，却因此引出一段故事來，事詳平原君傳。

民家旁證

民家的說法，也見於吳王濞傳：「燒殘民家，掘其丘冢。」註二

民家的音

民家，國音讀ㄇㄧㄣˊ　ㄐㄧㄚ（minˊ chia），閩南音讀ㄇㄧㄣˊ ㄍㄝ（binˇke）。

附　　註

一、卷七十六之一，平原君傳，九五一頁。
二、卷一百六之十一，一一五六頁。

四五、蹩

民家有蹩者。註一

正義：「蹩，跛也。」

閩南話也說，「人走路像ノ形」為「ㄆㄧㄚㄅ」（p'iat），字寫作「蹩」。國閩辭典也有音「ㄆㄧㄚㄅ」（p'iat），字却擬作「ノ」，其實就是「蹩」，它說：

_ 145 _

「躄躄，撇脚的樣子。行路躄躄，走路撇撇。躄脚，撇脚。」註二

人走路一躄一躄，像丿的形狀，閩南話也說「躄」。常見的情形，人的脚部受創，或下半身淋巴腺腫大，走起路來，重心不平衡，而偏向一邊。有時候，脚部麻木，走路也會有這種現象。現在有一種走法，叫做「疾走」，疾走的時候，脚步移動很快，看起來就像一丿一丿的。

平原君的鄰居，有一躄脚先生，走起路來，蹣跚遲鈍，平原君侍妾在樓上取笑他，過幾天，這位先生往見平原君，請殺其妾，平原君假裝答應。一年多，平原君門下賓客，逐漸離開，平原君心中納悶，有人告訴他原因，終於殺其侍妾，並向躄者謝罪，事詳平原君傳。

躄字旁證

躄字的說法，也見於禮記、王制，「瘖、聾、跛、躃」，註三釋文，「躃，兩足不能行也。」至於說文，則寫作「躄」，作「人不能行也」解。註四

躄字的音

躄，國音讀ㄅ一ˋ，閩南音讀ㄆ一ㄚㄉ（p'iat），廣韻，「辟、璧、躄」同音「必益切」註五，與閩

南音相近。

附 註

一、卷七十六之一，平原君傳，九五一頁。
二、ㄆㄧㄚㄅ部，一七九頁。
三、卷十三之二十三，二六七頁。
四、二篇上之四十，六八頁。
五、卷五，入聲、二十二昔，五一八頁。

四六、潀

五步之內，相如請得以頸血潀大王。註一

正義：「潀，音贊。」

閩南話也說，「撒，灑」為「ㄐㄨㄚ°」（ㆫφũa¯），字寫作「潀」。國閩辭典說：「不可（毋佝）亂潀水，不可以亂撒水。潀尿，撒尿。」註二

噴灑，或撒，閩南話也說「潀」，這是常用語。常見的情形，有火災現場，消防車一到，就開始噴水滅火。或者，水龍頭裝上水管，水可以噴灑很遠，一旦用來洗車，可就方便多了；如果不小心，有時也會噴灑到行

人的衣服上。有時也看到，血管破裂，血從血管噴出。或者，小孩禁尿不住，而撒出來，這些現象，閩南話也說「濺」。而說文解字寫作「灒」，說，「一曰，水中人也」。東西一旦被噴灑到，可能受到污染，因此說文也說，「灒，汚灑也」。

趙惠文王二十年，被迫與秦昭王會澠池，而藺相如隨行。酒酣，秦王令趙王鼓瑟，並令御史記錄。當時，藺相如也請秦王爲趙王擊缻，秦王怒，相如跪請，仍不肯，相如威脅說，「五步之內，相如請得以頸血濺大王」，事詳藺相如傳。

濺字的音

濺字的音，國音讀ㄐㄧㄢˋ（ts̠φièn），閩南音讀ㄐㄨㄚ˚（ts̠φuã˚），而正義說，「濺，音贊」。至於「贊」字的音，廣韵作「則旰切」，與閩南音相近。

附　　註

一、卷八十一之四，九八六頁。
二、ㄐㄛㄚ˚（ㄐㄨㄚ˚）部，七九六頁。

四七、就　車

侯生視公子色終不變，乃謝客，就車。_{註一}

　　閩南話也說，「上車」為「ㄐㄧㄨˉ ㄑㄧㄚ」（
ʦɸiū ʦɸ'ia ），字寫作「就車」，這是常用語，
只要搭乘火車，常常會聽到這句話。常見的情形，在大
火車站，當火車開車之前，多會聽到錄音廣播；比如先
用國語說：「各位旅客，開往高雄的自強號列車，快要
開了，還沒有上車的旅客，請趕快上車。」接著用閩南
話說：「各位旅客，開往高雄兮自強號列車，得欲開了
，猶未就車兮旅客，請趕緊就車。」從「就車」這個說
法，也可證明閩南話有多古了。

就車旁證

　　「就車」的說法，見於史記、漢書很多；史記：「
於是荊軻就車而去　」「上就車，召釋之參乘。」_{註二}
漢書：「就車，召釋之，驂乘徐行。」「博出，就車，
見自言者。」「又出逢帝舅成都侯商道路，下車，立，
頷過，迺就車。」「莽就車之漸台」。_{註三}
　　禮記、曲禮上：「君出就車，……，而顧命車右就車
。」_{註四}孔穎達正義，「謂君始出，上車時也。……，顧

_ 149 _

，頣頭也。車右，勇力之士也。就車，謂君命勇力士，令上車也。」

就車的音

就車，國音讀ㄐㄧㄡˋ　ㄔㄜ（ʨiòu tʂ'ɤ），閩南音讀ㄐㄧㄨˉ　ㄑㄧㄚ（ʨiū ʨ'ia）。

附　　註

一、卷七十七之二，信陵君傳，九五七頁。

二、卷八十六之十五，荆軻傳，一〇二三頁。

卷一百二之二，張釋之傳，一一二一頁。

三、分見於卷五十之二，張釋之傳，一〇九五頁。

卷八十三之十，朱博傳，一四七六頁。

卷八十四之三，翟方進傳，一四八二頁。

卷九十九之二十七，王莽傳，一七五八頁。

四、卷三之十九，六二頁。

四八、紹　介

勝請為紹介，而見之於先生，……，勝請為紹介，交之於將軍

。註一

索隱：「紹介，猶媒也。凡禮賓至，必因介以傳辭。紹者，繼也，介不一人，故禮云，介紹而傳命。」

閩南話也說，「介紹」為「紹介」，國閩辭典說：「紹介，介紹。」註二

人與人之間，多由第三者介紹而相知，國際間外賓來訪，也多由有關單位安排，並派人奉陪，從中介紹，外賓得以乘興而來，盡興而返，是以友誼增進，美好印象長留，雙方友好關係更上一層。因此非有特定單位，及熟練人士之計劃，執行不可，這些任重道遠的工作，可能大多由外交部擔當，其功在國家亦偉哉！

同性之間，經由介紹，可成為好友；異性之間，介紹之後，通過同心橋，也可組成小家庭。常看到結婚典禮上，除新郎、新娘，以及男女儐相外，介紹人也非常引人注目，難怪台視「我愛紅娘」節目，一直保持高收視率，其來有自。然而介紹人，現在多說「媒人」，以其能謀合兩姓，使之和諧，終於白頭偕老。古時有「媒官」之設，當今法院也設有「公證結婚處」，其功能多相似。

介紹人，或媒人，古時也稱「冰人」；晉書、藝術傳：「孝廉令狐策，夢立冰上，與冰下人語。紞曰，冰上為陽，冰下為陰，陰陽事也；士如歸妻，迨冰未泮，婚

姻事也。君在冰上與冰下人語，爲陽語陰，媒介事也，君當爲人作媒，冰泮而婚成。」註三

紹介旁證

戰國策、趙策：「平原君遂見辛垣衍曰，東國有魯連先生，其人在此，勝請爲紹介，而見之於將軍。」註四

附　註

一、卷八十三之二，魯仲連傳，九九四頁。
二、ㄒㄧㄠ˘部，四八三頁。
三、卷九十五之二十八，索絨，一二二二頁。
四、卷六之六十二，一六一頁。

四九、世　事

上稱帝嚳，下道齊桓，中述湯武，以刺世事。註一
　　閩南話也說，「世間的事情」爲「ㄒㄝˋ　ㄕㄨ˘」（ɕė　ɕū），字寫作「世事」。國閩辭典說：「世事，世間的事情。」註二
　　人文地理，民情習俗，社會狀況，都是屬於世間事

_152_

，一般人都要去瞭解它，並且多識時務，否則不免被批評爲，「不知世事」、或「不知人情世事」。在社會上，爲了某些事情，難免欠人人情，因此人情世事多，償還難了，尤其是民選公職人員，既要還人情，又要插手世事，可眞世事難爲。

世事旁證

世事的說法，也見於周禮地官、大司徒，「以世事教能」。註三鄭注：「世事，謂士、農、工、商之事。」

世事的音

世事，國音讀ㄕˋ ㄕˋ，閩南音讀ㄒㄝ ㄕㄨˉ。

附　註

一、卷八十四之二，屈原傳，一〇〇四頁。
二、ㄒㄝ部，一〇一九頁。
三、卷十之六，一五一頁。

五十、汩

汩深潛以自珍。註一

　　集解：「徐廣曰，汩，潛藏也。」

　　漢書：「深」，作「淵」，餘皆同。註二

　　閩南話也說，「潛水」為「ㄇㄧ˙　ㄓㄨㄟˋ」（bi˙ tɕuèi），字寫作「汩水」，國閩辭典也有音「ㄇㄧ˙」（bi˙），字却擬作「密」，其實就是「汩」，它說：「藏水汩，潛在水裏。汩落去水內，潛下水裏去。汩水，潛水。」「藏汩，潛水、藏在水裏。藏水汩，藏汩。」註三

　　潛水，或潛泳，閩南話也說「藏汩」（ts'àn bi˙）。游泳技術好的人，可以潛藏在水中一段時間，如水中芭蕾舞，這情形，閩南話也說「藏汩」，或說「藏水汩」。目前科技發達，喜好潛水的人，只要配備齊全，就可在海底下潛行，更妙的是，潛水艇却以海底為活動範圍，真是「海關自我潛藏」了。

汩字旁證

　　漢書，「汩淵潛以自珍」，鄧展曰：「汩，音昧。」

_154_

汋字的音

汋，國音讀ㄨˋ，閩南音讀ㄇㄧˉ。

附　　註

一、卷八十四之九，賈生傳，一〇〇八頁。

二、卷四十八之三，賈誼傳，一〇六五頁。

三、ㄇㄧˉ部，分見於二二二頁，及八九一頁。

五一、箠

杖馬箠，下趙數十城。註一

　　漢書，同。註二

　　閩南話也說，「小竹，木條」為ㄔㄨㄟˊ，字寫作「箠」。國閩辭典說：「箠子（也），打小孩的竹子。雞箠，打雞的竹子。」註三

　　小木條，或小竹條，可用來處罰小孩子，或嚇走狗、雞等家畜、家禽，這種東西，閩南話也說「箠也」。因為細小，體罰時不致受到大傷害，只覺皮肉痛而已，像打髀股，或打手心之類。小孩子乖巧，所作所為，有時也令大人忍無可忍，須動用它，或往桌、椅上一拍，

_ 155 _

或往髀股一打，才得以安靜，雖然不一定必用，倒也須備用。不過，孩子長大後，必須少用，以免身心受創。除此之外，也常用來嚇走雞、狗，道理一樣。現在說「挨打」，閩南話也說「食箠也」。

秦二世元年，西元前二〇九年，陳勝、吳廣起義，大梁人張耳、陳餘歸附陳勝。而後陳勝自立爲陳王，派將軍武臣攻趙。張耳、陳餘乃勸武臣自立爲趙王，而陳餘爲大將軍，張耳爲右丞相。陳勝大怒，相國房君獻計，乃轉怒賀趙，並令趙王入關攻秦，趙王聽陳張二人計策，不攻秦，轉而派將軍韓廣攻燕，燕人却立韓廣爲燕王，是以趙王攻燕，爲燕軍所俘，趙使者至燕談判，都被殺。剛好有趙廝養卒自告奮勇，往說燕王，以「夫武臣張耳、陳餘，杖馬箠，下趙數十城。」不甘人之下，想南面而王，如燕殺趙王，張、陳二人將分趙自立，並以燕殺趙王之罪，討伐燕，則燕危在旦夕，乃釋放趙王，事詳張耳傳。

箠字旁證

漢書：「箠者，所以敎之也，其定箠令。丞相劉舍、御史大夫衛綰，請箠者，箠長五尺，其本大一寸，其竹也，末薄半寸，皆平其節。當箠者箠臀，毋得更人。」「其次關木索被，箠楚受辱，……，至於鞭箠之間。

」註四 孔子家語、六本:「舜之事瞽瞍……，小箠則待過，大杖則逃走。」註五

箠字的音

箠，國語、閩南語都說ㄔㄨㄟˊ。

附　　註

一、卷八十九之六，陳餘傳，一〇四四頁。
二、卷三十二之四，陳餘傳，九三二頁。
三、ㄔㄨㄟˊ部，九二〇頁。
四、分見卷二十三之十四，刑法志，五〇五頁。
　　卷六十二之二十二，司馬遷傳，一二五六頁。
　五、卷四之五，四二頁。

五二、子 壻

高祖從平城過趙，趙王……，自上食，禮甚卑，有子壻禮。註一

漢書：體甚卑，有子壻禮。註二

閩南話也說，「女壻」為「ㄍㄧㄚˋ　ㄕㄞ˙」（kiã́ ɡai˙），字寫作「子壻」，國閩辭典說：

_157_

「子壻，女壻。」註三

　　女壻，閩南話多說「子壻」。史記一書，只作「子壻」，漢書除援引史記，也作「子壻」外，其餘多說「女壻」，如：「少府徐仁，卽丞相車千秋女壻也。」「迺徙光女壻，度遼將軍、未央衞尉、平陵侯范明友，爲光祿勳。……，復徙光長女壻，長樂衞尉鄧廣漢，爲少府。……，及光中女壻趙平，爲散騎騎都尉，光祿大夫將屯兵。」註四

或可知，自史記之後，古書之中，多言女壻，也可見閩南話之古雅。

子壻旁證

　　史記、劉敬傳：「冒頓在，固爲子壻。」註五漢書，同。

　　至於子壻之子，後人別作「囝」，青箱雜記說：「閩人謂子爲囝，謂父爲郎罷，故顧況有哀囝一篇，曰，囝生閩方，閩吏得之，乃絕其陽，爲臧爲獲，致金滿屋，爲髡爲鉗，如視草木，天道無知，我罹其毒，神道無知，彼受其福。郎罷別囝，吾悔生汝，及汝旣生，人勸不舉，不從人言，果獲是苦，囝別郎罷，心摧血下，隔地絕天，及至黃泉，不得在郎罷前。蓋唐世多取閩童爲閹奴，以進之，故況陳其苦，以諷焉。」註六

河洛人從永嘉末年，移徙到現在福建、泉州一帶，因不與外界通，直到唐朝，仍被視爲不開化地區，所以朝廷多取此地小男孩，爲宦官來源，難怪顧況有「哀囝詩」，並自己解釋，閩人謂子爲囝，謂父爲郎罷。其實，子就是子，不必另作囝字，而所謂的「郎罷」，其實就是娘父」（niú pē）。後人可能不知「子」字，可以讀爲「kiaˇ」，而另外創「囝」字，並讀爲「kiaˇ」音，或可以說，「囝」字乃多出，實無必要。

子壻的音

子壻，國音讀ㄗˇ　ㄒㄩˋ，閩南音讀ㄍㄧㄚˇ　ㄗㄞˋ，而閩南音的讀法，可以說得通。

子，別作「囝」，先談「囝」字的音。

囝，集韵音「九件切」，註七然而「九」字的聲母，閩南音讀K音。至於「件」字的音，閩南音kiaˉ，因此或可知，「囝」字的閩南音，可以讀爲kiaˇ，是說得通。

再者，中華大字典說，「囝，閩、讀給養切」，其中「給」字的聲母，閩南音讀K音。另外，集韵說，「月，唐武后作囝」，註八而增廣字學舉隅說：「月，音越，二畫不連右。……，丹，丹字偏旁，青、清、靜、靖、清等字从之，今承作月。」註九至於「丹」字的

音，廣韵「都寒切」，而集韵「多寒切」，其中「寒」字的音，閩南音讀 kuã˅，帶有半鼻音 a，即 ã 音。另外，依前面所說，「情、請、倩」等字，也應該從「丹」得聲，而「情、請、倩」等字的閩南音韵母，都讀 iã 音，因此也可證，囝字的讀音，可以讀爲 kiã˅音，正和閩南音的讀法相同。究其實，囝，乃子之別字，因爲「子」字，就讀 kiã˅音，說明如下：

子，康熙字典說，「𡥵，古文子字。」而「𡥵」字的聲母，就是「坰」，說文，「坰，冋，或从土」；集韵，「坰、冋」都音「涓熒切」。至於「涓」字的聲母，閩南音讀 K 音。而「熒」字的音，集韵「翾營切」，然則「營」字的音，閩南音讀 iã˅，是可知，「坰」字的音，可以讀爲 kiã˅，因此，「子」字可以讀爲 kiã˅音，也和閩南音讀法相同。

至於「壻」字的音，閩南音讀爲「ɕaiˋ」，也可以說得通。說文，「壻，……，讀與細同」。細，國音讀 ㄒㄧˋ（φiˋ），而國音「西、犀」等字的音，閩南音讀 ɕai 音。另外，詩經韵分十七部表說，「臺（t'ái）、萊（lái）、基（ɸφi）、期（ɸφ'i）（南山有台一章）」分別諧韵，或可證明「壻」之閩南音讀 ɕaiˋ，是可以說得通。

附　註

一、卷八十九之十，張耳傳，一〇四六頁。

二、卷三十二之七，張耳傳，九三四頁。

三、《ㄍㄚˊ部，五三五頁。

四、分見於卷六十之三，杜周傳，一二三〇頁。

　　　卷六十八之十四，霍光傳，一三二九頁。

五、卷九十九之四，一一〇六頁。

六、卷六之八，1036～637頁。

七、卷六之十一上聲下、二十八獮，236～606頁。

八、卷九之三十八，入聲上、十月，236～730頁。

九、卷一，四字辨似，一〇五頁。

五三、孱

吾王，孱王也。註一

　　集解：「孟康曰，冀州人謂懦弱為孱。」

　　漢書：同。註二

　　閩南話也說，「懶散」、「虛弱」，或「厭倦」為
「ㄒㄧㄢˉ」（φiēn），字寫作「孱」。國閩辭典
也有音ㄒㄧㄢˉ（φiēn），字卻擬作「倦」，其實就是

「孱」，它說：

「孱，累、疲乏、疲倦、懶洋洋地、沒勁兒。孱頭，疲倦、厭倦。孱頭孱頭，疲倦的樣子。孱雨，潦雨、連綿雨。」註三

精神差、身體虛、軟弱、萎靡不振、無精打采，閩南話也說「孱」，或說「孱孱」。如果人在精神上，遭受挫折，或身體方面過於勞累，或虛弱，常顯出懶洋洋的樣子；或縐眉，或頭歪地坐著、躺著，也有的倒在床上呻吟著，這種情形，多說「孱」。

有些舉動，讓人不敢恭維，看了就「厭煩」，閩南話也說「看得就孱」。對於某些事情，或東西，感覺厭了、或膩了，閩南話也說「孱」，如國閩辭典說：「孱，厭、膩。聽孱了，聽膩了、聽厭了。」

至如看膩了、吃膩了、講膩了，也多說「孱」。從前市面上有一種油炸食品，叫「蝦味鮮」，宣傳的人，取它和閩南話「食未孱」諧音，讓人吃不膩，構思頗佳，據說曾經頗為暢銷。

漢高祖元年，西元前二〇六年，項羽立諸侯為王，多人推薦張耳，項羽因此分趙，封張耳為常山王。陳餘不悅，聯合齊王田榮攻張耳，張耳敗走，投靠劉邦，劉邦很禮遇他。高祖三年，韓信、張耳破趙兵，追殺趙王，隔年，高祖封張耳為趙王。高祖五年，張耳卒，其子

張敖繼承趙王，而張敖妻子，即高祖長女、魯元公主。

高祖七年，平城之役，從京城經過趙國，趙王「禮甚卑，有子壻禮。」高祖却箕倨詈罵，態度非常傲慢。趙相貫高等人，已六十多，是張耳老部屬，生平喜打抱不平，怒曰：「吾王，孱王也。」要趙王反，趙王齧指，出血，發誓不爲，事詳張耳列傳。

孱字旁證

漢書，「吾王，孱王也」，孟康曰，「冀州人謂懦弱爲孱」。師古曰，「士連反」。漢書又說：「放散畔岸，驤以孱顏。」註四師古曰：「孱顏，不齊也。孱、音士顏反。」補注：「索隱引服虔曰，馬仰頭，其口開，正孱顏也。」所謂「孱顏」，或可以說，「容貌不整」，或「滿臉倦容」。人受到創傷而喊痛，或者不舒服而呻吟，往往仰頭口開，所以說文解字說，「孱，一曰呻吟也。」

孱字的音

孱，國音讀ㄔㄢˊ（ tśʹán ），閩南音讀ㄒㄧㄢ（ φiēn ）。 如以上所引師古曰，「孱，士連反」，則與閩南音相近。

附　註

一、卷八十九之十，張耳傳，一〇四六頁。

二、卷三十二之七，張耳傳，九三四頁。

三、ㄒㄧㄢ部，一〇五八頁。

四、卷五十七下之十四，司馬相如傳，一二〇六頁。

五四、隨　手

吾今日死，公亦隨手亡矣。註一

　　漢書：吾今死，公隨手亡矣。註二

　　閩南話也說，「一轉手」爲「ㄙㄨㄧ　ㄐㄧㄉˊ

ㄑㄧㄨˋ」(suiˉ ㆡit ㆠ'iù)，字寫作「隨一手」

，這也是常用語。常見的情形，送糖果給小孩，小孩子

一接手，吃光光；或者像浪蕩子，早上拿了錢，下午就

花光光；有的人家財億萬，一旦沈迷於賭，可能轉手之

間，就傾家蕩產。這種一轉手，一接手，或轉瞬之間，

或緊接著，閩南話也說「隨一手」。

　　漢高祖五年正月，徙韓信爲楚王。在以前，項羽大

將鍾離昧，與韓信的交情就不錯，因此在項羽死後，前

往投靠韓信。而高祖從前屢受鍾離昧侮辱，乃命令韓信

_164_

捕殺昧。六年，有人告韓信反，高祖假藉游雲夢，會諸侯之名，到了楚國。有人勸韓信殺昧，就可無患，昧告訴韓信說，「漢所以不擊取楚，以昧在公所，若欲捕我，以自媚於漢，吾今日死，公亦隨手亡矣。」最後自殺，事詳淮陰侯傳。

隨手旁證

隨手的說法，也見於三國志姜維傳：「官給費用，隨手消盡。」註三

隨手的音

隨手，國音讀ㄙㄨㄟˊ　ㄕㄡˇ（suéi ǧou），閩南音讀ㄙㄨㄧˉ　ㄑㄧㄨˋ（sui⁻ ƕiù）。

附　　註

一、卷九十二之十五，淮陰侯傳，一〇六五頁。
二、卷三十四之十二，韓信傳，九四六頁。
三、卷四十四，蜀志，卷十四之十二，六七三頁。

五五、蹶

漢王急，馬罷，虜在後，常蹶兩兒，欲棄之。註一

漢書：常蹳兩兒，棄之。註二

閩南話也說，「用脚橫掃」為「ㄍㄨㄚㄅ」（kuat），字寫作「蹶」。常見的情形，角力或柔道時，常橫掃對方的脚，或從後面，橫掃對方的膝蓋後方，使對方被絆倒，或彎身伏倒，這在閩南話，常說「蹶倒」。有人快速跑過來，別人用脚橫掃對方的脚，跑者一時閃躲不及，又煞不住脚，往往伏倒下去，這也說「與人蹶倒」，是說被人絆倒，非自己大意跌倒。常見足球比賽時，雙方選手使出全力，在足下運功盤球，為了搶得一球，往往不惜犯規，而從前、後方來「蹶倒」勁敵，當然這是不應該的。

楚、漢相爭，彭城之役，劉邦大敗，一路逃難，楚將季布，在後緊追不捨，情況緊急萬分，在路途中，巧遇孝惠、魯元兩小孩，太僕滕公夏侯嬰於心不忍，抱上車同行，想不到，楚兵越追越緊、越近；劉邦急於脫身，雙手緊握車軾或扶把等東西，不敢放鬆，為減輕負荷，却不時用脚蹶兩兒，兩兒站立不穩，倒下車去，如此有好多次，幸賴夏侯嬰收容，劉邦父子終於脫險。當時

情況，並非常人所能想像。

　　大凡英雄豪傑爭取天下時，常不顧家，其實也顧不了家，再遇到逃難困阨之時，已自顧不及，那還想到家。在平時，眼前的一切，只顧本人，惟一目的，就是成功，家對他來說，是很渺小的。一旦成功之後，雄才大略的國君，則以國為重，為後世子孫計，常採取非常措施，如漢武帝即位之後，對生下兒女之后妃，無不譴死，免得呂后故事重演，故廟號武帝，實不虛。論其所見，非常人所能及，更非常理所能論了。

　　項羽本紀也有敘述劉邦蹶其子之事，它說：「楚騎追漢王，漢王急推墮孝惠、魯元車下，滕公常下收載之，如是者三。」而滕公也幾乎引來殺身之禍，夏侯嬰傳說：「漢王怒，行欲斬嬰者十餘。」然而滕公奮不顧身，護救主人的結果，也得到回報，如夏侯嬰傳說：「嬰自上初起沛，常為太僕，竟高祖崩，以太僕事孝惠。孝惠帝及高后，德嬰之脫孝惠、魯元於下邑之間也。乃賜嬰縣北第第一，曰，近我，以奇異之，孝惠帝崩，以太僕事高后。」如欲深一層瞭解事實，請參閱史記項羽本紀、夏侯嬰傳，以及楚漢演義小說，

蹶字的音

　　蹶，國音讀ㄐㄩㄝˊ（chyeˊ），閩南音讀ㄍㄨㄚㄅ

（kuat）。

一、卷九十五之十，滕公夏侯嬰傳，一〇八二頁。
二、卷四十一之十，夏侯嬰傳，一〇一五頁。

五六、橫

上弗用，淮南王益橫。註一

　　漢書：「用」，作「許」，餘同。註二

　　閩南話也說，「不講理」爲「厂ㄨㄞ˘」（huai˘）
，字寫作「橫」。國閩辭典說：

「他做人眞橫，他的爲人很不講理。橫肉面，惡相。」
註三

　　傲慢、放縱、不順理，閩南話也說「橫」，如果有
人理虧，不知改進，還強詞奪理，態度蠻橫，甚至於要
動粗，這在閩南話也說「橫」，或「橫霸霸」。常見的
情形，小孩子乖違不懂事，亂丟東西，隨意打人，不順
意就取鬧。現在也常見不良少年橫行，不能多看他們一
眼，稍不順心，搶劫、殺人、或打群架、動刀槍，無惡

不作，這種情形都可說「蠻橫」。

淮南王劉長，高祖少子，其母乃趙王美人，高祖八年，經過趙國，趙王獻美人，而後有身。因為趙相貫高等老臣，不滿高祖對趙王無理的態度，私底下謀刺高祖，不成。日後有人上告，高祖交廷尉查辦，拘留趙王母、兄弟、美人。高祖不理趙美人有身，美人弟趙兼，託辟陽侯請呂后幫忙，呂后不肯，辟陽侯也不力爭。趙美人生下兒子劉長後，自殺，其子由呂后撫養，日後得以無恙。高祖十一年，平定淮南王黥布，封少子長為淮南王，常怨辟陽侯。

及文帝即位，所有兄弟之中，僅有淮南王，所以淮南王最親。常不奉法，文帝都寬赦他，文帝三年，「入朝最橫」。常和文帝同車出入，也叫大兄。淮南王有材力，能扛鼎，曾椎殺辟陽侯，為母報仇，肉袒謝罪，文帝不追究，事詳淮南王傳。

橫字旁證

「橫」字的說法，見於史記不少，如：「文帝寬，不忍罰，以此吳日益橫。」「天下吏士趨勢利者，皆去魏其，歸武安，武安日益橫。」「丞相言灌夫家在潁川，橫甚，民苦之，請案。」「人或說偃曰，太橫矣。」

註四

橫字的音

橫，國音讀ㄏㄥˊ（hén），閩南音讀ㄏㄨㄞˇ（huãiˇ）。

附 註

一、卷一百一之二，袁盎傳，——一五頁。

二、卷四十九之二，袁盎傳，一〇八二頁。

三、ㄏㄨㄞˇ 部，七一三頁。

四、分見於卷一百六之十二，吳王濞傳，一一五二頁。

卷一百七，魏其武安侯傳，一一六〇、一一六二頁。

卷一百十二之十一，平津侯主父傳，一二一〇頁。

五七、先

學申，商，刑名於軹張恢先所。註一

集解：「徐廣曰，先，卽先生。」

漢書：「先」，做「生」，餘皆同。註二

閩南話也說，「老師」爲「ㄒㄧㄢ」（φien），或說「ㄒㄧㄢ ㄒㄧ°」（φien φĩ），字寫作「先」，或作「先生」。國閩辭典說：

「先，先生。講古先，說書先生。算命先，算命先生。」「先生，老師、醫生。先生媽，老師的媽媽。先生娘，師母。」註三

　　老師、醫師，閩南話多說「先」，或說「先生」。如國文先、歷史先。因爲老師或醫師，能先知先覺，或傳道、授業、解惑，或者救人生命，不僅功在當世，亦惠及後代。因此，如無神農氏嘗百草，中華民族子孫何以能繁衍，又因至聖先師孔子定經藝，中華民族才得以屹立至今，而且後日必能更加發皇，則今日之師者、醫者，其任重道遠也。

　　至聖先師孔子，誕生於周靈王廿一年，卒於周敬王四十一年，卽西元前五五一年至西元前四七九年，至今也有二千五百四十年。七十二年八月廿七日在美國舊金山曾舉行第二次祭孔大典，紀念孔子二千五百三十四年誕辰，雷根總統曾發表賀詞，推崇備至。太史公在孔子世家贊也以「高山仰止，景行行止」，以及「至聖」來尊崇孔子，則孔子不僅是古今中國的老師，亦全世界之聖人也。

先字的音

　　史記、匈奴傳，「其儒先」。註四集解：「先，先生也。」漢書、梅福傳：「夫叔孫先，非不忠也。」註五師古曰：「先，猶言先生也。」然而「先」，也可當作「生

」，史記、蘇秦傳：「燕聞之曰，甚矣，齊之爲蘇生報仇也。」註六集解：「生，一作先。」漢書、貢禹傳：「天子報曰，朕以生有伯夷之廉，史魚之直，……，故親近生，……，今未得久聞生之奇論也。」註七師古曰：「生，謂先生也。」時禹年八十餘，元帝敬之稱生，非輕之，乃尊之也。另外，「先」也可作「先生」，禮記曲禮上，「從於先生」。註八正義，「先生，師也。」

通俗編：「韓詩外傳，古謂知道者曰先生，何也？猶言先醒也。」「鄭康成禮記注，先生，老人教學者。趙岐孟子注，學士年長者，謂之先生。按，今先生之稱，泛矣，而教學者獨專之，實合于經訓也。」註九陔餘叢考：「弟子稱師曰生，亦謂先生也。」「王新城謂，明朝中官，稱士大夫曰老先，本此」「衞宏漢官舊儀，博士稱先生，博士、師也。此又後代，師稱先生之始也。」註十

附　註

一、卷一百一之七，黽錯傳，一一一八頁。

二、卷四十九之八，黽錯傳，一〇八五頁。

三、丁ㄧㄢ部，一〇五七頁。

四、卷一百十之二十六，一一八九頁。

五、卷六十七之七，一三一八頁。

五八 、賴

此人親驚吾馬，吾馬賴柔和，令他馬，固不敗傷我乎。註一

漢書：此人親驚我馬，馬賴和柔。註二

閩南話也說，「多」、「多麼」、或「何等」爲「ㄌㄨㄚ⁻」（luā），字寫作「賴」。國閩辭典也有音ㄌㄨㄚ⁻，字却擬作「若」，其實就是「賴」。它說：「賴濟錢，多少錢。」註三

多、多麼、何等，閩南話多說「賴」，是常用語。例如，「走路要多久」、「一斤要多少錢」，在閩南話多說，「行路愛賴久 」「一斤愛賴濟」。或者說「結婚有多好？說有多好就有多好」，閩南話多說，「結婚有賴好？講有賴好得有賴好！」或說，「太太是多麼溫

柔」，在閩南話多說，「太太是賴溫柔」。至如：「水果多麼甜你可知」，閩南話也說，「水果賴甜爾敢知」。這種例子很多，不過，這種說法，在其他方言，可能已經很少見了。

目前所說，「眞好」、「很好」，或「好好」，跟閩南話「眞好」、「正好」、或「屬好」相近。至於「好好」相當於「屬好」，已見前說。而「很好」與「正好」相近，從釋名、釋衣服可以看出：「袖衣，袖，坦也，坦然正白，無文彩也。」正白，或可以說，「很白」、或「非常白」。而「正」字的說法，在閩南話很普遍，也是常用語。其音讀，有如「正」月之「正」，音ㄐㄧㄚˇ。（tɕiã）。

漢文帝某日行經中渭橋，有一百姓避開不及，暫時躲在橋下。沒多久，以爲皇帝一行已過橋遠去，乃跑上橋來；不意車駕還沒全部離開，因此驚動車騎，而被逮捕，並交廷尉張釋之察辦，結果判處罰金。文帝大怒，乃說出這段話來，「這個人當面嚇壞了我的馬，幸好，我的馬是多麼柔和，要是換了別的馬，豈不是傷害到我？」這種說法，好比說，「你欺負我的小孩，還好，我家小孩是多麼乖，如果換了別人，你豈不被揍扁？」有關這種例子，還是很多。

賴字的音

賴，國音讀ㄌㄞˋ（lài），閩南音讀ㄌㄨㄚ˙（luā）。

附　　註

一、卷一百二之三，張釋之傳，一一二二頁。

二、卷五十之三，張釋之傳，一〇九六頁。

三、ㄌㄨㄚ˙部，四三〇頁。

五九、傳　與

我有禁方，年老，欲傳與公。註一

　　閩南話也說，「傳給人」為「ㄊㄨㄢˇ　ㄏㆦ˙」（t'uǎn　huō），字寫作「傳與」，這也是常用語。比如說，將技藝、秘方，傳給人，閩南話多說「傳與人」。現在有些企業家，仍然把企業傳給下一代，也就是所謂家族企業。嘉義新港飴，是全省出名，吃起來不黏牙齒，這是有獨傳秘方。聽說這種秘方只傳給兒子、媳婦，並不傳給女兒，不過，這只是傳說而已。

另外，「與」字的說法，在閩南話也是很普遍。國語說「給」，閩南話多說「與」，讀音和閩南話下雨的雨相同。這種說法，古書裏面處處可見。現在常聽說，「我給你請」，閩南話多說，「我與爾請」，看起來既文言又典雅。

傳與的音

傳與，國音讀ㄔㄨㄢˊ　ㄩˇ，閩南音讀ㄊㄨㄢˇ　ㄏㄨㄛ˘。其中「與」字的音，閩南音讀ㄏㄨㄛ˘（huō），這種現象，好比英語之 hour ， honor ，現在發音的時候， h 消失，其實帶有 h 音，才是古音。

附　　註

一、卷一百五之一，扁鵲傳，——三六頁。

六十、侵　入

不擊匈奴，匈奴亦不侵入邊。註一
　　漢書，匈奴亦不入邊。註二
　　閩南話也說：「踰越進入」爲「ㄑㄧㄇ　ㄐㄧˊ」

（ʦφ'im zip'），字寫作「侵入」，這也是常用語。常見的情形，雙方畫定界限，如有一方越限，就算「侵入」。或者想佔人便宜，而多佔人家一點，對方一定說，「爾侵入來」。有些惡勢力常互爭地盤，因此不時侵入對方，而造成治安上的困擾。如果敵人開始攻打進來，也可以說「侵入來」。

　　武帝元鼎三年，烏維單于立，雙方關係改善，武帝開始巡視邊境。而後，武帝南攻南越、東越，因此不再出擊匈奴，「匈奴亦不侵入邊」。

侵入的音

　　侵入，國音讀ㄑㄧㄣ　ㄖㄨˋ，閩南音讀ㄑㄧㅁ ㄐㄧㆡˊ。

附　　註

一、卷一百十之二十五，匈奴傳，一一八九頁。
二、卷九十四上之二十，匈奴傳上，一六〇四頁。

六一、俳　優

俳優、侏儒之笑，不乏於前。註一

　　漢書：「侏」，作「朱」，餘皆同。註二

　　閩南話也說，「戲劇或電影演員」爲「ㄅㄞˇ ㄧㄨ」（pǎi iu），字寫作「俳優」。

　　影、劇方面的演藝人員，在舞台或銀幕上，扮演各種角色來娛樂別人，有的是終身演員，有的客串性質，不管怎麼說，都以演好角色爲自許，因此人生百態，社會階層，都是取材對象，其中以演小人物，或詼諧角色，最感人，也最吸引人。常聽說，「人生如戲」，或「戲如人生」，然而「人生如戲」，不足取；「戲如人生」，則有積極性，可以創造豐富的人生。君不見，前美國總統雷根，當年也是電影演員，如把人生當成兒戲，那有今天？因此「戲如人生」，才是積極的，肯定的，開創的。以此觀之，影劇演員對社會的貢獻是很大的，而這些從業人員，閩南話也說「俳優」。

　　關於「俳優」的研究分析，余英時先生有很精闢的論述，謹摘述如下：

「西方學者中，強調知識份子是自由人的一派，往往不肯溯其源至宗教的傳統，他們轉而求之於俗世的背景。

西德的社會學家達倫道夫，因此把中古宮廷中的俳優（Fools），看成現代知識份子的前身。俳優在社會上沒有固定的位分，他們上不屬於統治階級，下不屬於被統治階級；既在社會秩序之內，又復能置身其外。所以他們可以肆無忌憚地用插科打諢的方式說眞話，譏刺君王。西方的Fools，另有「愚人」的涵義，也就是說眞話的傻子。這一愚的美德，在西方思想史上，備受讚揚。」「不過在中國人的觀念中，並沒有把愚和俳優直接連繫起來，更沒有想到用俳優來和士相提並論。但是中國古代的知識份子也不是與俳優毫無淵源。」「因爲滑稽列傳中，不但包括了俳優如優孟，優旃之流；並且也包括了俳優型的知識分子，如淳于髡。」「他們都能寓嚴肅的批評於嬉笑怒罵之中，滑稽一詞，既取義於此。」「西方俳優有譏刺的自由，不致受到懲罰，中國亦復如此。」「清末，民初，皮黃演員借題發揮，嘲弄政治人物的故事，還在大量地流傳著。」「俳優的滑稽傳統對中國一部分知識分子也有影響。」「不過知識分子，究竟不是俳優，得不到『優言無動』的待遇。」「祇有以狂自居，傳說中的箕子，向紂王進諫不從，而被髮佯狂，這才降爲奴隸，免除一死。」「中國知識分子這一狂的傳統，眞是與西方的愚交相映發。大可注意者，二者都與俳優有相當程度的內在關聯。狂與優，有一個基本相同

之點；卽不以眞面示人。優孟衣冠，固然是扮演非我的角色，佯狂也同樣非復原來的自己了。事實上，也祇有在這種假扮的情況下，說老實話的人，才能爲人主所優容。所以優容，優假之優字，斷然是與俳優之優，有語源關係的。」註三

武帝元光元年中，趙人徐樂上書報告世務，說明天下之憂，在於土崩，不在於瓦解，其理古今相同。秦之末年，由「民困而主不恤，下怨而上不知，俗已亂而政不脩」，這三者正好幫助陳涉起義，天下的人相互響應，終於滅秦，好比是土崩。所以說，「天下之患在於土崩」。 再者，吳、楚、齊、趙諸國，擁兵數十萬，最後不免於滅亡，是由於「先帝之德澤未衰，而安土樂俗之民衆，故諸侯無境外之助。」這就是所謂「瓦解」，所以說，「天下之患不在瓦解」。這些道理，賢君必須留意而深察。先前關東年年欠收，民多窮困，且不安其處，如果不安，常易流動，會造成土崩之勢，因此賢君需明安危，修德性，使天下無土崩之勢。

當時武帝喜好射逐飛禽、走獸，喜聽金、石、絲、竹等音響，而且美人充斥，「俳優、侏儒之笑，不乏於前。」天下雖然無宿憂，仍須以天下爲務，才能「處尊安之實，揚名廣譽於當世，親天下而服四夷。」達到所求都可得，所爲都可成，以及所征皆降服。武帝大喜，

以爲相見恨晚，事詳主父列傳。

俳優旁證

　　俳優的說法，見於史記、漢書很多。史記、司馬相如傳：「俳優、侏儒，狄鞮之倡。」註四漢書同，且師古曰：「俳優、侏儒，倡樂可狎玩者也。」

俳優的音

　　俳優，國音讀ㄆㄞˊㄧㄡ，閩南音讀ㄅㄞˊㄧㄨ，雙方聲音相近。

附　註

一、卷一百十二之八，主父列傳，一二〇八頁。

二、卷六十四上之二十二，徐樂傳，一二八一頁。

三、中國知識分子的古代傳說，兼論俳優與修身（上），六十九年十二月二日，中央日報，文史第一三一期。

四、卷一百十七之二十四，一二四〇頁。

六二、大　兄

與上同車，常謂上大兄。_{註一}

漢書，「車」作「輦」，餘皆同。_{註二}

閩南話說，「大哥」爲「ㄉㄨㄚˉ ㄏㄧㄚ°」（tuā hiã ），字寫作「大兄」。現在國語說「哥哥」，閩南話多說，「兄」、或「阿兄」。因此，大哥、二哥，閩南話多說大兄、二兄，這種說法，也很古老。

淮南厲王劉長，是劉邦少子，其母爲前趙王張敖的美人，高祖八年，經過趙國，趙王獻美人，有孕。其後，趙臣貫高謀反，累及趙王，及其兄弟、美人。等到劉長出生，其母也自殺。漢文帝卽位，老弟淮南王劉長最親。三年，入朝，很霸道，常與文帝共車出入，並喊文帝爲大兄，事詳淮南王傳。

大兄的音

大兄，國音讀ㄉㄚˋ ㄒㄩㄥ（tà hsyoŋ），閩南音讀ㄉㄨㄚˉ ㄏㄧㄚ°（tuā hiã）。

附　註

一、卷一百十八之二，淮南王傳，一二五四頁

二、卷四十四之二，淮南王傳，一〇三四頁。

六三、一　石

臣飲一斗亦醉，一石亦醉。註一

　　閩南話也說，「十斗」為「ㄐㄧㄅ ㄐㄧㄛ」（
ʦゕit´ ʦゕiō ）　，字寫作「一石」。國閩辭典說：
「石，擔。一石米，一擔米。」註二

　　從前計算穀物的容量，是以斗為單位，而十斗就稱
為一石。古人也有以一擔之重為準，而一擔之重，相當
百斤，因此稱百斤為一擔。還有以一石為一擔，直到現
在，一般人還說一擔，不過，却訛寫成一石，其實一石
和一擔還是有別，「石」字的音，並不與「擔」相同。
現在閩南話仍然分別的很清楚，一擔是一擔，一石是一
石，並不混淆。

　　齊威王八年，楚國大舉攻齊國，齊王派淳于髡至趙
求援，楚國知道消息，夜間緊急引兵囘國。齊王因此舉
行慶功宴，也問淳于髡有多大酒量，乃以一斗也醉，一
石也醉為答。

一石的音

一石的石，國音又讀ㄉㄢˋ，而閩南音讀ㄐㄧㄛˊ。

附 註

一、卷一百二十六之二，淳于髡傳，一三〇九頁。
二、ㄐㄧㄛˊ部，八五六頁。

六四、敗 害

慮事定計，飾先王之成功，語其敗害。註一

閩南話也說，「敗壞、損害」為「ㄅㄞˉ ㄏㄞˉ（pāi hāi），字寫作「敗害」，國閩辭典說：「敗害，有害、損害。無敗害，沒有損害、沒有害處。」註二

害處、損害、敗壞，在閩南話也說「敗害」，這是常用語。比如說，「敗壞門風」，「損傷名譽」，或「吃西藥對身體有傷害」，這種現象，閩南話多說「敗害」。有的東西可以存久不壞，因此有些人多預先添購，

像物價上漲，或百貨公司換季，多能吸引人潮，如果東西會敗害，則不行。

敗害的音

敗害，國音讀ㄅㄞˋ　ㄏㄞˋ，閩南音讀ㄅㄞˉ　ㄏㄞˉ。

附　註

一、卷一百二十七之五，日者傳，一三二〇頁。
二、ㄅㄞˉ部，九六頁。

六五、久　久

是以廉吏久久更富，廉賈歸富。註一

　　閩南話也說，「日子一久」為「ㄍㄨˋ　ㄍㄨˋ」（ku` ku`），字寫作「久久」，這也是常用語。比如說，人很久才來一次，閩南話也說，「人久久也來一遍」。或者，人時間一久，有時也會變，閩南話則說，「人久久會變」。

　　從事逐利的事業，或工作，日子一久，或機會來臨

，或熟能生巧，往往也會碰上好運，因此閩南話也說，「久久抵一遍」（ kú ku˙ tu´ ㄅφit¯ pien）。像投資房地產、或股票的人，久久還是可以賺一筆的。

久久的音

久，國音讀ㄐㄧㄡˇ，閩南音讀ㄍㄨˋ。

附　　註

一、卷一百二十九之十二，貨殖傳，一三四一頁。

漢書例證

一、依 倚

曾孫因依倚廣漢兄弟、及祖母家史氏。註一

　　閩南話也說，「依靠」爲「ㄧ ㄨㄚ ˋ」（i uà）
，字寫作「依倚」。國閩辭典說：「依倚，依靠。」註
二

　　依靠、倚靠、依賴，閩南話也說「依倚」。常見的
情形，寄人籬下，或無家可歸；或者野狗流亡在外，在
閩南話也說「無依倚」，這種例子也很多。

　　漢宣帝是武帝曾孫、戾太子之孫，母王氏。生數月
，遭巫蠱事，也被收押，幸賴廷尉監邴吉庇護，才得以
保全生命。大赦之後，由掖庭養視。當時掖庭令張賀，
感戾太子之恩，也哀憐曾孫（宣帝），因此照顧十分周
全，以私錢供給教書，並爲曾孫作媒，娶許廣漢之女爲
妻，從此，曾孫依靠岳父兄弟，及祖母娘家，事詳宣帝
紀。

依倚旁證

　　依倚的說法，也見於宣元六王傳（淮陽憲王），「
上，少依倚許氏。」註三

依倚的音

依倚，國音讀ㄧˊㄧˇ（i iˇ），閩南音讀ㄧ　ㄨㄚˋ（i uà）。

附　　註

一、卷八之二，宣帝紀，一〇九頁。
二、ㄧ部，五八頁。
三、卷八十之一，一四四九頁。

二、舊　名

雖有舊名，皆亡南北邊矣。註一
　　閩南話也說：「前名，原名」為「ㄍㄨˉ　ㄇㄧㄚˇ」（kū miǎ），字寫作「舊名」。一般說來，人名、地名、店名，或東西的品牌名，如有改變而新命名，則原來的名字，閩南話也說「舊名」，這種例子很多。
　　漢高祖定天下，封子弟功臣，藩國大者，跨州、郡，連城數十，宮室百官與中央同制。從文帝開始，分削諸侯。漢武帝行推恩之令，使諸侯王得分戶邑給子弟，

此後，齊分為七，趙分為六，梁分為五，淮南分為三，而長沙、燕、代、南北邊，也分別設郡，徒留各國原名。

舊名的音

舊名，國音讀ㄐㄧㄡˋ ㄇㄧㄥˊ（chiòu mén），閩南音讀ㄍㄨ ㄇㄧㄚˇ（kū miǎ）。

附　註

一、卷十四之四，諸侯王表，一六〇頁。

三、感　心

詩語足以感心。註一

補註：「王念孫曰，漢紀、孝惠紀，正作詩謌足以感心。」

閩南話也說，「感動人心，或佩服」為「ㄍㄚㄇˋ ㄒㄧㄇ」（kàm φim），字寫作「感心」。國閩辭典說：

「感心，感動於心、佩服。」註二

感動人心，或使人佩服，在閩南話也說「感心」，

這也是常用語。一般說來，做事任勞任怨，或敬業樂群，不計名利，則別人看在眼裏，感動在內心，自然地，讓人肅然起敬，衷心佩服。常見的情形，演員演戲，真情投入；或者學生下課回家，下田工作，或幫忙做家事。然而最使人「感心」的，莫過於媳婦侍奉年老生病的公婆，這也是現在最值得表揚的，但願天下所有為人媳婦的，都能孝敬自己的公婆。

感心的音

感心，國音讀ㄍㄢˇ ㄒㄧㄣ（kǎn φin），閩南音讀ㄍㄚㆬˋ ㄒㄧㆬ（kàm φim）。

附 註

一、卷二十二之十，禮樂志，四八四頁。
二、ㄍㄚㆬˋ部，四八五頁。

四、起

有梁山宮，秦始皇起，……，虢宮，宣太后起也。註一
閩南話也說，「建造房子」為「ㄎㄧˋ」（k'i˵）

，字寫作「起」。國閩辭典說：

「起，建築。起洋樓，蓋洋樓。起廟，蓋廟。」註二

建造、蓋，閩南話也說「起」，這是常用語。比如說，「什麼時候蓋的」、「蓋多久」、「建一年多」，或「蓋得眞好」，這種情形，閩南話多說「起」，這種例子很多。

漢書、郊祀志下，也說，「粤俗，有火災復起屋，必以大用。」註三。以現在看來，老舊房子，或建築，遇火災，則可以乘勢汰舊換新，或者除舊佈新。有些生意人，則認爲越燒越發，所以不怕祝融光臨。不知當時的廣東習俗，有否隱含此義？

一般說來，廣東人比較保守，有些風俗習慣却很獨特，像廣東人的敢吃，世界各地是望塵莫及的。有些廣東人相信數目字「八」，會帶來好運，據說是諧音「發」。聽說在香港，熱門的車牌號碼都是「八」，或者是「一六八…」，必定爭相搶購，因爲它諧音「發發…」，或「一路發…」。還好去年，一九八八年八月八日八時八分八秒，在香港並沒有嬰兒誕生，否則眞不知是怎樣的情景。

另外，跟「八」字有關的，好比說是「三八」，現在閩南話有時也罵人不正經爲「三八」。我有一位退休的同事，道地廣州人，我曾請教他，廣州人說八，是不

是諧音「發」，他說，還是讀八的音。再請問他，在廣州有沒有聽到「三八」的說法，他說未曾聽過。不過，據說三八的由來，跟洋人在廣州有關。

許地山先生，台灣人。台灣割讓日本之後，隨父親內渡，寄籍福建漳州，後來遷往廣州。其父在廣州任官，卸職後，囬廣州，後來許地山囬福建。民國十四年轉往英國牛津大學，十五年囬國。在英國期間，抄錄了達衷集兩冊，並公諸於世。原來是東印度公司存放在廣州夷館的舊函件及公文底稿，與中英近代史上有重要關係，現在收錄在近代中國史料叢刊續輯，第四十二冊。其卷下之一百六十三頁至一七〇頁，記敍乾隆六十年（一七九五年），英吉利大班布朗，呈稟十一件事（即十一個要求），在四月一日，奉兩廣總督部堂張大人批示。其中第四件，有關英人請求戶外活動的內容如下：

「第四件，我夷人為身體怕有病，喜歡行走，到廣東不能進城，也不能到闊野地方活動，求大人查核；或准進城，或在城外指一個地方，或准騎馬，或准步行，我們就不生病了。」張大人批示說：

「查廣東人烟稠蜜（密），處處莊園，並無空餘地，若任其赴野遊逛，漢夷言語不通，必致滋生事故。但該夷等錮處夷館，或困倦生病，亦屬至情。嗣後應於每月初三、十八兩日，夷人若要略為散解，應令赴報，派人帶

送海幢寺陳家花園，聽其遊散，以示體恤。但日落卽要歸館，不准在被（彼）過夜。併責成行商嚴加管束，不准水手人等，隨往滋事。」

滿清政府限定英人在初三、十八兩日，可到郊外公園遊散，當然其他夷館，如福州、廈門等也可比照。當國人看到洋人在公園活動，使用的器材，運動的方式，必然花樣百出。以現在來說，每天清早經過公園，有時可以看到形形色色的人，或跳土風舞，或練劍，或打赤脚倒著跑，或仰天長嘯，奇形怪狀，嘆爲觀止。現在民風開放，還不免給人另眼相看，何況是二百年前，民風閉塞的社會。所見到的洋人，個個非我族類，運動時，又輕佻不雅，且在初三、十八日出現，如果將初三、十八各截取後位數，就成三八。因此一旦洋人出現，或謔稱爲三八，帶有輕視意味。而後引伸到國人，擧止不正經，好比是洋人在三八出現，或者三八就成爲罵人的語言。而閩南人可能比較敏感，多掛在嘴邊，現在也有三八兮兮的罵人話。有關三八的說法，還請專家指正。

起字的音

起，國音讀ㄑㄧˇ（ch′iˇ），閩南音讀ㄎㄧˋ（k′iˋ）。

_ 193 _

一、卷二十八上一之三十八，地理志上，六七九頁。
二、ㄎㄧˋ部，六二三頁。
三、卷二五下之四，五五七頁。

五、山

蓋亦以彊幹弱支，非獨爲奉山園也。 註一

　　如淳注：「（三輔）黃圖謂，陵冢爲山。」

　　閩南話也說，「墳墓，或冢」爲ㄕㄨㄚ°（
ㄙㄨㄚ　），字寫作「山」。國閩辭典說：
「出山，出殯。」 註二

　　山、陵、冢、墳，意義或相近，都有「高」之義。
秦朝稱天子冢爲山，漢朝則稱陵。現在閩南話也說，「
山」、「冢」（t'iuōŋ）、或「墓」。一般說來，墓
地多選擇在山明水秀的地方，尤其是山間，視野廣闊，
廻旋有餘，好比俯視下民，君臨其上。現在有錢人，熱
衷於此的，還是不少呢？

　　清明節，是我中華民族愼終追遠的節日，解嚴之後

，囘大陸家鄉掃墓的同胞很多，生前雖無法奉養，祭祖、掃墓、修墳，也是可告慰祖先。一般人可能都想像不到，祖墳對我們影響有這麼大，因此，清明節祭祖掃墓，是我中華傳統文化的具體表現，人人都不能忽略的。

山字的音

山，國音讀ㄕㄢ（ ȿan ），閩南音讀ㄕㄨㄚ。（ ȿuã ）。

附　　註

一、卷二十八下二之五十一，地理志下，八五四頁。
二、ㄕㄨㄚ。部，九九四頁。

六、怨　憤

父兄被誅，子弟怨憤。註一

　　閩南話也說，「非常生氣」爲「ㄨㄢˊㄏㄨㄣ‾」（uán hūn ），字寫作「怨憤」。國閩辭典擬作「怨恨」，其實在閩南話裏，「怨憤」和「怨恨」的音和義，還是有所不同。怨憤的「憤」，或可以說是「大怒」

，像「人神共憤，法令不容」，可說是天怒人怨。而「憤」字的音，廣韵是「房吻切」，和閩南音「ㄏㄨㄣˊ」（hǔn）相近。

至於怨恨的「恨」，或可解釋爲生氣，像史記、信陵君傳所說，「知公子恨之復返也」。而「恨」字的音，廣韵「胡艮切」，和閩南音ㄏㄧㄣˊ（hin˙）相近。而怨恨一語，台灣十五音辭典，也寫作「怨恨」，音 oan hin 。註二

怨憤和怨恨的意義，也有不同。漢書、楚元王傳說，「諸儒皆怨恨」，如以男女關係來說，女人怨恨男人，可能受委屈生氣而已。至如女人怨憤男人，或表示絕情，勢不兩立了。像父兄被殺，子弟怨憤，則不共戴天之仇，豈只是怨恨而已。

漢初，趙國所屬之太原、上黨等郡，多是先晉公族子孫，以詐力相傾，嫁娶送死，奢靡浪費，在當時，號爲難治。朝廷常派勇猛之將，專任殺伐樹威，不免父兄被殺，而子弟多怨憤。

怨憤旁證

怨憤的說法，也見於後漢書、趙壹傳，又作「刺世疾邪賦，以舒其怨憤。」註三

一、卷二十八下二之五十九，地理志下，八五八頁。
二、觀字母、上去聲KOÀN韵、英，四二四頁。
三、卷八十下之二，九三八頁。

七、開　基

及至周文開基西郊。 註一

　　顏注：「言文王始受命作周也」。

　　閩南話也說，「開創基業」爲「ㄎㄞ　ㄍㄧ」（
k'ai ki），字寫作「開基」。國閩辭典說：
「開基祖，始祖。開基代人，從起初到現代。」註二

　　開創基業，閩南話多說「開基」。在老一輩口中，
常可聽到。「基」有開始之義，說文解字，「基，牆始
也。」或可以說，「築牆必固其基，而後施畚築，故基
訓牆始，引申之，謂始之稱。」因此「開基」，或可說
「開始創業」。而開始創業的人，閩南話多說「開基祖
」。鄭成功「開基」台灣，可以說是台灣的「開基祖」
。西元一六六一年，鄭成功率兵登陸台灣，六月，開始

着手規劃全台。一六六二年二月一日，正式收復台灣，也奠定台灣開發的規模，後被尊崇爲「開台聖王」，或說「開山王」，換句話說，也是台灣的「開基祖」。

　　鄭成功光復台灣，也帶來大批閩、粵同胞，並且分散各地，墾殖四方，所謂，「篳路藍縷，以啓山林」，不停地開拓，不斷地繁衍，由一人至於一家，而成一族。而開始創業的人，便成這一公族的祖先，也就是「開基祖」。每年清明，宗族的子子孫孫，都要祭掃「開基祖墓」，尤其是家有娶媳或添丁，必先通知各宗親，約好時間，前往祭掃「開基祖墓」，場面盛大隆重。一方面愼終追遠，另方面也感謝「開基祖」庇蔭，意義深遠。

　　我國歷史上的開國帝王，其諡號或廟號，多稱「祖」；如漢朝之漢高祖、唐之唐高祖、宋之宋太祖。現在我們也常聽到「開山祖」的說法，多見於佛教。大概佛教多選擇名山創立寺院，所以說「開山」。而寺院的第一代住持，也說「開山」，後代也稱他爲「開山祖師」。後人對於首創一宗一派的人，也多以「開山祖師」名之，如高僧達摩，是禪宗東土的開山祖。

　　我中華民族的始祖，就是黃帝，黃帝自西元前二六九八年開基建國，迄今，我中華民族已繁衍近五千年，可以說，黃帝是我中華民族的開基祖。再以周朝爲例，周文王在岐山下開基，積善施行，政化大行。而後其子

武王率諸侯東征，敗紂王於牧野，代有商天下，建立周朝，是可說，周文王是周朝的開基祖。其後周成王封弟叔虞於唐，現在的山西太原縣北。而後唐叔之子爕父，移居到晉，又可說，唐叔是晉國的開基祖。現在我們民營企業中，有名企業的開基者，大多白手起家，企業經營，多能戒慎恐懼，始終保持信用，雖說「創業維艱」，倒也能不斷發皇，甚至幾乎富可敵國。因此下一代的子孫，應體念父祖經營的苦心，不能讓祖業毀於一旦，否則，祖上不僅蒙羞，自己或可能遭到萬人唾罵，可不慎哉？

開基旁證

開基的說法，也見於丙吉傳贊，「近觀漢相，高祖開基，蕭曹為冠。」註三後漢書、耿弇傳也說，「昔韓信破歷下以開基，今將軍攻祝阿以發迹。」註四

附　　註

一、卷三十六之十，楚元王傳，九六六頁。

二、丂万部，五八八頁。

三、卷七十四之十三，魏相丙吉傳，一三九四頁。

四、卷十九之八，二六七頁。

八、氣　力

章年二十，有氣力。註一

　　閩南話也說，「力氣」為「ㄎㄧˋ　ㄌㄝˋ」（k'iˋ lék），字寫作「氣力」，這是常用語。形容人意氣縱橫、精力旺盛，常說「有氣力」、或說「氣力好」。如果說「力氣大」，閩南話也說，「有力」。因此國語說「力氣」，閩南話多說「氣力」。人一旦到了老年，身體各部器官逐漸老化、衰退，勢必須補充活力。在電視上，常可以看到藥品廣告，提醒人如果「氣力」枯衰，就必須進補，可見「氣力」的說法很普遍。武俠小說裏面，也常看到。而武俠小說評論家葉洪生先生，在俠義英雄震江湖一文中，引述平江不肖生在「近代俠義英雄傳」裏，對於霍元甲的評論：「平日練拳用氣力的，在練的時候，氣力必專注一方；不是拳頭、便是腳尖，或肩或肘、或臂或膝。……，我家迷踪藝在練的時候不用氣力，便無所謂專注一方。平時力不專注，用時才能隨處都有，沒有氣力不能到的地方。」註二

　　至於氣力的說法，分開來說，就是「氣」和「力」，二者也有關係，人一呼一吸，產生氣，氣帶動力，因此氣大力強，氣微力弱，也可以說，氣統攝力。有氣無

力，還有生氣，一旦無氣就無命了。所以說，「氣」和「力」也是有分別的，對於練功的人來說，應該很清楚。葉先生說，「然而中國拳術不論是內、外家，均要同時練『氣』、練『力』，絕無偏廢之理；其別僅祇是，內家功夫注重運『氣』，而外家功夫注重練『力』，並兼及手法、技巧罷了。」

如果只重「力」，忽略「氣」的培養，會有什麼現象產生呢？葉先生也說：「霍氏皆以天生神力及其外家絕頂功夫，縱橫江湖；獨於內家氣功缺乏深造，最後且以此而受傷殞命。故而謂之借力使力（手法）即可，謂之全身皆能發出力量來抵擋（內功），則謬矣！」「試看原書第七十八回，日本醫生秋野，用Ｘ光為霍元甲檢查身體所發現的異狀，便知究竟。當時秋野從Ｘ光片上，看到霍元甲在皮膚以內，『竟比普通人多了一種似膜非膜，似氣體又非氣體的物質』，大感驚異；隨又發覺霍氏的『胸脯比尋常人寬，而肺活力倒比尋常人窄』—此即霍元甲重力不重氣，以致日後受到內傷的明證。」

從以上說明可知，「氣力」和「力氣」的用法，有所不同，而古人說「氣力」，少說「力氣」,意義又多麼深遠。

氣力旁證

氣力的說法，也見於戰國策、西周策：「客曰，我不能教子支左屈右，夫射柳葉者，百發百中，而不以善息，少焉氣力倦，弓撥矢鈎拘，一發不中，前功盡矣！」註三而漢書也多見「氣力」的說法，景十三王傳：「非好氣力，治宮館，招四方豪傑。」何並傳說，「李款多畜賓客，以氣力漁食閭里。」宣元六王傳也說，「今王，富於春秋，氣力勇武。」註四景德傳燈錄、潭州神山僧密禪師，「一日與洞山鋤茶園，洞山擲下钁頭曰：我今日困，一點氣力也無。師曰，若無氣力，爭解恁麼道得；洞山曰，汝將謂有氣力底是也。」註五

附　註

一、卷三十八之四，高五王（齊悼惠王子傳），九八四頁。
二、民國七十年九月十八日，民生報第十二版。
三、卷第一之十一，二一頁。
四、分別見於卷五十三之五，一一三三頁。卷七十七之
　　十六，一四三四頁。卷八十之七，一四五二頁。
五、卷十五之十七，一三八四八頁。

九、濕

南方卑濕，徙王王於濟北，以褒之。註一

　　閩南話也說，「濕」爲「ㄉㄚㄇˇ」（tǎm），字寫作「濕」。國閩辭典也有音ㄉㄚㄇˇ（tǎm），字却擬作「淡」，其實就是「濕」，它說：「撲濕，弄濕了。濕濕，很濕。濕漉漉，濕的很厲害。濕潤濕潤，濕潤的樣子。濕淫，濕潤。」註二

　　濕透的「濕」，閩南音讀ㄉㄚㄇˇ（tǎm），而潮淫的「淫」，閩南音讀ㄒㄧㄅ（φip），好像集韵，「失入切」註三的音。易、乾言說，「水流濕」，水流過之後會變濕。而說文解字說，「淫、幽淫也。從一，覆也，覆土而有水，故淫也。」註四幽淫，或可說「陰淫」，覆土的地方，不見陽光，久之受潮而淫，所以說「幽淫」。窪下地方，陽光不易照曬，通風也不易，容易潮淫。現在的平房，或公寓樓下，因接近地面，前後有房子阻隔，較容易潮淫。或可以說先「濕」後「淫」，濕則快乾，淫則慢慢才會散去，像梅雨季節就是。

　　就我國地理分布來說，南方開發較晚，交通不發達，文化水準也不高，因此政治地位，也顯得低卑不高，。尚且終年雨量也多，所呈現的，似乎都是濕漉漉的，讓人有行不得也的想法，大多人也就視爲畏途，不願屈就南方。政治是現實的，一旦到南方當官，似乎有受貶的感覺，心理上有時也很難平衡，甚至千方百計想遷調

，古人之中，有很多這種例子。

溼字旁證

溼的說法，漢書仍然很多，賈誼傳說：「長沙卑溼，誼自傷悼。」註五嚴助傳也說，「南方暑溼，近夏癉熱。」註六至於「溼」的說法，丙吉傳說，「視省席薦燥溼」。註七

溼字的音

溼，國音讀ㄕ，閩南音讀ㄉㄚㄇ（tǎm），雙方聲音似乎差別很大，其實閩南讀音ㄉㄚㄇ（tǎm），是可以說得通，說明如下。

聲母方面，說文，「溼，从水、㬎聲」，註八段注，「他合切」；廣韵，「他合切」。註九因為，「溼」從「㬎」得聲，或可說，「溼」和「㬎」音相關。再者，釋名、釋地，「下溼曰隰，隰，墊也。」註十而「墊」字的閩南音，讀「tit」，聲母可讀爲「t」。釋天也說，「天，顯也。」註十一「顯」，說文「从頁、㬎聲」。另外，說文也說，「天，顚也。」因此或可知，「溼」、「隰」、「墊」、「顯」、「天」、「顚」，聲母或相近，可讀爲ㄉ（t），或ㄊ（t'）。

韵母方面，說文，「㬎，㲹，古文以爲顯字。或

_ 204 _

曰，衆口兒，讀若唫唫或以爲繭。」註十二段注，「讀若唫唫，當作讀若口唫之唫，灬 巨錦切」「巳（以）上三義，畫然三音，大徐總曰五合切，非也。惟第二義讀若唫也，故濕水字，从之爲聲也。」另外，說文通訓定聲說，「㬝，叚借爲喦」。而「喦」字，說文「讀若吟」，吟，廣韵「五咸切」，閩南音讀（gǎm）。另外，說文，「含，嗛也，从口、今聲。」段注：「胡男切，古音在七部，禮、樂志，吟青黃，以吟爲含。」而「含」字，廣韵「胡男切」，閩南音讀「hǎm」，綜合以上可知，「㬝」、「唫」、「喦」、「吟」，韵母可以讀爲「im」、或「am」音。因此「濕」字的閩南音，讀爲「tǎm」，也可說得通。

附　註

一、卷四十四之八，淮南王傳，一〇三七頁。

二、ㄅㄚㄇˇ部，二五三頁。

三、卷十之四十二，入聲、二十六緝，236～768頁。

四、十一篇上二之二十八，五六四頁。

五、卷四十八之五，一〇六六頁。

六、卷六十四上之六，一二七三頁。

七、卷七十四之十二，一三九三頁。

八、十一篇上一之四十一，五四一頁。

九、卷五，入聲、二十七合，六六三頁。

十、卷一之五，六頁。

十一、卷一之一，四頁。

十二、七篇上之十一，三一〇頁。

十、倚

韓信倚胡則又反。註一

　　顏注：「倚，依也。」

　　閩南話也說，「依」為「ㄨㄚˋ」（uà），字寫作「倚」。國閩辭典說：

「倚賴，依賴。倚靠，依靠。」註二

　　依、依倚、依靠，閩南話也說「倚」，這是常用語。常見的情形，孤兒寄人籬下，無依無靠；或者人心勢利，多依有錢人，或有權勢的人。或者小孩、狗常依偎在大人身邊，這種現象，閩南話多說「倚」，這種例子很多。

倚字旁證

　　倚字的說法，也見於說文，「倚，依也。」

倚字的音

倚，國音讀ㄧˇ（iˇ），閩南音讀ㄨㄚˋ（
uàˋ）。

附　註

一、卷四十八之十三，賈誼傳，一〇七〇頁。
二、ㄨㄚˇ部，二八頁。

十一、不　廉

古者，大臣有坐不廉而廢者，不謂不廉，曰，簠簋不飾。註一

　　閩南話也說，「貪求東西」為「ㄅㄨㄉ　ㄌㄧㄚㄇˇ」（put liǎm），字寫作「不廉」。國閩辭典說：「不廉，嘴饞。」註二

　　任何機關的成員，安份守己，清清白白，是最起碼的。至於高級職員，尤其是高級公務員，對於品德操守，更應受到大家關注，一旦品操有虧，將無法領導群倫，甚者，或將黯然下台。美國高級官員的任用，須經總

統提名，國會通過調查，才得以就任。可見政府、人民，也可以說是，國家對高級公務員的期許。所以美國政府部長級人員，大多先在企業界享有盛名厚利，再轉公務界求名，當然不能再與利益團體有任何往來，因此有人說，在美國，一流人才在企業界，二流的人，才當公務員，美國之所以富強，這也是重要因素。

高級公務員，人人奉公守法，則上行下效，下屬又怎能舞弊；所以政治要上軌道，惟有先求之於高級官員，也就是從高級官員做起，層層而下，才是根本之途。史記有一篇「循吏列傳」，其中有一段記述魯相公儀休，奉公守法，為部屬表率的作為，先記原文如下，再簡要說明。

「公儀休者，魯博士也，以高弟為魯相。奉法循理，無所變更，百官自正。使食祿者，不得與下民爭利，受大者，不得取小。客有遺相魚者，相不受，客曰：『聞君嗜魚，遺君魚，何故不受也？』相曰：『以嗜魚，故不受也。今為相，能自給魚，今受魚而免，誰復給我魚者，吾故不受也。』食茹而美，拔其園葵而棄之。見其家織布好，而疾出其家婦，燔其機，云：『欲令農士工女，安所讎其貨乎！』」註三

從史記的記載，約略可以看出公儀休的精神：
一、制度是持續運作，不因個人而異。

日本的文官制度，像常務官僚體系，非常健全，並且受國家保障，尤其升遷方面，絕不允許外行空降產生，以破壞制度，所以事務處理，級級而上，脈絡一貫。而政務官也尊重事務官，雖然政務官一再更換，政策推行仍不受影響，制度照常運作。

二、公務人員，不得與百姓爭利。

公務人員不能利用職權投資其他事業，另外，所有國家資源，應儘量開放給民間經營，或與民間合營，避免獨佔。

三、貫徹一人一職。

國家人才濟濟，而官職却有限，一人一職，都無法做到人盡其材，還要行私，使一人兼他職，這是違反自然法則，對於個人、工作，甚至於國家，都有不良的影響。

四、不收受賄賂。

公務人員都享有國家俸祿，爲民服務，堅守崗位，是本份。如果認爲工作與薪俸不成比例，可尋求企業界發展，否則必須安於位，敬其業，怎能接受賄賂？

五、大官子弟，不憑藉父兄權勢，經營事業。

公儀休家人，自己種菜、紡織，好比是經營果菜公司，或紡織廠，可能造成壟斷經營，而影響其他私人企業，負面的作用非常大，因此公儀休不禁怒斥其家人。其實大官子弟在父兄庇蔭之下，可先求名，而從事社會慈善

、公益、福利，或體育等工作，在人力、財力方面都不會有問題的。日後，在國人心目中，建立了名望，如轉往企業界發展，或擔任政府高級公職，必定眾望所歸，萬人所敬仰。

假如我是政府高級公務員，我一定把有關公儀休的一段文句，裱掛在辦公室，並傳印給同仁，天天相互勉勵。

不廉的音

不廉，國音讀ㄅㄨˋ ㄌㄧㄢˊ（pù　lién），閩南音讀ㄅㄨㄉ ㄌㄧㄚㄇˇ（put liǎm）。

附　註

一、卷四十八之三十，賈誼傳，一〇七八頁。
二、ㄅㄨㄉ部，一二二頁。
三、卷一百十九之三，一二六六頁。

十二、下　輩

稱人廣衆，薦寵下輩。註一

補注：「下輩，謂輩行之下於我者，年少及在己左右者皆是也，故下云，士以此多之，下等之人，何容寵薦。」

閩南話也說，「晚輩」爲「ㄝ˘ ㄅㄨㄟˋ」（ē puéi），字寫作「下輩」，國閩辭典也有「下輩」的說法。國語說「晚輩」，閩南話多說「下輩」。而「長輩」，則說「頂輩」（tèn puéi）。至於「下一代」，或「上一代」，閩南話多說，「下一輩」，或頂一輩」。如以我爲中心來說，輩行在我之下，低於我，則說「下輩」。又如以我的長輩來說，跟我年紀相當，或比我輩份低的，也都算「下輩」。如以年齡來說，七十歲的人是長輩，不到五十歲的人算晚輩，這是廣義「晚輩」的說法。由此推知，集解有關說明，語意不十分明顯，它說，「下輩，謂輩行之下於我者」，這可說得通；接下所說，「年少及在己左右者」，語意不明，也不知所指，因此或可以這樣說，「下輩，謂輩行之下於我者；對我的長輩而言，比我年少及在我左右者皆是也」。

另外，我們還可知，灌嬰對於人材提攜，不限於長輩或同輩，尤其薦寵晚輩，盡量給予有潛能的新一代人材，有歷練和負責的機會，繼而培養出各行各業、各階層的領導人，所有領導人如都具有這種胸懷見識，政治

那得不清明，人材那得不輩出，國家前途又豈可限量。

下輩旁證

下輩的說法，也見於顏師古注李廣傳，「元狩二年，代公孫弘爲丞相，蔡爲人在下中。」註二說，「在下輩之中」。

下輩的音

下輩，國音讀ㄒㄧㄚˋㄅㄟˋ（φ ià pèi），閩南音讀ㄝˉㄅㄨㄟˊ（ē puèi）。

附　註

一、卷五十二之七，灌嬰傳，一一二三頁。
二、卷五十四之六，一一四三頁。

十三、常　事

越人相攻擊，其常事。註一

　　閩南話也說，「常有的事」爲「ㄒㄧㆭˇ　ㄙㄨ」（φ iuδŋ　ṣū），字寫作「常事」。國閩辭典說

：「常事，常有的事。」註二

　　常會發生、或常可看到的事，閩南話也說「常事」。因爲事情常可看到，就習以爲常，不值大驚小怪，凡事抱持平常心就可。

　　武帝建元三年，閩越圍東甌，東甌向漢朝告急，武帝時未滿二十歲，問太尉田蚡，田蚡告以越人相攻擊，乃常有的事，不必管它，事詳嚴助傳。

常事的音

　　常事，國音讀ㄔㄤˊ　ㄕˋ，閩南音讀ㄒㄧㆰˊㄙㄨˉ。

附　　註

一、卷六十四上之一，嚴助傳，一二七一頁。
二、ㄒㄧㆰˇ部，一〇六七頁。

十四 、 劗

越方外之地，劗髮文身之民也。 註一
　　晉灼注：「淮南云，越人劗髮，張揖以爲古翦字也

_ 213 _

。」

　　閩南話也說，「修剪」為「ㄗㄚˋ」（ tsà ），字寫作「劗」。國閩辭典也有音ㄐㄚˋ（即音ㄗㄚˋ），字却擬作「斬」，其實就是「劗」，它說：

：「劗斷，斬斷。」註二

　　從旁、或從中截斷或修剪東西，閩南話也說「劗」，這也是常用語。像截斷樹枝、荊棘、頭髮，或者把樹枝、頭髮修剪整齊，這種現象，閩南話也說「劗」。

　　武帝建元六年，閩越攻南越，而南越不敢擅自發兵。先上書朝廷，武帝想派兵攻閩越，淮南王上書勸諫，以為閩越僻處海隅，百姓皆斷髮文身，不值得我冠帶之國去對付，事詳嚴助傳。

劗字旁證

　　劗字的說法，也見於淮南子、齊俗訓：「越人劗髮，……越王句踐，劗髮文身。」註三許注，「劗，髡斷。」

附　　註

一、卷六十四上之二，嚴助傳，一二七一頁。

二、ㄐㄚˋ　部，七七三頁。

三、卷十一之五，七七頁。

十五、食　糧

不可以大舠載食糧下也。註一

　　閩南話也說，「糧食」為「ㄐㄧㄚˇ　ㄋㄧㄨˉ」（ʦɸiǎ niū），字寫作「食糧」。一般說來，家庭或軍隊，都必須儲存，或準備食品，以供給家人、士兵、或牲畜食用；而給人食用的，閩南話也說「食糧」，給牲畜吃的，也說「糧草」。至於從食糧、糧草的多寡，可看出家庭的貧富，軍隊士氣的高低，由此也顯示國力之強弱。不過，作戰用兵，食糧的運輸、接濟，非常重要，當然也是對外用兵的重要條件。漢武帝初年，先是攻打匈奴，接着進攻東越、南越，這兩地區，相當現在福建、浙江一帶，多山、路狹、水急，不適合糧食大量運輸，所以淮南王勸武帝須從長計議，可見食糧之重要。

食糧的音

　　食糧，國音讀ㄕˊ ㄌㄧㄤˊ，閩南音讀ㄐㄧㄚˇ ㄋㄧㄨˉ（ʦɸiǎ niū）。

附　　註

一、卷六十四上之五，嚴助傳，一二七三頁。

十六、丈二

陛下以方寸之印，丈二之組，塡撫方外。註一

　　閩南話也說，「一丈二尺」為「ㄉㄥˋ　ㄐㄧ˗」（tǝŋ zi˗），字寫作「丈二」。國閩辭典說：「丈四，一丈四尺。丈二槌，長一丈二尺的棍子。」註二

　　凡是度量衡的一石一斗，一丈一尺，或一斤五兩，閩南話也說，「石一」、「丈一」，或「斤五」，這是常用語。通俗編、數目、丈一丈二：「容齋續筆，俗謂米一石有畸，曰石一石二。帛長一丈有畸，曰丈一丈二之類。據考工記，殳長尋有四尺，注云，長丈二也。史記、張儀傳，尺一之檄；漢、淮南王安書，丈一之組；匈奴傳，尺一牘；後漢，尺一詔；唐語，城南韋杜，去天尺五，則亦有所本云。」註三　由此也可見，閩南話之雅古。

丈二的音

　　丈二，國音讀ㄓㄤˋ˙ㄦˋ，閩南音讀ㄉㄥˋ

ㄅㄧˉ（tə̇ŋ ziˉ）。

附　　註

一、卷六十四上之六，嚴助傳，一二七三頁。
二、ㄅㄥ 部，三四一頁。
三、卷三十二，七一二頁。

十七、吻

庸人之御駑馬，亦傷吻敝策，而不進於行。註一

　　顏注：「吻，口角也。」

　　閩南話也說，「抿嘴笑」為「ㄑㄧㄝㄨˋㄅㄨㄣˊㄅㄨㄣˊ」（tɕφ'ièu　bún bún），字寫作「笑吻吻」。國閩辭典說：

「吻笑，抿嘴笑（肉吻笑）。笑吻吻（吻吻笑），抿嘴笑。」註二

　　抿嘴笑、笑嘻嘻，閩南話多說「笑吻吻」，或說「吻吻也笑」。常見的情形，當人微笑或笑嘻嘻時，嘴角上面兩邊，會上揚突出，模樣非常好看，如果小女孩手指靠著嘴脣，抿嘴笑時，更是動人，這在閩南語也說「

吻笑」，或說「笑吻吻」。「吻」，說文解字說是「口邊」，段玉裁解釋為「口旁」，或可以說，「嘴角上端的兩邊」，就是「吻」。我們也看到西洋人禮俗，親朋好友見面，常親對方嘴邊；或者雙方臉頰相貼，也就是所謂的「接吻」。如果親人嘴唇，或嘴對嘴，就不算是接吻，而是失態逾軌，也可能引來誤會麻煩；因為即使是夫妻，或情侶，也應避免在大庭廣衆之前為之，何況是關係不深的人呢？再者，有時也會看到模仿別人言語的表演，因為每人的嘴，構造都有差異，要模仿別人言語，多不順口；常常拉長嘴巴，突起口吻，上下左右拗動，有的人可以學得維妙維肖。不過，學人口吻，即使很像，也不一定妙；因為言語多，也不見得好，古人以為「禍福出於胸懷，榮枯生於口吻。」禍從口出，能不積留口德？

　　拍馬屁，在我們日常生活中常聽到或看到，也聽說萬一拍到馬屁上，就一無是處了。其實「拍馬屁」，應該說「拍馬髀」。據說要親近馬之前，多先拍拍或撫摸馬的髀股，接着順手沿着馬背而上，再撫摸頭頸，而後臉貼臉，親親馬，周而復始，日久，馬溫馴可親，忠心耿耿了。因此，拍馬髀、親馬吻，然後可御使。一般人多不知，即使面對駑馬，一再擊傷口吻，鞭爛馬筻，還是寸步難進呢！

吻字旁證

吻字說法，也見於東方朔傳，「樹頰胲，吐脣吻。
」註三

吻字的音

吻，國音讀ㄨㄣˇ（ǔn），閩南音讀ㄅㄨㄣˋ（
bùn）。

附　　註

一、卷六十四下之十，王褒傳，一二八七頁。
二、ㄅㄨㄣˋ部，二一二頁。
三、卷六十五之十六，一三〇一頁。

十八、漏　泄

欲得大位，漏泄省中。註一
　　閩南話也說，「泄漏」為「ㄌㄠˉ　ㄒㄧㄚㄅ」（
lāu φiap），字寫作「漏泄」。國閩辭典也說，
「漏泄」或「漏泄秘密」。今國語說「泄漏」，閩南話

多說「漏泄」。「泄」，或可說是「散」、「宣告」；「漏」，或可說是「間隙」、「滲」。因此，「泄漏」和「漏泄」，就意義來說，稍微不同；而「漏泄」，或好像雨水穿過屋頂空隙，散落下去。越絕書、越絕外傳記地傳說，「上無漏泄，下無卽水。」註二如果有秘密，或情報被透過種種瑕隙、或失漏而流出，或宣告出去，也可以說「漏泄」。韓非子、亡徵：「淺薄而易見，漏泄而無藏，不能周密，而通群臣之語者，可亡也。」註三亦可見漏泄的嚴重性。

　　一九八五年，東德官方通訊社宣布一件震驚全球的消息，西德情報局所屬反情報單位，負責對東德反間工作的主管，狄特吉已抵達東德，並要求政治庇護。消息傳出，各方反映是：西德的政界人士與新聞界，已開始估量此事的損害程度。西德各主要政黨的安全專家，則要求政府從嚴調查此一事件，評論家指出，此一事件，可能使西德政府為之動搖。西德電視說，此一事件，乃是西德歷史上最嚴重的事件。一名在野黨領袖稱此案，比一九七四年迫使當時總理布朗德辭職的間諜案更嚴重。北約組織情報專家說，對波昂而言，已成為一九四〇年代以來，西德國家安全上最大的災禍，也是對盟國反間諜作業的打擊，倘若把嚴重性從一到十列級，這件事的嚴重性是九·五級。到底為什麼會引起廣泛的激盪呢？

因為據西德聯邦檢查長（相當於我國法務部長）指出，狄特吉對西德情報界瞭如指掌，不僅看過西德反情報單位的人事檔案，同時熟知該單位的策略、進行中的行動、後勤事務、及對付東德間諜的一切可能行動。此外，並參與西德有關間諜案的司法審理過程。而嚴重性又在那裏，芮卜曼說：「如果他把這些情報全洩露出去，這將是情報界極為嚴重的叛國案件。」情報界人士說，狄特吉投奔東德造成了極為嚴重的影響，受害者不只西德，反情報單位要到許多年後，才能擺脫這個不利的影響。從這件事，也給我們帶來啟示，任何秘密或情報漏泄，小者影響到個人或團體，大者可能造成國家極大的創傷，嚴重性不言可諭。

「漏」字的說法，在閩南話也很普遍，也常聽閩南話說「漏喟」，而一般人多說「漏氣」，其實應該說「漏喟」（làu k'ui-）才是。喟，音ㄎㄨㄟ（k'ui-），說文，「喟，大息也。」註四「息」，或可說「氣息」、「呼吸」。至於國語說「呼吸」、「喘息」或「氣息」，閩南話多說「喘喟」（tɕ'uán k'ui-）、「喘大喟」（tɕ'uàn tuá k'ui-）或「喟息」（k'ui- φi-）。人一旦呼吸調和，氣息堅定，運氣一定通順，氣色一定好，因此，國語說「好運氣」，閩南話多說「好喟」（hǒ k'ui-）。如果「漏喟」，則運氣

不順，做事多不成功了。

漏泄旁證

漏泄的說法，在漢書很多，趙廣漢傳說，「廣漢故漏泄其語，令相怨咎」。王尊傳也說，「治所公正，京兆善漏泄人事。」也見於薛宣傳，「而陳咸爲御史中丞，坐漏泄省中語，下獄。」註五

漏泄的音

漏泄，國音讀ㄌㄡˋ ㄒㄧㄝˋ（lòu φiè），閩南音讀 ㄌㄠˉ ㄒㄧㄚㄅ（lāu φiap）。

附　註

一、卷六十四下之二十一，王褒傳，一二九三頁。

二、卷第八之六十五，三六頁。

三、卷第五之二十，二四頁。

四、二篇上之十六，五六頁。

五、分見於卷七十六之二，一四一二頁；之二十四，一四二三頁。及卷八十三之十，一四七六頁。

十九、兄　嫂

臣朔少失父母，長養兄嫂，年十三，學書，三冬，文史
足用。註一

　　閩南話也說，「嫂嫂、阿嫂」為「ㄏㄧㄚ゜　ㄙㄜˋ
」（hiã　sǒˋ），字寫作「兄嫂」。國閩辭典說：
「兄嫂，嫂嫂、嫂子、大嫂。」註二

　　嫂嫂、嫂子，閩南話也說「兄嫂」，這是常用語。
本來「嫂」字，古書多解釋為兄之妻，閩南話則在嫂字
之上，加一兄字，可能是對哥哥、嫂嫂的尊重，後來成
為口語，直到現在，閩南話還說「兄嫂」。韓愈在祭十
二郎文中也提到，「吾少孤，及長，不省所怙，惟兄嫂
是依」。然而東方朔、韓愈所以日後能在歷史留名，其
偉大的兄嫂，功不可沒。

兄嫂的音

　　兄嫂，國音讀ㄒㄩㄥ　ㄙㄠˇ（φyoŋ sǎu），
閩南音讀ㄏㄧㄚ゜　ㄙㄜˋ（hiã　sǒˋ）。

附　註

一、卷六十五之一，東方朔傳，一二九四頁。

二、ㄏㄧㄚˇ部，七五二頁。

二十、冬

年十三學書，三冬，文史足用。註一

補注：「先謙案，三冬，謂三年，猶言三春、三秋耳。學書三年，除十五數之，則十二是也。」

閩南話也說，「年」爲「ㄉㄤ」（taŋ），字寫作「冬」。國閩辭典說：

「冬，年。出外五六冬，離家五六年。冬尾，年尾。冬尾天，年末的氣候。冬尾時，年末的時候。冬頭，年頭。」註二

年，閩南話也說「冬」，如「一年一年過得很快」、或「已經讀三年」，閩南話也說，「一冬一冬過得眞緊」、或「已經讀三冬」。「冬」，或可能和「四時」有關，說文解字，「冬，四時盡也。」註三冬是四時盡，換句話說，（一個）冬就是（一個）四時盡，所以閩南話也說，四時結束爲一冬。不過，「年」的說法，還是比較廣泛。

至於「年」，可能和「五穀」有關，說文解字，「年，穀孰也。从禾、千聲。春秋傳曰，大有年。」註四

而穀梁傳、桓公三年說，「五穀皆孰，爲有年也。」註五 宣公十六年也說，「五穀大孰，爲大有年。」註六現在也常說，五穀豐收爲豐年。再者，如邢昺解釋爾雅、釋天，「周曰年」說，「案，說文云，年，穀熟也，從禾、千聲。春秋曰，大有年。然則，年者，禾熟之名，每歲一熟，故以爲歲名。」或者，周朝祖先稷，善稼穡，所以說，「千禾穀熟爲年」，周朝而以年爲代表。史記、周本紀說，「棄，爲兒時，…，其游戲，好種樹、麻菽，麻菽美。及爲成人，遂好耕農相地之宜，宜穀者稼穡焉，民皆法則之，帝堯聞之，舉棄爲農師，天下得其利，有功。」自古以來，我國卽以農立國，直到現在，仍然不變，而且更加重要，試想，十一億多的人口，怎能不以農爲重，要有「好年」，非農業孰能爲之，然則，周朝對我們的貢獻，實在太大了。

冬字旁證

冬字的說法，也見於循吏傳：「霸因從勝受尙書獄中，再踰冬，積三歲，迺出。」註七「再踰冬」，或可說「再過一年」。

冬字的音

冬，國音讀ㄉㄨㄥ（tuoŋ），閩南音讀如「當」。

一、卷六十五之一，東方朔傳，一二九四頁。

二、ㄅㄤ部，二五七頁。

三、十一篇下之八，五七六頁。

四、七篇上之五十，三二九頁。

五、卷三之八，三一頁。

六、卷十二之十七，一二三頁。

七、卷八十九之四，一五五七頁。

二一、拄

連拄五鹿君。 註一

　　顏注：「拄，刺也、距也。」

　　閩南話也說，「刺，或指摘」爲「ㄉㄨˊ」（tú）
，字寫作「拄」。國閩辭典也有音「ㄉㄨˊ」（tú）
，字却擬作「突」，其實就是「拄」，它說：
「拄，刺、指摘。拄死人，刺死人。拄人弊病，指摘人
家的缺點。拄破，刺破。拄球，撞球。拄生死，爭鬥。
」註二

刺、指摘、詰難，閩南話也說「拄」，這是常用語。常見的情形，人被刀、矛刺中，或刺穿、刺死；或者汽球被刺破，這在閩南話也說「拄」。再者，詰難、或指摘別人，使對方無話可說；或者別人的言辭，受到指責，這種現象閩南話也說「拄」，這種例子很多。

元帝時，五鹿及任宗居少府官，甚得寵幸，並且精通梁丘易，兩人奉命與諸家考其異同，諸儒多自以為不能比，而不敢參加。有人推薦朱雲，朱雲則「連拄五鹿君」，事詳朱雲傳。

拄字的音

拄，國音讀ㄓㄨˇ（tȿǔ），閩南音讀ㄉㄨˊ（tú）。

附　　註

一、卷六十七之五，朱雲傳，一三一七頁。
二、ㄉㄨˊ部，二九〇頁。

二二、鼓　吹

鼓吹歌舞。

　　閩南話也說，「嗩吶」、或「喇叭」爲「ㄍㆦ´ㄗㄨㆤ」（kuó tɕ'uei），字寫作「鼓吹」。國閩辭典說：

「鼓吹，喇叭。鼓吹花，百合花。」註二

　　嗩吶，喇叭，閩南話也說「鼓吹」。而「吹喇叭」，就說「歕鼓吹」。「歕」（pūn），說文，「吹也」。在一般廟會，或神明出境遊行，常可看到「鼓吹陣」，或走路、或坐在車上，吹吹打打，神氣十足。而「鼓吹陣」，好比現在的樂團，只是少見樂團在這種場合出現。現在很多機關、單位，像國軍部隊或學校，多設有樂隊，每逢閱兵或慶典，都能派上用場，也多能鼓舞士氣，或增加典禮隆重的氣氛，使活動熱烈非凡。據說，黃帝使岐伯作鼓吹，以揚德建武。漢朝擴而大之，設有黃門鼓吹，是天子用來宴樂群臣。從前我國招待外國元首的國宴上，往往也有中廣國樂團現場演奏，道理是一樣。現在閩南話所說「鼓吹」，應該從廣義來說，指「鼓吹陣」，不僅人員多，樂器種類也不少。而「歕鼓吹」」或相當於「樂團」演奏。

　　鼓吹，可以宣揚傳播聲音，讓聽者產生共鳴，覺得於我心有戚戚焉。因此鼓吹的人，常盡力鼓吹宣傳，往往非達到目的不罷休。我們也常看到，有保險公司的業

務員，努力鼓吹招攬客戶投保。在工商業的社會裏，從事這種工作，或扮演這種角色的人眞不少，電視上的廣告，或百貨公司打折的宣傳，不多是在鼓吹我們嗎？

鼓吹旁證

鼓吹的說法，也見於漢書、敍傳：「出入弋獵，旌旗鼓吹。」註三孟康注韓延壽傳，「鼓車歌車」註四，「如今郊駕時，車上鼓吹也。」

鼓吹的音

鼓吹，國音讀ㄍㄨˇ ㄔㄨㄟ（kǔ tɕ'uei），閩南音讀ㄍㄛˊ ㄔㄨㄟ（kuó tɕ'uei）。

附　　註

一、卷六十八之八，霍光傳，一三二六頁。
二、ㄍㄛˊ部，四九六頁。
三、卷一百之一，一七六〇頁。
四、卷七十六之十一，一四一七頁。

二三、交　結

而齊孝王孫劉澤，交結郡國豪傑謀反。註一

閩南話也說，「結交」為「ㄍㄠ ㄍㄧㄚㄅ」（kau kiat），字寫作「交結」。現在一般人多說結交，像結交好人，不結交壞人，或者是結交慈善家，這種例子很多。

雋不疑精通春秋，武帝末年為青州刺史。昭帝卽位，齊孝王之孫劉澤，交結諸王及豪傑謀反，決定先殺雋不疑，却被雋不疑發覺，下獄伏罪，雋不疑升為京兆尹，而京師吏民敬其威信。不疑常至郡縣瞭解囚犯情形，一回家，其母必問平反多少人，「卽不疑多有所平反，母喜笑為飲食、語言，異於他時。或亡所出，母怒，為之不食，故不疑為吏，嚴而不殘」，事詳雋不疑傳。

交結旁證

交結的說法，也見於翟方進傳：「所交結尤著者，不宜備大臣為郡守。」註二。三國志‧孫權傳也說：「且布衣韋帶，相與交結。」註三.

交結的音

交結，國音讀ㄐㄧㄠ ㄐㄧㄝˊ（chiau chié），閩南音讀ㄍㄠ ㄍㄧㄚㄅ（kau kiat）。

附　註

二四、食　酒

定國食酒，至數石不亂。冬月，請治讞，飲酒益精明。
註一

如淳注：「食酒，猶言嗜酒也。」

顏注：「若依如氏之說，食字當音嗜，此說非也。下敍定國子永，乃言嗜酒耳。食酒者，謂能多飲，費盡其酒，猶云食言焉。今流俗書本，輒改食字作飲字，失其眞也。」

補注：「劉攽曰，論語云，沽酒市脯不食，然則酒自可云食也。然此下則云，飲酒益精明，共說一事耳，兩字不同，疑當作飲爲眞。王念孫曰，劉說是也，上、下文皆作飲酒。如本上飲字，偶誤爲食，遂以食酒爲喜酒。顏又以爲費盡其酒，皆非也。北堂書鈔、酒食部八，藝文類聚、食物部，白帖十五、四十六，御覽，刑罰部五、飲食部一，引此，並作飲酒至數石，漢紀同。」

_ 231 _

閩南話也說，「飲酒」為「ㄐㄧㄚˊ　ㄐㄧㄨˋ」（ʦɸiǎ　ʦɸiù），字寫作「食酒」。台灣語典[註二]：「食，食也，又飲也，古人常用之。（按，漢書，于定國傳，定國食酒至數石不亂。柳柳州文集，飲吾病痞，不能食酒。食酒，則飲酒。）例：食酒、食茶。」[註二]

　　喝酒、飲酒、吃酒，閩南話也說「食酒」。一般說來，在閩南話裏，食，包括飲和食，像「飲食店」，閩南話也說「食堂」。「飲食店」，大多供應酒、菜、冷飲，因此客人上飲食店，往往點菜、吃飯，偶爾也會喝喝酒，或喝冷飲。如果客人不喝酒，不叫冷飲，只吃飯，也會要點清湯喝喝。因此，可吃的湯，和「可喝的湯」不一樣；清湯可用喝，而有佐料的湯，不僅「喝」，還要「吃」；可見，「食」可以包括「吃」和「喝」。

　　人「食酒」的時候，往往有酒喝，有菜吃，偶爾也會喝喝冷飲。至於喝冷飲，可以不吃菜，所以不說「吃冷飲」。而「喝喜酒」，閩南話常說，「食喜酒」（ʦɸiǎ hiˋ ʦɸiù），很少聽到閩南話說「飲喜酒」。當然，「食喜酒」不僅有吃，還有喝。另外，閩南話也說，「參加宴會」為「食桌」。因此一般說來，「食酒」不限於宴會場所，只要親朋好友相聚，就可「食酒」。而「食酒」的人，有的是多喝酒，少吃菜；有的人，

能吃能喝；有的人，先喝再吃；有的人，先吃些再喝。現在我們也會聽到說，有人喜歡「吃花酒」，而少說「喝花酒」，因爲「喝花酒」，恐怕意猶未盡，有「花酒」的地方，往往有女人在旁，女人怎麼能喝？所以多說「吃花酒」，至於「醉翁之意不在（食）酒」，則另當別論了。最後，說到「食酒」，不免讓我們想起，歐陽文忠公「醉翁亭記」文，從中也可得到不少啓示呢！

每天三餐，我們都要「吃飯」，因爲是「食飯」，常常會邊吃飯，邊吃菜，還邊吃湯或喝湯，所以說「食飯」。閩南人也有一種習俗，媳婦娶過門，中午宴客完畢，親戚多會留下來「食茶」，也算送給新娘的見面禮。親戚坐好後，新娘端出甜茶，裏面加有桂圓、紅棗等東西，一人敬奉一杯，而後新娘出來收杯子，親戚一一送給新娘紅包，也是新娘過門，第一次所得到的私房錢，這在閩南話多說「食茶」，因爲裏面加了糖，還有其他東西，所以說「食茶」。總之，閩南話所說，「食酒」、「食茶」或「食湯」，都包含吃和喝。

漢宣帝時，廷尉于定國，爲人謙恭，特重經術，禮遇士子，深受士人所尊崇。身爲廷尉，「決疑平法，務在哀鰥寡，罪疑從輕，加審愼之心。」朝廷上下，比美漢文帝廷尉張釋之，認爲張釋之，使天下無冤民；而于定國爲廷尉，民自然無冤。且于廷尉酒量甚好，平時大

口吃酒，連喝幾石也不亂；但是每到冬月，秋審案子，須要定讞，常喝喝酒，更加提神精明。這也說明，平日交際應酬，可以大量「食酒」，雖數石也無所謂；一有公事在身，少量飲酒，倒也有益公務呢！

食酒的音

食酒，國音讀ㄕˊ　ㄐㄧㄡˇ，閩南音讀ㄐㄧㄚˋㄐㄧㄨˋ。

附　　註

一、卷第七十一之六，于定國傳，一三五八頁。
二、卷一，二五頁。

二五、多　謝

界上亭長戲曰，至府爲我多謝問趙君。註一

顏注：「多、厚也，言殷勤，若今人言千萬問訊矣。」

閩南話也說，「謝謝」爲「ㄉㄛ　ㄒㄧㄚˉ」（tɤ φiā），字寫作「多謝」。台灣語典說：

「多謝，猶厚謝也，謂鄭重而致意也。漢書，趙廣漢傳：爲我多謝問趙君。師古註，多，厚也。」註二.

　　謝謝，感謝，閩南話多說「多謝」，這是一般人都知道的。有關「謝謝」的說法，在古書却不多見；據說韓國人多說「感謝」，而日本語的漢字，則寫作「有難度」；我有困難，別人助我度過，換句話說，有人幫我度過難關，我心存感激，而前往致謝，或可說「有難度」。

　　再者，如果有人勉力、或戮力幫忙我，我感謝他，則閩南話也說「努力」（luó lait），台灣語典也說：「努力，爲勞煩之辭，謂仗其努力也。李陵詩，努力崇明德。方言，北燕之外郊，凡勞而相勉，若言努力者，謂之侔莫。」註三常見的情形，競選的時候，候選人透過助選團成員的努力合作，終於競選成功，因此當選人心存感激，說，「眞感謝大家，要不是各位鼎力相助，我不一定選得上」，這在閩南話也說，「大家眞努力，若不是大家，我無一定選得。」如果當選人向選民銘謝賜票，常說，「多謝大家賜票」。或者有時到親友家做客，臨走之前，客人表示感謝主人全家，常說，「與您大家眞努力」。或可知，「多謝」可以包含「努力」，而「努力」，則不能涵蓋「多謝」。

附　註

一、卷七十六之三，趙廣漢傳，一四一三頁。

二、卷三，八三頁。

三、卷三，八一頁。

二六、參　詳

唯明主參詳，使白黑分別。註一

　　閩南話也說，「商量」爲「ㄘㄚㄇ　ㄒｉㄛㄦ˗」（ts'am　ɕiuɔŋ），字寫作「參詳」。台灣語典說：「參詳，猶協議也。說文，參，與也；詳，審議也。」「商量，猶參詳也。商，度也；量，酌也。朱熹詩，舊學商量加邃密。」註二

　　商量、協議、磋商，閩南話也說，「參詳」，這是常用語。一般說來，人與人交往，需要溝通，商量；機關團體之間，也不例外。而國際事務，也需透過各種管道，不斷磋商、談判，才能取得一致諒解，因此有所謂「穿梭外交」產生。西方有句名言，「長官對部屬謙恭，就是高貴」。因此在單位裏面，長官、部屬之間，也要相互參詳，事務推展，才不會發生斷層。

法治國家，以民意爲依歸，而以法統攝民意，任何重大政務擬訂，需先透過傳播工具，或借助民意代表，廣徵民意；而民意也藉種種管道，反映給上方，如此一再參詳，定案以後，推行起來，將無往不利。而且，上下參詳，也是一種高貴的政治風範，前美國雷根總統，爲了求得限武目的，一再主動要跟蘇俄領袖談判，這不僅爲美國人着想，也是要促成全世界人類的和諧與安寧，眞是勇者的表現。

　　在古書裏面，也常看到「參議」的說法，像，「參議國家大事」、「參議朝政」或「參議得失」。「參議」、和「參詳」不同，道理很明顯。再者，國語說「黑」，閩南話多說「烏」，台灣語典說：「烏暗，則黑暗。韵會，黑色曰烏。史記、匈奴列傳，北方盡烏驪馬。（按：台語，黑皆曰烏，如烏墨墨，烏燦燦之類）。」註三現在我們常聽到一首閩南語歌，非常動聽，歌名是「天烏烏」，一般都寫作「天黑黑」，可眞黑白不分。

參詳旁證

　　參詳的說法，也見於顏師古注谷永傳，「願君侯與博覽者參之」註四，「參詳其事」。

參詳的音

參詳，國音讀ㄘㄢ ㄒㄧ�尤ˊ（tsʻan ɕiáŋ），閩南音讀ㄘㄚㄇ ㄒㄧㆦㄦˉ（tsʻam ɕiuōŋ）。

附　註

一、卷七十六之二十七，王尊傳，一四二五頁。
二、卷四，一〇一、一〇二頁。
三、卷四，九三頁。
四、卷八十五之八，一四九五頁。

二七、媠

條教可觀，然被輕媠之名。註一

補注：「沈欽韓曰，方言，媠，美也。廣雅以爲好也，非古惰字。」

閩南話也說，「漂亮」、「美麗」爲「ㄙㄨㄧˋ」（suiˋ），字寫作「媠」，或作「嫷」。國閩辭典也有音ㄒㄨㄧˋ，卽音ㄙㄨㄧˋ，字却擬作「秀」，其實就是「媠」，它說：

「媠，美麗、漂亮。面媠心也媠，臉美麗心也美麗。媠人，美麗的人。媠氣，好看。媠姿娑，美女、美麗的女

_238_

人。」註二

　　漂亮、美麗、秀氣、好看，閩南話也說「婧」，這
是常用語。女人，或東西好看，使人賞心悅目，或可說「
婧」。如果稱讚人、事、物的美好，閩南話也說「嬯」。
說文解字，「嬯，好也。」一般人常誤寫作「贊」。可
能世上一切美好的人，或東西，多跟女人有關，所以，
「好」、「嬯」、「婧」，都從「女」字旁。曾記得至
少在二十年前，中廣公司每星期天晚上八時，有一節目
，是「猜謎晚會」，由丁昺仁先生主持，節目內容，有
觀衆朋友現場猜謎，及特別來賓訪問。有一次，訪問一
位從香港來的女電影明星，主持人是北平人，開頭就說
，「妳眞婧」，說完，女星臉色一變，質問主持人，爲
什麼罵她，當時主持人也楞住，說，「我是稱讚妳漂亮
，因爲閩南話說漂亮就是婧」。場面還是很尷尬，後來
從台下上來一位廣東老鄉，解釋之後，氣氛才緩和下來
，主持人則仍心悸不已。原來閩南話「婧」，和廣東話
「衰」，音相近，所以才會引起誤會。

　　至於說，男人英俊瀟灑，閩南話多說「緣投」。人
彼此之間能投緣，則越看越有趣，必也相處和樂，團結
合作，可眞不亦樂乎。所以論語一開頭，就引孔夫子的
話，「有朋自遠方來，不亦樂乎」。人因爲有緣，才能
遠從四面八方來，彼此投緣在一起，因此不亦樂乎，也

是人生最感慶幸的事。而情人之間，相互投緣，彼此越看越投緣，越像潘安或西施，而後終成眷屬。本省人常說，夫妻結合都是一個「緣」字，有緣千里來結合，政府卅八年播遷來台，也撮合不可勝數的姻緣。如果無緣，即使同公寓、同樓梯，又對門，也不說話。佛家喜歡講因緣，常說我佛有緣，緣，眞是不可思議，而「緣投」更是意義深遠。

媠字旁證

媠字的說法，也見於外戚傳：「婦人貌不修飾，不見君父，妾不敢以燕媠見帝。」註三媠也有寫作「嫷」。說文解字說：「嫷，南楚之外，謂好曰嫷。」說文通訓定聲說：「按，媠，當爲此存之或體。方言二，嫷，美也，南楚之外，曰嫷；通俗文，形美曰嫷。」

媠字的音

媠，國音讀ㄉㄨㄛˋ（tuò），閩南音讀ㄙㄨㄧˋ（suì），雙方聲音似乎不同，其實閩南讀音，可以說得通。

方言、二：「…隋，…，美也。…，南楚之外，曰嫷。」郭注，「言婑嫷也」。另外，段注說文「嫷」，說「方言曰，嫷，美也。南楚之外，曰嫷。郭注，

言婑媠也。」而說文解字詁林，引「叚借義證」說，「郭注言婑媠也，則亦可假借爲委隨字矣。」或可說，人長得美好，討人喜歡，才得以委隨左右，尤其是美女，所以有「婑媠」之說。從此或可知，委隨、婑媠、矮嫷，　音義皆相近，而「隋」、「隨」的閩南音，都讀ㄙㄨㄧˉ（sui-），或可知，「媠」、「嫷」的閩南音，也可讀「sui-」。

另外，漢書補注，引沈欽韓說，「方言，媠，美也，廣雅以爲，好也，非古惰字。」而說文通訓定聲說，「漢書，張敞傳，被輕媠之名，…，按，字亦作嫷。」因此，或可知，「媠」和「媠」、「嫷」，音義也相近，是以「媠」字的閩南音讀（suì），也可以說得通。

附　　註

一、卷七十六之二十九，張敞傳贊，一四二六頁。
二、ㄒㄨㄧˋ（ㄙㄨㄧˋ）部，一〇一一頁。
三、卷九十七上之十四，一六八四頁。

二八、交　代

241

及歲盡交代，上臨饗罷衞卒，衞卒數千人，皆叩頭自請，願復留共更一年，以報寬饒厚德。註一

閩南話也說，「交替」爲「ㄍㄠ ㄉㄞ」（kau tāi ），字寫作「交代」。國閩辭典說：「交代，吩咐、囑付。交替，交代。」註二

交替、替換、換班，閩南話也說，「交代」。常見的情形，衞兵、或儀隊交接替換；中正紀念堂的儀隊替換，或由三軍儀隊及海軍陸戰隊輪流，每三個月替換一次，而儀隊當中，每一回站班一小時。每當儀隊更換、交接，常吸引很多參觀者，有的人珍惜這難得一見的機會，多拍攝留念，這在閩南話也說「交代」。

現在，我政府高級官員，多有任期制，一旦任期屆滿，須交給新任，這也說「交代」。後漢書、班超傳：「以戊己校尉任尙爲都護，與超交代。」註三再者，在報紙上或電視上，也常看到，或聽到「交接」一詞，不過，在古書裏面，「交接」多解釋「交游」、或「交際」；漢書、藝文志說：「古者，諸侯、卿、大夫，交接鄰國，以微言相感。」註四後漢書、張衡傳也說，「常從容淡靜，不好交接俗人。」註五跟現在的說法，有所不同。

至於公務人員交代，非愼重不可，因此政府特別制定「公務人員交代條例」，予以規定。全部條文，共有

二十一條，說明公務人員交代、移交、交接等有關事宜，非常詳細，值得參考。（附錄於文末）

交代旁證

交代的說法，也見於王莽傳，「故交代之際，信於漢室 」「衞卒不交代三歲矣」。_{註六}

附　　註

一、卷七十七之二，蓋寬饒傳，一四二七頁。

二、ㄍㄠ部，四六七頁。

三、卷四十七之十一，五六九頁。

四、卷三十之五十八，九〇二頁。

五、卷五十九之一，六七七頁。

六、分見於卷九十八之十四，一七〇九頁，及卷九十九中之二十七，一七四二頁。

附　件　公務人員交代條例

中華民國二十年十二月十九日國民政府制定公布全文十五條

中華民國二十八年十月二十一日國民政府修正公布第二條、第四條及第十一條條文

中華民國三十四年十月十六日國民政府修正公布第四條、第六條、第八條及第十一條條文

中華民國三十六年三月五日國民政府修正公布第二條、第七條及第八條條文

中華民國四十二年十二月二十九日總統令修正公布全文二十一條

第 一 條　　公務人員之交代，除法律另有規定外，依本條例行之。

第 二 條　公務人員交代分左列各級：

一、機關首長。

二、主管人員。

三、經管人員。

第 三 條　　稱主管人員者，謂本機關內主管各級單位之人員；稱經管人員者，謂本機關內直接經管某種財物或某種事務之人員。

第 四 條　機關首長應移交之事項如左：

一、印信。

二、人員名冊。

三、交代月份截至交代日止，與月報相同之會計報告及其存款。

四、未辦或未了之重要案件。

五、當年度施政或工作計畫及截至交代時之

　　　　　實施情形報告。

　　六、各直屬主管人員主管之財物、事務總目
　　　　　錄。但該總目錄如有錯誤時，各直屬主
　　　　　管人員應負其責任。

第 五 條　主管人員應移交之事項如左：

　　一、單位章戳。

　　二、未辦或未了案件。

　　三、所屬次一級主管人員或經管人員主管或
　　　　　經管之財物、事務總目錄。但該總目錄
　　　　　如有錯誤時，所屬次一級主管人員或經
　　　　　管人員應負其責任。

第 六 條　　經管人員應移交之事項，按其經管財物
　　　　　或事務分別造冊，其種類名稱，由各機關依
　　　　　各經管人員職掌範圍及其經管情形，分別規
　　　　　定之。

第 七 條　　機關首長交代時，應由該管上級機關派
　　　　　員監交；主管人員交代時，應由機關首長派
　　　　　員監交；經管人員交代時，應由機關首長派
　　　　　員會同該管主管人員監交。

第 八 條　　公務人員之交接，如發生爭執，應由移
　　　　　交人或接收人會同監交人擬具處理意見，呈
　　　　　報其上級主管機關或本機關首長核定之。

第 九 條　　　機關首長移交，應於交卸之日，將本條
　　　　　　　例第四條第一款至第四款規定之事項移交完
　　　　　　　畢；其第五、第六兩款規定之事項，應於五
　　　　　　　日內移交完畢。

第 十 條　　　主管人員移交，應於交卸之日，將本條
　　　　　　　例第五條第一、第二兩款規定之事項移交完
　　　　　　　畢；其第三款規定之事項，應於三日內移交
　　　　　　　完畢。

第十一條　　　經管人員移交，應於交卸十日內，將本
　　　　　　　條例第六條規定之事項移交完畢；如所管財
　　　　　　　物特別繁夥者，其移交期間得經其機關首長
　　　　　　　之核准，酌量延長至一個月為限。

第十二條　　　機關首長移交時，前任依法應送未送之
　　　　　　　會計報告，由後任依規定代為編報。但仍應
　　　　　　　由前任負其責任。

第十三條　　　機關首長移交時，由後任會同監交人於
　　　　　　　前任移交後五日內接收完畢，與前任會銜呈
　　　　　　　報該管上級機關。

　　　　　　　上級機關對於前項呈報，應於十日內予
　　　　　　　以核定，分別行知。

第十四條　　　主管人員移交時，由後任會同監交人於
　　　　　　　前任移交後三日內接收完畢，與前任會銜呈

報機關首長。

機關首長對於前項呈報，應於十日內予以核定，分別行知。

第十五條　經管人員移交時，由後任會同監交人及該管主管人員於前任移交後十日內接收完畢，檢齊移交清冊，與前任會銜呈報機關首長。

機關首長對於前項呈報，應於十日內予以核定，分別行知。

第十六條　各級人員移交，應親自辦理，其因職務調動必須先行離開任地，或有其他特別原因者，經該管上級機關或其機關首長核准，得指定負責人代為辦理交代，所有一切責任，仍由原移交人負責。

本條例第二條規定之公務人員，如遇死亡或失蹤，其交代由該管上級機關或其機關首長指定負責人代為辦理。但失蹤人嗣後發見時，仍應由其負責。

第十七條　各級人員逾期不移交或移交不清者，其上級機關或本機關首長，應以至多不過一個月之限期，責令交代清楚，如再逾限，應即移送懲戒，其卸任後已任他職者，懲戒機關得通知其現職之主管長官，先行停止其職務。

第十八條 　財物移交不清者，除依前條規定處理外，並得移送該管法院就其財產強制執行。

第十九條 　派駐國外公務人員之交代，適用本條例之規定，其卸任之機關首長，除另有奉派之國外任務者外，應於交代清楚後，三個月內回國，向其主管機關報告交代情形。

第二十條 　本條例施行細則，由各主管機關分別訂定。

　　　　前項施行細則，屬於中央機關者，送主管院備查；屬於省（市）以下機關者，送省（市）政府備查。

第二十一條 　本條例自公布日施行。

二九、解　說

迺令小冠杜子夏，往觀其意，微自解說。 註一

　　顏注：「解說，猶今言分疏。」

　　閩南話也說：「解釋」為「ㄍㄞˊ　ㄕㄨㄟˋ」（
kaí ɡueˋi），字寫作「解說」，這是常用語。國語說「解釋」，閩南話多說「解說」。至於解釋，或可以

說「消釋」，王莽傳說，「幾可以解釋安集」。註二至於「解說」，不僅解釋，還須辯解。而所謂「分疏」，或可說「自辨解」，可能是北朝及唐朝時口語，輟耕錄、分疏說：「人之自辨白其事之是否者，俗曰分疏，疏，平聲。漢書、袁盎傳，以不親爲解。顏師古注曰，解者，若今分疏矣。北齊書、祖珽，高元海奏，珽不合作領軍，并與傳廣寧王交結，珽亦見帝，令引入自分疏。」註三

解說旁證

解說的說法，多見於古書註釋，楊注荀子非十二子篇，「閉約而無解」，註四說，「解，說也。……，謂其言幽隱閉結，而不能自解說。」楊注性惡篇，「恬禍而廣解」，註五說，「謂安於禍難也，而廣自解說。」楊注賦篇，「敢請之王，王曰……」，註六說，「先王爲解說曰」。再者，正義解釋史記、呂后紀，「君知其解乎」，註七說，「解，謂解說也。」另外，顏師古注漢書、淮南王安傳，「內史以出爲解」，註八說，「解者，解說也，若今言分疏矣。」注貨殖傳，「蘗麴鹽豉千合」，註九說，「今西楚、荊沔之俗，賣鹽豉者，鹽豉各一升，則各爲裹而相隨焉。……，競爲解說，失之遠矣！」又注外戚傳上，「君知其解未」，註十說，「

_ 249 _

解，猶解說其意。」

解說的音

解說，國音讀ㄐㄧㄝˇ ㄕㄨㄛ（chiě ṣuo）
，閩南音讀ㄍㄞˊ ㄕㄨㄟ˙（ḱái ṣuei）。

附　註

一、卷八十四之五，翟方進傳，一四八三頁。

二、卷九十九下之三，一七四六頁。

三、卷十一之十二， 1040～532 頁。

四、卷三，一三四頁。

五、卷十七，六二七頁。

六、卷十八，六五八頁。

七、卷九之四，一八四頁。

八、卷四十四之十二，一〇三九頁。

九、卷九十一之七，一五七七頁。

十、卷九十七上之四，一六七九頁。

三十、勇　壯

豐年十八，勇壯。註一

　　閩南話也說，「勇敢健壯」爲「ㄧㄛㄥˋ　ㄓㄨㄛㄥˉ」（iuòŋ　tɕuōŋ），字寫作「勇壯」。國閩辭典說：「勇壯，強壯。」註二，勇猛、威武、雄壯，閩南話也說「勇壯」。人長得威武健壯，在衆人廣座之中，特別出人頭地，引人注目，一般人也不敢任易輕視。就國家來說，還是一樣。我國歷史上，惟一變法成功，就是商鞅變法。因爲商鞅變法成功，奠定秦始皇統一天下的根基。而商鞅變法的重要措施，就是組織人民，從事農與戰，農耕可以使人身體強壯，又可增加財富；戰，可培養人民尙武的精神，增強戰力。因此，農耕和戰陣訓練，相互配合，終於達到國富兵強的目的，以此征戰，多能成功。或可說，民力就是國力，而民力的基礎，或在於人民勇壯了。

　　在閩南話，另有一種說法，和「勇壯」差不多，就是「勇健」（iuòŋ　kiã̄），這也是常用語。國閩辭典說，「勇健，康健」。後漢書、鄧禹（鄧訓）傳說，「皆勇健富強，每與羌戰，常以少制多。」註三人身體康健，尤其是老人家，年紀大，身體硬朗，多說「眞勇健」，或說「老康健」（lǎu　k'oŋ　kiēn），也是祝福老人家的話。因此，勇壯，或勇健，對個人、家庭，或國家，都是無限的資產和生機。

勇壯旁證

勇壯說法，也見於文選枚乘、七發，「上擊下律，有似勇壯之卒。」註四後漢書、耿秉傳也說，「秉性勇壯，而簡易於事。」註五

勇壯的音

勇壯，國音讀ㄩㄥˇ　ㄓㄨㄤˋ　（yǒŋ tçuàŋ），閩南音讀ㄧㆦ㇢ˋ　ㄓㆦ㇢ˉ（iuòŋ tçuōŋ）。

附　　註

一、卷八十四之十一，翟方進傳，一四八六頁。
二、ㄧㆦ㇢ˋ部，六七頁。
三、卷十六之九，二三〇頁。
四、卷三十四之十五，六四一頁。
五、卷十九之十二，二六九頁。

三一、歸　倚

百官庶事，無所歸倚。註一

閩南話也說，「東西依靠在一起」爲「ㄍㄨㄧ
ㄨㄚˋ」（kui uà），字寫作「歸倚」，這也是常用
語。人或東西從很多地方靠攏在一起，閩南話也說「歸
倚」。常見的情形，隊伍集合時，人員都依靠在一起，
或者許多錢都湊在一塊，便於投資，或下注，這在閩南
話也說「歸倚」。一般說來，人、禽、獸，或船隻，從
四面八方集中在一起，閩南話也說「歸倚」。

漢成帝建始三年多，某日，日食、地震，谷永上書
成帝。而後，成帝又問谷永，谷永答以從元年起，異象
頻傳，百官庶事，無所依歸，事詳谷永傳。

歸倚的音

歸倚，國音讀ㄍㄨㄟ　ㄧˇ（kuei iˇ），閩南音
讀ㄍㄨㄧ　ㄨㄚˋ（kui uà）。

附　　註

一、卷八十五之六，谷永傳，一四九四頁。

三二、大　斗

桼千大斗。註一

　　顏注：「大斗者，異於量米粟之斗，今俗猶有大量。」

　　補注：「先謙曰，顧炎武云，是漢時已有大斗，但用之量鬻貨耳。齊召南云，案，史記但云桼千斗，無大字。」

　　閩南話也說，「額外大量付出，或大量收入」為「ㄉㄨㄚˊ　ㄉㄠˋ」（tuá tàu），這也是常用語。常聽說，這一下好看、頭大、問題大，或事情大，閩南話也說「大斗」。可能臨時有想像不到的事情發生，須額外大量付出金錢，或花費心思。常見的情形，車子相碰撞，或撞了人，常說「這下問題大」，也就是說，「卽聲大斗」（ʦϕit ϕiã tuá tàu ）。在當時，因為有人受傷，須額外支出醫藥費；車子毀壞，也要付修理費；被開罰單，還要繳罰金；如果一方糾葛不清，額外添麻煩，費心思；因此，額外大量付出金錢，或心神，是免不了的，不禁要說，這下好看、問題大、或事情大了，這在閩南話也說「卽聲眞大斗」。再者，有人請客被敲竹槓，或跟女人約會，中了圈套；啞巴吃黃蓮，當寃大頭，額外付出大量的錢，是少不了的，這也說「眞大斗」。現在一般人也常說，「吃不完兜著走」，跟「大斗」有些相似。另外，如有大量收入，也說

「大斗」；像農作物收成好，產量多，給農家多一筆收入；或者商人大量收進東西，賺了一大筆；或有人下注，贏了一筆橫財；這種例子很多，這在閩南話也說「大斗」。

附　　註

一、卷九十一之七，貨殖傳，一五七七頁。

三三、假　號

王莽末，……，長安敗，郡縣諸假號起兵，……，諸假號素聞涉名……。註一

　　閩南話也說，「假冒，冒名」爲「ㄍㄝˋ　ㄏㄛˇ」（kè hǒ），字寫作「假號」。現在一般人常說，冒名頂替，或假冒別人招牌、名號……，閩南話也說「假號」。至於假裝取名，也可說「假號」，像假號人名、地名、店名，做爲僞裝，以達到目的，可以說一切都是虛僞的，不是正牌的。

假號旁證

假號的說法，也見於漢書、敍傳上，「十餘年間，外內騷擾，遠近俱發，假號雲合，咸稱劉氏。」註二

假號的音

假號，國音讀ㄐㄧㄚˇ　ㄏㄠˋ（chiǎ　hàu），閩南音讀ㄍㄝˋ　ㄏㄜˊ（kè　hǒ）。

附　　註

一、卷九十二之十五，原涉傳，一五八七頁。
二、卷一百上之七，一七六三頁。

三四、一　過

惟人生兮一世，忽一過兮若浮。註一

　　閩南話也說，「一囘」、「一次」，或「一遍」為「ㄐㄧㄅˊ　ㄍㄨㄟˋ」（ᵽφitˊ kuěi），字寫作「一過」。國閩辭典說：

「過，次。有一過，有一次。」「過了過，經過好幾次。」註二

　　一囘、一次、或一遍，閩南話也說「一過」，這也

是常用語。過，可以說和「遍」相通，而「遍」與「徧」相近；說文，「徧，帀也。」

一過旁證

一過的說法，也見於素問、玉版論要，「逆行一過」。註三解釋為「過，謂遍也。」

附　　註

一、卷九十七下之九，外戚傳，一六九五頁。
二、《ㄨㄟˇ部，六七頁。
三、卷四之八，三四頁。

三五、天　公

吾天公使也，天公使我告亭長曰。註一
　　閩南話也說，「玉皇大帝」為「ㄊㄧˇ　《ㄨㄥ」
（tˊi　kuoŋ），字寫作「天公」。國閩辭典說：
「天公，天公祖、天老爺、老天爺」註二
　　玉皇上帝、老天爺、天老爺，閩南話也說「天公」
，也說「天公祖」。在道教諸神中，玉皇上帝是至高無

上，好像一國元首，每年陰曆正月初九，是玉皇大帝生日，大部份家庭都要祭拜玉皇大帝，祈福求祥，木柵指南宮的凌霄寶殿，是很有名的玉皇大帝廟，也就是所謂「天公廟」了。

在閩南話裏，或說明人不識好歹，假冒天意，或天不怕地不怕，竟敢做出違法害紀的事，也常說「向天公借膽」，或說「向天借膽」。王莽自號「攝皇帝」，專權國政，進而想奪漢家天下，不惜向天借膽，假造種種詭異，當然附和的人也不少。漢宗室、廣饒侯劉京，曾經上書說，孺子嬰三年七月中，齊郡臨淄縣，昌興亭長，名辛，有一次，一夜做了好幾次夢，夢見天公派遣特使告訴他，說王莽將成爲眞皇帝，如果不信，醒來會發現亭中有新井；亭長醒來一看，亭中果有新井，且入地將近百尺。王莽大膽狂妄，竟敢假冒天意，最後還是難逃天譴，滅身在漸台上。

天公旁證

天公的說法，也見於龍溪縣志，「天公山在縣北，漫漳上游，上有瀑布飛瀉數十丈，圖經謂，天公所居。」註三

附　註

一、卷九十九上之三十四，王莽傳，一七二七頁。

二、古｜゜ 部，三七六頁。

三、卷二，山川，三頁。

三六、肉　羹

梁飰，肉羹。註一

　　肉羹，幾乎每一個人都吃過，風味絕佳，往往吃了，又想再吃。在從前，肉羹最普遍，其次就是魚羹。後來隨經濟發達，羹類小吃花樣也漸多，像柔魚羹、蝦仁羹、羊肉羹等等，不過，就色、香、味來說，還是以肉羹最好吃，而且肉羹的出現，也是很早，或者在漢朝就有。

　　王莽三年夏，蝗蟲成災，流民入關者，數十萬人。中黃門王業，為長安市買，常低價向市民購物。後來王莽聽說城中飢饉，問王業，王業騙王莽說，飢餓者並非城中百姓，而是流民。並從市上買囘梁餅、肉羹，前去告訴王莽說，這些都是老百姓平日所吃的，王莽因此相信，事詳王莽傳。

_259_

肉羹旁證

肉羹的說法，也見於後漢書、劉寬傳：「使侍婢奉肉羹，翻汙朝衣。」註二

肉羹的音

肉羹，國音讀ㄖㄡˋ　ㄍㄥ（zòu kəŋ），閩南音讀ㄅㄚˋ　ㄍㄧ°（bà kĩ）。

附　　註

一、卷九十九下之十八，王莽傳，一七五三頁。

二、卷二十五之十二，三二八頁。

漢朝以前之典籍例證
（含大儒之書注）

一、時　行

易經：「坤道其順乎！承天而時行。」註一

　　閩南話也說，「流行」為「ㄒㄧˊ　ㄍㄧㄚˇ」（ϕiˊ
kiãˇ），字寫作「時行」。國閩辭典說：

「時行，流行、時髦。時行歌，流行歌曲。時行症，流
行病。」註二

　　流行、時髦、隨時通行，閩南話也說「時行」，這
是常用語。人的作為，能迎合時尚，通權達變，趕上時
代潮流，閩南話也說「有時行」。至於法令制度，或施
政措施，也要順天而時行，才能日新又新，通行無阻。

時行的音

　　時行，國音讀ㄕˊㄒㄧㄥˊ，閩南音讀ㄒㄧˊ　ㄍㄧㄚˇ。

附　註

一、卷一之二十六，坤卦、上六、文言，二〇頁。
二、ㄒㄧˇ部，一〇三七頁。

二、出　泉

易經：「山下出泉，蒙。」註一

　　閩南話也說，「水從地中流出」爲「ㄔㄨㄉ
ㄓㄨㄚˇ」（ tɕut tɕuaˇ ），字寫作「出泉」。有
關出泉的說法，常見的情形，挖掘水溝，如果挖深了，
會有水冒出。或者挖水井，必須挖掘到泉水流出，這種
情形，閩南話也說「出泉」。

　　水暗藏於地中，從地中冒出，變成泉水，可以流通
，因此古人也以泉代表錢。據說，動物之中，駱駝最善
於尋覓水源，能察知泉脈，難怪沙漠之英雄，非駱駝莫
屬。

出泉的晉

　　出泉，國音讀ㄔㄨ　ㄑㄩㄢˊ，閩南音讀ㄔㄨㄉ
ㄓㄨㄚˇ。

附　註

一、卷一之三十二，蒙卦、象，二三頁。

三、坦　　坦

易經：「履道坦坦，幽人貞吉。」註一

　　閩南話也說，「平坦」為「ㄅㄝˇ　ㄊㄚˀ　ㄊㄚˀ」（pẽˇ tʻãˊ tʻãˊ），字寫作「平坦坦」。有關「平坦坦」的說法，比如說，路面，或桌面很平，閩南話也說「平坦坦」，這也是常用語，也可以說「平坦，平坦」。

坦坦旁證

　　淮南子、原道訓：「大道坦坦，去身不遠。」註二

坦坦的音

　　坦，國音讀ㄊㄢˇ（tʻăn），閩南音讀ㄊㄚˀ（tʻãˊ）。

附　　註

一、卷二之十九，履卦、九二，四一頁。
二、卷一之十三，八頁。

四、順　事

易經：「王用亨于岐山，順事也。」註一

　　閩南話也說，「順利、順境」為「ㄕㄨㄣˉ　ㄕㄨˋ（ṣūn ṣù），字寫作「順事」。國閩辭典說：「順事，順境、順利。」註二

　　順利、順遂，閩南話也說「順事」。常見的情形，一路行車順利、海上航行風平浪靜、或者慶典期間，或房子從開工到落成，都能順利完成，在閩南話也說「順事」。人的一生，在事業、或工作上，都能事事如意，常處順境，可說「眞順事」。

附　註

一、卷五之十，升卦、六四、象辭，一〇七頁。
二、ㄒㄨㄣˉ（ㄕㄨㄣ）部，一〇一六頁。

五、舊　井

易經：「井泥不食，舊井无禽。」註一

　　閩南話也說，「老井，古井」為「ㄍㄨ˙　ㄐㄧ˙」（kū ʧφĩˋ），字寫作「舊井」。小時候在鄉下，多會看到水井，一口井往往供很多戶人家使用，而井水也多能愈汲愈生，毫不減少。因此古人也以井水生生不息的精神，象徵君子修德，日益增進，一旦能治理國政，必能為萬民服務，而且始終不變。另外，從井水的消長，也可寓意人物之盛衰，但是，即使村落遷移，老井還是不敢毀壞，古井仍然保留，可能是飲水思源的緣故吧！

舊井的音

　　舊井，國音讀ㄐㄧㄡˋ　ㄐㄧㄥˇ（ʧφiòu ʧφěn），閩南音讀ㄍㄨ˙　ㄐㄧ˙（kū ʧφĩˋ）。至於「舊」字的閩南音讀「ㄍㄨ˙」（kū），韵母讀為ㄨ（u）音，這種例子也不少，例如，「丘」、「久」、「舅」

、「臼」……等字。而這種情形，在詩經諧韵也可以發現，例如，「首、阜、舅（頍弁三章）」、「浮、滔、游、求（江漢一章）」……等等。

附　註
一、卷五之十五，井卦、初六，一一○頁。

六、一　致

易經：「天下同歸而殊塗，一致而百慮。」註一

　　閩南話也說，「一心一意」爲「ㄧ ㄉㄧ˙ˊ ㄉㄧˉ」（it´ ti¯），字寫作「一致」。一致的說法，閩南話常可聽到，比如說，小孩子因爲好動，做起事來，多不能專心，閩南話也說「無一致」。至於大人做事三心兩意，多會受到批評說「心無一致」。因此，「愛一致」、「無一致」，在閩南話常可聽到。

　　目前的社會，各方面競爭非常激烈，有人比之爲多元化的社會。雖然方式不同，目標則是一致，就是希望國家明天會更好，人民生活更富裕充實。美國羅斯福總統曾經說過，「一個複雜的頭腦，一顆誠摰的心」，或

可說，想法可以不同，心誠却是一致，這也值得我們深思。

一致的音

一致，國音讀丨ˊ　ㄓˋ，閩南音讀丨ㄉˊㄉㄧˉ。

附　註

一、卷八之九，繫辭下，一六九頁。

七、不　德

尚書：「爾惟不德罔大，墜厥宗。」註一

　　閩南話也說，「缺德、不顧道義」為「ㄅㄨㄉ
ㄉㄝㄍˋ」（put tek），字寫作「不德」。國閩辭典
也舉例說，「不德的商人」。人做事不重倫理，不講道
義，往往會做出缺德的事來，小者影響個人、親族，大
者甚至危害社會，這種人也「眞不德」。因此，不德的
人，或不德的做法，永遠會受到衆人所唾棄。

不德的音

不德，國音讀ㄅㄨˋ ㄉㄜˊ，閩南音讀ㄅㄨㄉ
ㄉㄜㆣ。

附　　註

一、卷八之十六，伊訓，——五頁。

八、積　德

尚書：「丕乃敢大言汝有積德」。註一

　　閩南話也說，「積善、積功德」爲「ㄐㄝㆣ
ㄉㄜㆣ」（ chek tek ），字寫作「積德」。國閩
辭典說：「積德，積善。」註二

　　積善、造功德，閩南話也說「積德」，這是常用語
。一個人或家庭，是否平安，或成功，積德是重要因素
，而積德之人或家庭，多享吉慶。至如公務人員，藉服
務之便，不僅自己可以積善，也可替國家積福。國家多
福，則民怨消失，對抗不生，而國泰民安，元首政躬康
泰。因此，公務人員處理公務，能修行積德，將是國家

之福。

一、卷九之六，盤庚上，一二八頁。
二、ㄐㄝㄍ部，八二八頁。

九、自　　今

尚書：「自今至于後日」。註一

　　閩南話也說，「從現在⋯⋯」為「ㄗㄨ¯ ㄍ丨ㄇ
」（ tsū kim ），字寫作「自今」。國閩辭典說：
「自今，從現在。自今以後，從今以後。」註二

　　從現在，閩南話也說「自今」。因此，「從今天開
始」，閩南話也說「自今也日開始」，「自」可以解釋
作「從」。

自今旁證

　　史記、文帝紀：「自今以來，有犯此者，勿聽治。
」註三

一、卷九之九，盤庚上，一三〇頁。

二、ㄐㄨ⁻（ㄗㄨ⁻）部，八〇八頁。

三、卷十之十，一九五頁。

十、後　日

盤庚上：「自今至于後日」。註一

　　閩南話也說，「日後」爲「ㄠˇ　ㄐㄧㄉˊ」（ǎu zitˊ），字寫作「後日」。國閩辭典說：「後日，日後。」註二

　　以後、日後，閩南話也說「後日」，這是常用語。至於國語說「後天」，閩南話也說「後日」，只不過，「後日」的音，轉爲「ㄠ⁻　ㄐㄧㄉ」（āu zit），只是聲調不同罷了。

一、卷九之九，盤庚上，一三〇頁。

二、ㄠ⁻部，九頁。

十一、自

尚書：「凡民自得罪寇攘」。註一

孔傳：「凡民用得罪爲寇盜、攘竊。」 註二

閩南話也說，「用」爲「ｐㄨ⁻」（ tsū ），字寫作「自」，這是常用語。比如說，「用講的不必寫」、「用走的」、「用飛的」，或「游來的」，在閩南話也說，「自講分毋免寫」、「自走」、「自飛」或「自泅」，這種例子很多。

附　　註

一、卷十四之八，康誥，二〇三頁。

十二、芼

詩經：「參差荇菜，左右芼之。」註一

閩南話也說，「用熱水燙，或泡東西」爲「ㄅㄠ⁻」（ bāu ），字寫作「芼」。國閩辭典也有音「ㄅㄠ⁻

」（ bāu ），字却擬作「泡」，其實就是「芼」，它
說：

「用滾水芼，用開水泡著。芼麵，泡煮的麵條。」註二

燙煮、沖泡，閩南話也說「芼」，這是常用語。常
見的情形，青菜放在滾水中燙熟撈起，或者，麵在滾水
中燙熟，撈起後，加油水，或成為陽春麵。或者加上肉
羹，成為肉羹麵。或者，肉羹加上米飯，成為肉羹飯，
這種現象，多可說「芼」。至於，沖泡牛奶、咖啡、或
生力麵之類，也可說「芼」，這種例子很多。

芼字旁證

芼字的說法，也見於儀禮、禮記，而段玉裁解釋說
文「芼」篆，「詩曰，左右芼之」也說，「周南文，毛
鄭詩考正曰，芼，菜之烹於肉湆者也。禮，羹、芼、菹
、醢，凡四物，肉謂之羹，菜謂之芼。……芼則湆烹之
，與羹相從。」「牲用魚，芼之以蘋藻。內則：雉、兔皆
有芼是也。孔沖遠疑四豆之實無荇，不知詩明言芼，非
菹也。玉裁按，芼字本義是艸覆蔓，故從艸、毛會意，
因之爾雅曰搴也，毛公曰擇也，皆於從毛得解搴之而擇
之，而以為菜釀，義實相成，詩、禮本無不合。」

另外，詩經，召南、采蘋之第一、二章中，鄭玄也
有解釋說，「牲用魚，芼用蘋藻。」「亨蘋藻者，於魚

滸之中，是鉥羹之芼。」註三而孔穎達的解釋，非常清楚，請參閱孔穎達正義。

芼字的音

芼，國音讀ㄇㄠˋ，閩南音讀ㄇㄠˉ。

附　　註

一、卷一之一，國風、周南、關雎，二二頁。
二、ㄇㄠˉ部，一八六頁。
三、卷一之四，五二頁。

十三、自　我

詩經：「不自我先，不自我後。」註一

　　鄭箋：「自，從也。」

　　閩南話也說，「從我……」爲「ㄗㄨˉ　ㄍㄨㄚˊ」（ tsū guaˊ），字寫作「自我」。有關「自我」的說法，也是常用語。比如說，「從我開始」、「從我出生」、「從我長這麼大」、或「從我離開以後」，在閩南話也說，「自我開始」、「自我出世」、「自我食大

漢」、或「自我離開以後」，這種例子很多。自，也可以解釋爲「從」。

附　　註

一、卷十二之一，小雅、正月，三九七頁。

十四、來　嫁

詩經：「來嫁于周」。註一

　　閩南話也說，「嫁」爲「ㄌㄞˇ ㄍㄝˉ」（ lǎi kē ），字寫作「來嫁」。比如說，「嫁到嘉義」、或「嫁給他」，閩南話也說，「來嫁著嘉義」、或「來嫁與他」，這種例子很多。另外，有關「來」字的說法，閩南話也常說，比如說，「來坐」、「來去看電影」、「來住台北」……，這種例子也很多。再者，閩南話還有一種比較特殊的說法，就是在字詞前面，附帶「有」字，比如說，「有來」、「有食」、「有上課」、「有合理」……，這種例子也很多，而古書裏面，也常可發現。

一、卷十六之二，大雅、大明，五四〇頁。

十五、作　田

周禮：「以涉揚其芟，作田。」註一

　　鄭注：「作，猶治也。」

　　閩南話也說，「耕田」爲「ㄗㄜˋ　ㄔㄢˇ」（
tsóˋ tɕ̬ǎn），字寫作「作田」，國閩辭典說：
「作田，種田、耕田。作田人，農人、農夫。」註二

　　種田、耕田，閩南話也說「作田」，而農夫、農人
，則說「作田人」，或「作穡人」（tsóˋ ɕit lǎŋ
）。古今中外，士農工商之中，則以農人最偉大。商鞅
變法，全力提倡「農」與「戰」，結果國富兵強，奠定
秦始皇統一中國的基礎。而蘇東坡鑑於北宋國勢衰弱，
因此有教戰守策之說，農與戰也分不開。滿清中葉，曾
國藩之湘軍，李鴻章之淮軍，兵源多來自農民，也是農
與戰相配合。

　　近代，雖然科技發達，工商進步，一旦有戰事，或

經濟蕭條，還是非依賴農業不可。現在的共產國家，好比蘇聯，看起來國防軍事非常強大，其實是非常脆弱，只要農業發生危機，國內便會發生變亂。美國總統卡特任內，曾對蘇聯採取穀物禁運，藉以報復蘇聯入侵阿富汗。近年來，波蘭曾發生兩次內亂，一次是為了麵包，另一次則是牛肉問題。到底是，國防科技，並不能取代民生必需品，火箭、原子彈也不能填飽肚子。

自古以來，我國即以農業立國，只要人口不斷增加，農業的地位，就一天比一天重要。試想十一億人口，減半也有五億人，每人每天吃半斤米，則一天所消耗的米食，是相當怕人的，何況還有五億人口不計算在內，是可知，農業的重要了。

作田的音

作田，國音讀ㄗㄨㄛˋ ㄊㄧㄢˊ（ tsuòt'ién ），閩南音讀ㄗㄜˋ ㄔㄢˇ（ tsò tɕ'ǎn ）。

附　　註

一、卷十六之八，地官、稻人，二四六頁。
二、ㄐㄜˋ部，七九三頁。

十六、惡　馬

周禮：「綱惡馬」。註一

　　閩南話也說，「凶猛、不馴服的馬」為「ㄛㄍ
ㄅㄝˋ」（uok bè），字寫作「惡馬」。國閩辭典
也有舉例說，「惡馬惡人騎」，惡，有凶狠的意思。在
閩南話也常聽說，「惡人無膽」，表面看起來很凶，其
實卻是心虛，膽怯，只能虛張聲勢而已。所謂會叫的狗
，人多不怕，道理是一樣的。

惡馬旁證

　　晉書、李雄載記說：「夫統天下之重，如臣乘惡馬
而持矛也。」註二

附　註

一、卷三十之四，夏官、馬質，四五五頁。
二、卷一百二十一之六，一四九六頁。

十七、作

周禮：「作車以行陸，作舟以行水」。註一

　　閩南話也說，「製造」為「卫さ」（tsծ⁻），字寫作「作」，這也是常用語。比如說，作船、作餅、作鼓燈、作車床、作加工、作飛機，這種例子很多。

作字的音

　　作，國音讀卫ㄨㄛˋ，閩南音讀卫さˉ。至於作車的車，釋名、釋車曰：「古者曰車，聲如居，言行所以居人也。今曰車，車、舍也，行者所處，若屋舍也。」

附　　註

一、卷三十九之五，考工記、總目，五九五頁。

十八、酳

儀禮：「酌酳主人」。註一

　　鄭注：「酳，漱也。酳之言演也，安也，漱所以絜口，且演安其所食。」

　　閩南話也說，「沾東西」爲「ㄨㄣˋ」（ùn），字寫作「酳」。國閩辭典也有音ㄨㄣˋ（ùn），字却擬作「沾」，其實就是「酳」，它說：

「酳好的（ㄅ）豆油，沾好的醬油。」註二

　　沾東西，閩南話也說「酳」，這是常用語。比如說，沾醬油、沾糖、沾酒、沾醋，在閩南話也說「酳」。本人有一種習慣，吃東西不沾其他佐料只沾酒吃，一方面旣可殺菌，又增加美味，剩下的酒，加一點湯喝下，味道很香美。本來，酒是很好的調味品，所謂燒酒雞，就是很好的例子。在羹湯裏面，加上酒，味道更鮮美。因此，酒的用途，非常廣泛。

　　當我們喝第一杯酒的時候，先倒少許的酒在口內，漱漱口，緩衝下肚的時間，對身體是有幫助。而剩下最後一杯酒時，不妨先倒上半杯漱漱口，清潔口腔，很合

乎衞生原則。而古人就把酒拿來漱口，說成「醋」。用少許的酒漱口，或喝一點酒，好比沾一些佐料吃，所以閩南話也說「沾東西」爲「醋」。至於所謂喝一點酒，古人也說「酳」，說文：「酳」，少少歙也。」註三好比閩南話也說，「醋一點點」，意義應該可以相關。

醋字的音

醋，國音讀ㄧㄣˋ（ in ），閩南音讀ㄨㄣˊ（ ún ），而閩南音的讀音是不錯的。段玉裁注說文「酳」篆，引玉篇說，「醋」、「酳」同字。又說，「醋」，從「胤」省聲。而「胤」字的音，閩南音讀ㄨㄣˊ（ ún ），與「運」字同音。再者，說文「酳」，從酉、勻聲，而「勻」字的音，在廣韵、上平十八諄，音「羊倫切」，也與閩南音相近。

附　　註

一、卷五之七，士昏禮，五二頁。
二、ㄨㄣˊ部，四八頁。
三、十四篇下之三十七，七五六頁。

_ 280 _

十九、早 晏

儀禮：「問日之早晏」。註一

　　閩南話也說，「早晚」為「ㄗㄚˊ ㄨㄚ˚」（ tsá uã˚），字寫作「早晏」。國閩辭典說：「早晏會出破，早晚會洩漏、早晚會露出眞相。」註二

　　早晚，閩南話也說「早晏」，這是常用語。常見的情形，台灣的秋天，早上氣溫低，上午到中午，氣溫囘昇，到了下午，氣溫又轉低，可以說「早晏」的溫度，變化很大，不隨時注意，很容易感冒。因此在閩南話，也常聽說「早晏天氣涼」的說法。不過，有時也早、晏分開來說，比如說，「早睏晏起」、「早來晏食」，這種例子很多。至於國語所說「晚」，閩南話也說「暗」（ àm ）。像「晚會」、「晚飯」或「晚上」，閩南話也說「暗會」、「暗飯」、或「暗冥」，這種例子也很多。

早晏旁證

　　管子、八觀：「早晏不禁，則攘奪、竊盜，……毋

自勝矣。」註三

早晏的音

早晏，國音讀ㄗㄠˇ　ㄢˋ（tsǎu àn），閩南音讀ㄗㄚˊ　ㄨㄚ˚（tsá uã˙）。至於「晏」字的音，國音多讀ㄧㄢˋ（ièn），而在廣韵、去聲、二十八、翰，讀爲「烏旰切」的音，而「烏旰切」的音，與國音ㄢˋ，以及閩南音ㄨㄚ˚（uã˙）都相近。

附　　註

一、卷七之十一，士相見禮，七五頁。
二、ㄐㄚˋ（ㄗㄚˋ）部，七七一頁。
三、卷五之三，二九頁。

二十、草　茅

儀禮：「在野，則曰，草茅之臣。」註一

閩南話也說，「草屋」爲「ㄘㄠˊ　ㄇㄠˇ」（ts'áu mǎu），字寫作「草茅」。草茅的說法，從前在鄉下，時常聽到，比如說，「住在鄉下的茅屋」，

閩南話也說，「住鄉間兮草茅」。因爲茅屋多出現在荒郊野外，因此也以草茅，隱含鄉野、或民間。再者，居住草茅的人，多不是顯達之士，有可能是窮阨之人，也有可能是隱居處士，或者是致仕之臣。不過，忠臣孝子，或多出於草野之中，因此歷代平民領袖，也有不少出自草茅之中。戰國策、趙策說：「昔者，堯見舜於草茅之中。」註二，而史記、五帝紀也有相類似的說法，「衆皆言於堯曰，有矜（無妻）在民間，曰虞舜。」註三或可知，草茅、鄉野、民間，意義相承。

附　　註

一、卷七之十四，士相見禮，七六頁。
二、卷六之八十一，一七〇頁。
三、卷一之十四，三二頁。

二一、加

禮記：「夫子曰，獻子加於人一等。」註一
　　鄭注：「加，猶踰也。」
　　閩南話也說，「多、高」爲「ㄍㄝ」（ke），字

_ 283 _

寫作「加」。國閩辭典說：

「加話，多餘的話。加講話，多說話。」註二

　　多、高，閩南話也說「加」，這是常用語。比如說，「高人一級」、「比人高一等」、或「比人多一尺」，在閩南話也說，「加人一級」、「加人一等」，或「加人一尺」，這種例子很多。有的家庭超出預算，多生子或女，有時也把多出來的，取名為「多多」，這在閩南話或者說，「加兮」、或「加出來」。

加字的音

　　加，國音讀ㄐㄧㄚ（ chia ），閩南音讀ㄍㄝ（ ke ）。

附　　註

一、卷六之二十一，檀弓上，一一九頁。
二、ㄍㄝ部，五三四頁。

二二、總

禮記：「焱風暴雨總至」。註一

閩南話也說，「全、都」為「ㄗㄛㄥˋ」（tsuòŋ），字寫作「總」，這是常用語。比如說，「全看」、「全讀」、「都來」、「全吃」，或「總而言之」，在閩南話也說，「總看」、「總讀」、「總來」、「總食」，或「總講一句」，這種例子很多。

總字的音

總，國音讀ㄗㄨㄥˇ（tsuǒŋ），閩南音讀ㄗㄛㄥˋ（tsuòŋ）。

附　　註

一、卷十四之二十四，月令，二八九頁。

二三、開　通

禮記：「開通道路，毋有障塞。」註一

　　鄭注：「溝瀆與道路，皆不得不通。」

　　閩南話也說，「開拓通行」為「ㄎㄞ　ㄊㄛㄥ」（k'ai t'uoŋ），字寫作「開通」，有關開通的說法，也是常用語。比如說，「路打通了沒有」或「高速公路

通行多久了」，在閩南話也說，「路開通未　」或「高速公路開通賴久」，這種例子很多。

　　近年來，台灣經濟蓬勃發展，外滙存底日漸增多，雖然有很多因素促成，然而高速公路開通，貢獻很大。因爲高速公路通行，使得貨暢其流，轉運國內外也快速，如果早十年開通，台灣經濟的成長，也要提前很多，也可見，交通對經濟的貢獻。

附　　註

一、卷十五之十二，月令，三〇三頁。

二四、水　泉

禮記：「水泉必香」。註一

　　閩南話也說，「泉水」爲「ㄓㄨㄧˊ　ㄓㄨㄚˇ」（tɕui˙ tɕua˘），字寫作「水泉」。國閩辭典說：「水泉，泉。」註二

　　水從地中，或山壁中出現，閩南話也說「水泉」。常見的情形，低窪的地方，每當久雨，雨水滲入地下，有時水從地下冒出來，這種現象，閩南話也說「出水泉

_286_

」。有時候也看見，水從山壁中流出來，清涼香冽，這也說「水泉」。現在所謂的溫泉，也跟水泉相類似。

水泉旁證

水泉的說法，還見於月令，如「水泉動」，以及「水泉咸竭」。

附　　註

一、卷十七之十八，月令，三四五頁。
二、ㄐㄩㄟˋ（ㄓㄨㄟˋ）部，八一三頁。

二五、草　笠

禮記：「草笠而至，尊野服也。」 註一
　　鄭注：「諸侯於蜡，使使者戴草笠，貢鳥獸也。」
　　閩南話也說，「草笠子、草帽兒」為「ㄘㄠˊ　ㄌㄝ⁻」（ tsʼáu lē ），字寫作「草笠」。國閩辭典說：「草笠，草帽。」 註二
　　草笠帽，閩南話也說「草笠」。現在婦女同胞，或出外郊遊，或登山，常戴草笠，舒適方便，有時候從電

視上，可以看到，中南美洲拉丁民族，穿草裙，戴草笠跳舞，美妙引人。

附　　註

一、卷二十六之十，郊特牲，五〇一頁。
二、ㄑㄚㄨˋ（ㄅㄠˋ）部，八七六頁。

二六、灆

禮記：「或以酉也爲醴，㳆酒也，漿，水，醷意，濫。」註一
　　鄭注：「濫，以諸和水也。」
　　釋文：「以諸，乾桃、乾梅皆曰諸。」
　　閩南話也說，「混合」爲「ㄌㄚㄇˉ」（ lām ）
，字寫作「灆」。國閩辭典說：
「灆，混合。灆做一堆，混在一塊兒。」註二
　　混合、摻入、兌加，閩南話也說「灆」，這是常用
語。比如說，「酒兌加水」或「菜加味素」，在閩南話
也說，「酒灆水」，或「菜灆味素」。有時候，混合其
他東西之後，原來的成分就不單純，可能價值減低。以
酒來說，混合，或兌入水，或其他東西，酒就變成不醇

，甚至於成為薄酒，這種情形，古人也說「醨」，或說「行酒」。說文：「醨，泛齊，行酒。」註三說文通訓定聲：「按，周禮，酒正、泛齊注，泛者，成而滓泛泛然，蓋視醴尤濁，故以諸和水，亦曰醨。」而徐灝、說文解字注箋，引九章算術說：「醇酒一斗，直錢五十；行酒一斗，直錢一十，行酒，謂酒不醇者也。」註四古人也以貨品不精良為「行」，比如說，唐律就有「行濫短狹」之刑。 唐律疏義、雜律、器用絹布行濫：「諸造器用之物，及絹布之屬，有行濫短狹而賣者，各杖六十。」註五 注，「不牢謂之行，不眞謂之濫，卽造橫刀及箭鏃，用柔鐵者亦為濫。」由此或可知，濫與行，意義相承。

濫字的音

濫，國音讀ㄌㄢˋ，閩南音讀ㄌㄚㆬˊ。

附　　註

一、卷二十七之十三，內則，五二三頁。

二、ㄌㄚㄇˊ部，四一三頁。

三、十四篇下之三十五，七五五頁。

四、說文解字詁林，十四下，酉部，11～818頁。

五、卷二十六之二十四，672～328頁。

二七、坐　獄

左傳：「王叔與伯輿訟焉，王叔之宰，與伯輿之大夫瑕
　禽，坐獄於王庭。」註一

　　杜注：「獄，訟也。周禮，命夫命婦不躬坐獄訟，
故使宰與屬大夫，對爭曲直。」

　　閩南話也說，「下獄坐牢」爲「ㄐㄝˉ　ㄫㄚㄍˊ
」（ ȶɕœˉ gák ），字寫作「坐獄」，這是常用語。坐
獄，或可說，先是兩造對坐爭曲直，而後一方敗訴，坐
進監獄，只要打官司的人，多會遇上這種情形。現在也
說「坐獄」爲「坐監」，在古時候，坐獄的人，儀容舉
止，有點像乞丐的模樣，因此閩南話有「監囚」（ kã
ɕiɤ ） 的說法。當然，現在獄政早已上軌道，受刑人
的生活環境，也已全力改善，因此從前的說法，也已經
不適用了。

坐獄的音

　　坐獄，國音讀ㄗㄨㄛˋ ㄩˋ，閩南音讀ㄐㄝˉ
ㄫㄚㄍˊ。有關「坐」字的音，閩南讀音可以說得通。

就韻母來說，從詩經諧韻可以看出。如詩經韻分十七部表、弟五部說，「處、馬、下（擊鼓三章）」、「馬、組、舞、擧、虎、所、女（大叔于田一章）」，其中，「馬」、「下」的韻母，閩南音讀ㄚ（a）音，又讀ㄝ（e）音。而「馬」字，又與「組、虎、所」諧韻，其中「組、虎、所」等字的閩南音韻母，皆讀ㄨㄛ（uo）音，可見「坐」字的閩南音韻母讀爲ㄝ（e）音，可以說得通。

附　　註

一、卷三十一之十二，襄公十年，五四二頁。

二八、一　盛

左傳：「旨酒一盛兮」。註一

　　杜注：「一盛，一器也。」

　　閩南話也說，「一籃、一箱、一盒」爲「ㄐㄧㄉˊㄒㄧㄚˍ」（tʃit ɕiã⁻），字寫作「一盛」，這也是常用語。常見的情形，現在男女雙方訂婚時，禮餅店多會提供盛物的用具，俗稱「盛殼」（ɕiã⁻ kʼak）

。男方多將禮物，一樣一樣盛裝在盛殼，這在閩南話也說「一盛一盛」。最近，我有位親戚訂婚，禮物一盛一盛擺著，總共有六盛。在從前，訂婚禮品，多用「盛籃」（ɸiã-nǎ） 裝著，因爲盛籃可以裝不少東西。有時候，盛籃成對挑著，閩南話也說「盛籃担」。現在也有些器具，有多種用途，例如裝飯菜的不銹鋼，把飯、菜、湯盛裝，疊在一起，可以提著走，或者也可以說「一盛」。說文解字說：「盛，黍稷在器中以祀者也。」段注：「盛者，實於器中之名也，故亦評器爲盛，如左傳，旨酒一盛；喪大記，食粥於盛是也。」

一盛的音

一盛，國音讀ㄧˋ ㄔㄥˊ，閩南音讀ㄐㄧㄉˊ ㄒㄧㄚˋ。而盛字的音，見於廣韻、下平、十四清，音「是征切」，與閩南音相近。

附　　註

一、卷五十九之十，哀公十三年，一〇二九頁。

二九、歡　喜

國策：「武安君曰，長平之事，秦軍大克剋，趙軍大
　破，秦人歡喜，趙人畏懼。」註一
　　閩南話也說，「喜歡」為「ㄏㄨㄚ° ㄏㄧˋ」（
　huã hiˋ），字寫作「歡喜」。國閩辭典也有「歡頭
　喜面」、「歡歡喜喜」，以及「歡喜」的說法。現在一
　般人說「喜歡」，閩南話則說「歡喜」，也可見來源甚
　古。

附　　註

一、卷三之五十六，秦策，五七頁。

三十、倚　柱

國策：「居有頃，倚柱彈其劍。」註一
　　閩南話也說，「靠在柱子」為「ㄨㄚˋ ㄊㄧㄠˊ

ㄚˋ」（uaˋ tʼiáu aˋ），字寫作「倚柱也」。常見的情形，人倚柱休息，或等人。有時也會看到所謂流鶯，倚柱以引人注目，這種動作很不雅觀，正常人不當有這種舉動。另外，像梯子之類的東西，靠在柱子上，也說「倚柱」，這種例子很多。

倚柱的音

倚柱，國音讀ㄧˇ ㄓㄨˋ，閩南音讀ㄨㄚˊ ㄊㄧㄠ。至於「倚」字的音，閩南音讀ㄨㄚˋ（ uaˋ），可以從詩經韵分十七部表，第十七部看出，「駕、猗、馳、破（車攻六章）」，其中，「猗」字從「奇」得聲，而「駕」、「破」的閩南音韵母，分別讀爲ㄚ（a），ㄨㄚ（ ua ）音，可見，「倚」字的閩南音，讀爲ㄨㄚ（ ua ）音，可以說得通。

另外，「柱」字的音，廣韵音「直主切」，閩南音聲母讀爲ㄉ，而與ㄊ音相近。至於韵母方面，說文，「柱，从木、主聲」。而「主」字的韵母，或可以讀爲ㄠ（ au ）音，可以從詩經韵分十七部表，第四部看出，「主、醹、斗、者（行葦七章）」，「厚、主（卷阿二章）」。其中「斗、者、厚」的閩南音韵母，都讀爲ㄠ（ au ）音，可見，「柱」字的閩南音韵母讀ㄠ（ au 音，可以說得通。

_294_

一、卷四之三十六，齊策，九〇頁。

三一、老　母

國策：「孟嘗君問馮公有親乎？對曰，有老母。」註一

閩南話也說，「母親」為「ㄌㄠˇ　ㄅㄨˋ」（lǎu bù），字寫作「老母」。有關「老母」的說法，多在跟別人問答時使用，而自己對母親的稱呼，多說「阿母」，或「阿娘」。至於「老爸」、「阿爸」的說法，也相類似。

一、卷四之三十七，齊策，九〇頁。

三二、曠

國策：「用財少，曠日遠，而利長者。」註一

鮑注：「曠，闊也。」

閩南話也說，「人闊氣」為「ㄎㄨㄤˋ」（ kúòŋ ），字寫作「曠」。人的作風寬大，慷慨，或者視野廣闊，心胸寬廣，舉止落落大方，一出手，多海派闊氣，這種情形，閩南話也說「曠」，一般人多說「闊」。至於修養曠闊的人，可能與居住的環境有關，這種人可能多住在寬闊的地方，因此閩南話也說，地方闊大為「曠闊」，這也是常用語。

附　　註

一、卷四之四十七，齊策，九五頁。

三三、拄

國策：「大冠若箕，脩劍拄頤。」註一

　　閩南話也說，「支住」為「ㄉㄨˋ」（ tù），字寫作「拄」。國閩辭典也有音ㄉㄨˋ（ tù），字却擬作「抵」，其實就是「拄」，它說：

「拄，支。用柱子（也）拄，用柱子支住。」註二

　　支撐、抵住，閩南話也說「拄」，這是常用語。常見的情形，颳大風時，有些門、窗需用柱子撐住；或者以手支著頭沈思，或打盹；或拿枴杖支著走，這種現象，閩南話也說「拄」。

拄字旁證

　　漢書、西域傳下、車師後城長國：「車師後王姑句，以道當為拄置，心不便也。」註三顏注：「拄者，支拄也。言有所置立而支拄於己，故心不便也。拄，音竹羽反，又音竹具反，其字從手。而讀之者，或不曉，以拄為梁柱之柱，及分破其句，言置柱於心，皆失之矣！」晉書、王徽之傳：「（桓）沖嘗謂徽之曰，卿在府日

_297_

久，比當相料理，徽之初不酬答，直高視，以手版拄頰
云，西山朝來致有爽氣耳。」註四

拄字的音

拄，國音讀ㄓㄨˇ，閩南音讀ㄉㄨˋ。

附　　註

一、卷四之五十九，齊策，一〇一頁。
二、ㄉㄨˋ部，二八八頁。
三、卷九十六下之三十二，一六七三頁。
四、卷八十之十一，一〇二九頁。

三四、箸

國策：「兵箸晉陽，三年矣！」註一
　　鮑注：「箸，言附其城。」
　　閩南話也說，「附著、黏著」為「ㄉㄧㄠˇ」（
tiău），字寫作「箸」。有關「箸」字的說法，閩南
話很常見。常見的情形，車子拋錨，或口香糖黏在衣服
上，或者錢被投資公司套牢、卡住，這種現象，閩南話
也說「箸」。至如考試及格、錄取，閩南話也說「考箸
」。

箸字旁證

國語、晉語：「戾久將底，底箸滯淫。」註二韋注：「箸，附也。」

箸字的音

箸，國音讀ㄓㄠˊ，閩南音讀ㄅㄧㄠˇ。

附　　註

一、卷六之三，趙策，一三一頁。
二、卷十之一，七九頁。

三五、鬭

國語：「穀、洛鬭，將毀王宮。」註一

    韋注：「至靈王時，穀水盛出於王城之西，而南流合於洛水。」

    閩南話也說，「串聯、接合、湊合」為「ㄅㄠˉ」（tāu），字寫作「鬭」。國閩辭典也有音「ㄅㄠˉ」（tāu），字擬作「搭」，其實就是「鬭」，它說：

「鬮做一堆，合做一堆、弄成一塊兒。鬮謀，共謀。鬮陣，搭伴、一塊兒。鬮鬧熱，湊熱鬧。鬮創，合作。」註二

接合、外遇、湊合、串連，閩南話也說「鬮」，這是常用語。常見的情形，水管接上水龍頭，或水管接水管；或打麻將時，三缺一，需有人湊一腳；或二人私下串謀，或者已婚的先生，或太太有外遇，這種現象，閩南話也說「鬮」。

鬮字旁證

說文：「鬮，遇也。」註三段注：「凡今人云鬮接者，是遇之理也。周語，穀、雒鬮，將毀王宮。謂二水本異道，而忽相接合為一也。古凡鬮接，用鬮字，鬥爭用鬥字，俗皆用鬮為爭競，而鬥廢矣！」

附　　註

一、卷三之六，周語，二四頁。
二、ㄉㄠ⁻部，二四七頁。
三、三篇下之十五，一一五頁。

三六、大　家

國語：「大家鄰國，將師保之。」註一

　　韋注：「大家，上卿也。」

　　閩南話也說，「大家族、望族」為「ㄉㄨㄚˊ
ㄍㄝ」（ tuaˊ ke ），字寫作「大家」。現在常聽說，
「大戶人家」或「一家大小人口衆多」，在閩南話也說
，「大家口」或「一家眞大家」。古時候，卿大夫稱家
，尚書、盤庚中，「永建乃家」，孔傳，「卿大夫稱家
」，是以「大家」，又有「上卿」之說。現在多表示「
大家族」或「望族」、「世家」。

附　　註

一、卷七之四，晉語，六一頁。

三七、外 賂

國語：「殺其內主，背其外賂。」註一

　　閩南話也說，「外務、兼職、或額外收入」為「
ㄍㄨㄚˊ　ㄌㄨㄛ¯」（ guá luō ），字寫作「外
賂」。國閩辭典擬作「外 路」，其實就是「外賂」，它
說：
「外賂，外職、額外收入。」註二

　　外務、副業，閩南話也說「外賂」，這是常用語。外
賂的形成，或可說，對外人行賄，因而變成對方的外賂
。或者想賄賂外人，結果食言，無形中，也成為自己額
外所得。也有在賄賂外人之後，自己却從中謀得利益，
也得到外賂的好處。不論如何，外賂別人，或自己謀得
外賂，都是不當的行為，任何人都不該有這種念頭，別
論做法了。

　　晉惠公夷吾，還沒回國繼位之前，私下請求大臣里
克協助，答應事成之後，給里克汾陽之田百萬畝。另一
方面，也請秦國支援，應允給秦河外五城。結果回國之
後，却殺大臣里克，並拒絕給秦國外賂。

_ 302 _

外賂的音

外賂，國音讀ㄨㄞˋ　ㄌㄨˋ，閩南音讀ㄫㄨㄚˊ　ㄌㄨㄛˉ。至於「賂」字的音，國音、閩南音都同音「路」。而「路、賂」在廣韻也同音，「洛故切」。

附　註

一、卷九之六，晉語，七七頁。

二、ㄫㄛㄚˉ（ㄫㄨㄚˉ）部，六四六頁。

三八、底箸

國語：「戾久將底，底箸滯淫。」註一

韋注：「底，止也。箸，附也。」

閩南話也說，「貯置穩當」爲「ㄉㄝˋ　ㄉㄧㄠˇ」（tè tiǎu），字寫作「底箸」，這也是常用語。東西一旦用盤子、袋子、或籠子裝著，不會掉落或脫底，這或可說「底箸」。而底箸的「底」，或可說「貯置」或「盛置」。閩南話也說「裝飯」爲「底飯」。至於用盤子、箱子盛裝東西，閩南話也說「底」。昭公、元

年、左傳，「厎祿以德」。杜注，「厎，致也。」以德
厎祿，則德祿昌盛隆厚。

附　　註

一、卷十之一，晉語，七九頁。

三九、順　行

國語：「夫以果戾順行，民不犯也。」註一

　　韋注：「戾，帥也，以果敢帥順道而行之，故民不
犯。」

　　閩南話也說，「路途順遂，一路順風」為「ㄕㄨㄣ
ㄍ丨ㄚˋ」（ gūn kiâˋ），字寫作「順行」。國閩辭
典說：

「順行，順步行走。」註二

　　一路順風，閩南話也說「順行」，這是常用語。而
一般人多說「慢走」。在人生旅途中，能事事順利進行
，將是可遇不可求的事，即使是乾隆皇帝，也無法達到
，何況一般人。現在的交通，時常堵塞，短距離多不能
「順行」，何況是漫長的人生。不過，祝福人能「順行

」，倒也是皆大歡喜之事。

　　現在閩南話問候人「吃飯沒」，多說「食飽未」？在此，「吃飽沒」比「吃飯沒」意義要深遠。以吃飯來說，吃一點點也算吃，而有吃沒有飽，也算吃，這其中必有問題存在。至於吃飽，必定足食，又身心健康，才能做到。另外，閩南話也說「誤點」為「慢分」。現在是分秒必爭的時代，「慢分」已經不允許，怎可「誤點」。如以行政效率來說，從「慢分」、「誤點」，也可看出效率的高低。

附　　註

一、卷十二之九，晉語，一〇〇頁。
二、ㄒㄨㄣ⁻（ㄕㄨㄣ⁻）部，一〇一六頁。

四十、惡　面

　　管子：「我且惡面而盛怨氣焉」。註一
　　閩南話也說，「兇面孔」為「ㄛㄍˊ ㄅㄧㄣ⁻」（uók bin⁻），字寫作「惡面」。有關「惡面」的說法，常見的情形，人天生面孔不討好，讓人看起來覺得

很兇；或者，人生氣時，臉孔變得很兇，這在閩南話也說「惡面」。比如說，「惡面兮人來」，或「他開始惡面」，這種例子很多。

管子以為，毛嬙、西施，天下之美人也，盛怨氣於面，人不認為好。而在上者，如果時常惡面而怨氣很盛，雖要求美名，不可得也。所謂「善罪身者，民不得罪也；不能罪身者，民罪之。故稱身之過者，強也；治身之節者，惠也；不以不善歸人者，仁也。故明主有過，則反之於身；有善，則歸之於民。有過而反之身，則身懼；有善而歸之民，則民喜。往喜民，來懼身，此明王之所以治民也。」事詳，小稱篇。

附　　註

一、卷十一之七，小稱，六九頁。

四一、勞　煩

管子：「故上勞煩，百姓迷惑。」註一
　　閩南話也說，「麻煩」為「ㄌㄜˇ　ㄏㄨㄢ-」（lə˘huan），字寫作「勞煩」。國閩辭典說：

「勞煩，麻煩。勞煩你來，麻煩您來。」註二

　　操勞、煩心，閩南話也說「勞煩」，這也是常用語。常見的情形，有棘手的事情發生，須要勞動別人幫忙，也勢必讓對方操勞、煩心，無形中增加對方的困擾麻煩，這種現象，閩南話也說「勞煩」。比如說，「一直勞煩」或「毋免勞煩」。

　　管子以爲，聖君任法而不任智，任公而不任私，任大道而不任小物（小事），然後，身佚而天下治。而失君則不然，舍法而任智，故民舍事而好譽；舍公而好私，故民離法而妄行，舍大道而任小物，故上勞煩，百姓迷惑，而國家不智，事詳，任法篇。

附　　註

一、卷十五之四，任法，九一頁。
二、ㄌㄛˇ部，四二八頁。

四二、奇　巧

管子：「故禁末作，止奇巧而利農事……，今爲末作奇
　　巧者。」註一

_307_

閩南話也說，「珍奇巧妙」爲「ㄍㄧˇ　ㄎㄚˋ」（kiˇ kʻaˋ），字寫作「奇巧」。國閩辭典說：「奇巧，珍奇、奇妙。」註二

珍奇、奇妙，閩南話也說「奇巧」，這也是常用語。常見的情形，故宮博物院的珍藏，或稀罕的生物，如貓熊、娃娃魚，或者滿漢全席，多可說「奇巧的東西」。

奇巧旁證

後漢書、和帝紀：「又商賈小民，或忘法禁，奇巧靡貨，流積公行。」註三

奇巧的音

奇巧，國音讀ㄑㄧˊ　ㄑㄧㄠˇ，閩南音讀ㄍㄧˇ　ㄎㄚˋ。

附　　註

一、卷十五之十一，治國，九四頁。
二、ㄍㄧˇ部，五五〇頁。
三、卷四之十一，九二頁。

四三、老　寡

管子：「無夫無子，謂之老寡。」 _{註一}

　　閩南話也說，「老年守寡」爲「ㄐㄧㄨˋ　ㄌㄠˇ　ㄍㄨㄚˋ」（ʦ̧iuˋ　lău　kuaˋ），字寫作「守老寡」。人年老，夫與子都不在，無可依靠，這種現象，閩南話也說「守老寡」。

　　人生下來，單獨一人，而後男女結合，由一人變成二，生子以後，由二成三，或三以上。等到子女成家之後，又從多人轉變爲老人家二人，二人也逐漸凋零，以至於消失在地球上，天道循環，人的運命，何嘗不如此。然而，在人生中，最值得同情的，莫過於「守老寡」，因此，禮記、禮運、大同章所提到「鰥、寡、孤、獨、癈、疾者，皆有所養。」，將鰥、寡列爲首要，聖賢用心，吾人不能不知。但願執政者，多研讀大同章，則國家安定富強。

附　　　註

一、卷二十四之十七，輕重己，一五二頁。

四四、對　問

韓非子：「凡對問者，有因問大小緩急而對也。」註一
　　閩南話也說，「對質，或當面質問」為「ㄉㄨㄟˋ
ㄇㄥ¯」（ tuiˋ məŋ¯ ），字寫作「對問」。國閩辭典
說：
「對問，對訊、對質。」註二
　　對質、詢問、質問，閩南話也說「對問」，這也是
常用語。往往需要當面質詢，或問答，多可說「對問」
。或者私人事情，或政府施政，需當事者，或主事者前
往當面對質，或接受質詢。有時也見司法機關，為瞭解
案情，常傳喚人民前往作證或質問，這種例子很多。

對問旁證

　　三國志、闞澤傳：「官府小吏，呼召對問。」註三
附　註

一、卷十五之一，難一，七四頁。
二、ㄉㄨㄟ¯部，二九二頁。
三、卷五十三，吳志，卷八之七，八〇〇頁。

四五、減 食

韓非子：「主父一用李克，減食而死。……，則必有身死減食之患。」註一

閩南話也說，「少吃、限吃」爲「ㄍ丨ㄚㄇˋ ㄐ丨ㄚˊ」（ kiàm ʦɥiáʔ ），字寫作「減食」。減食，也是常用語。比如說，「少吃十年」或「少吃一餐」，閩南話也說，「減食十年」或「減食一頓」。

現在有很多同胞，爲了怕胖，紛紛少吃，節食，其實這是有違自然法則。人生下來就是要吃，要運動，因此，多吃、多運動，才合乎自然現象，否則便會產生毛病。有時到大飯店吃自助餐，偶爾看到，年紀大的外國人，一盤接一盤，似乎高血壓、膽固醇都不敢加其身。而西洋人之所以比東方人健壯，關鍵所在，可能就在多吃、多運動而已。近來，從選美活動或可看出，西方佳麗，身材多很健美，而強身、強種、強國 ，並非虛言。凡我同胞，尤其是女性同胞，能不三思，而見賢思齊。

減食的音

　減食，國音讀ㄐㄧㄢˇ ㄕˊ，閩南音讀ㄍㄧㄚㄇˋ ㄐㄧㄚˊ。

附　　註

一、卷十五之六，難一，七七頁。

四六、心　適

呂氏春秋：「夫樂之有適，心非有適，……，四欲得，
　四惡除，則心適矣！」註一

　　閩南話也說，「有趣、好玩、開心、高興」為「
ㄒㄧㄇ ㄒㄝㄍ」（φim φek ），字寫作「心適」。
國閩辭典說：

「心適，有趣、好玩、高興、開心。」註二

　　心適，在閩南話也是常用語。常見的情形，有人天
生風趣，能帶給人開心、高興；或者，到風月場所，能

夠盡興好玩，這種情形，閩南話也說「心適」。

心適的音

心適，國音讀ㄒㄧㄣ　ㄕ ˋ，閩南音讀ㄒㄧ ㄇ
ㄒㄝㄍ。

附　　註

一、卷五之六，適音，三二頁。
二、ㄒㄧㄇ部，一〇八五頁。

四七、涸　魚

呂氏春秋：「乾澤涸魚，則龜龍不往。」註一

　　閩南話也說，「放乾養魚池的水而捕魚」為「ㄎ ㄛ ˊ
ㄏ ㄧ ˇ」（k'ɤˊ hiˇ），字寫作「涸魚」。國閩辭典也
有「涸魚池」的說法。有關「涸魚」的說法，閩南話也
說「涸窟」（k'ɤˊ k'ut），也就是「涸魚窟」的簡
稱。常見的情形，把魚窟的水抽掉，或放掉，然後捕捉
魚，這也可以說「涸魚」。而涸魚之後，清理魚池，或
魚窟，再注入清水，放下魚苗，以待來年魚肥再撈獲。
　　水池的水放乾以後，池底會留下一些稠狀的爛泥巴
，而稠狀的東西，閩南話也說「涸」，像稀飯的水分少

而涸涸，現在也有寫作「洿」。

涸魚旁證

史記、孔子世家：「竭澤涸魚，則蛟龍不合陰陽。
」註二

附　　註

一、卷十三之五，名類，七四頁。
二、卷四十七之十五，七六七頁。

四八、出　水

呂氏春秋：「臼出水，而東走毋顧，……，明日，視臼
，出水。」註一
　　閩南話也說，「水冒出，或流出」為「ㄔㄨㄉ
ㄓㄨㄧˋ」（ tɕʰut tɕui`），字寫作「出水」。一
般說來，挖水井、或水溝，或者抽水機抽水，而冒出水
來，在閩南話也說「出水」。有時一連幾天下雨，室內
室外都潮溼，一旦天氣反晴，或吹出南風，則室內潮氣
凝積成水滴，好像「出水」一般。

一、卷十四之四，八一頁。

四九、涸　旱

呂氏春秋：「商涸旱，湯猶發師，以信伊尹之盟。」註一

　閩南話也說，「大旱，乾旱」爲「ㄎㄜˊ　ㄏㄨㄚˮ」（k'ɤˊ huã⁻），字寫作「涸旱」。國閩辭典說：「涸旱，大旱」註二

　枯旱、乾旱、大旱，閩南話也說「涸旱」。涸旱的情形，在全世界仍然很常見，尤其是非洲地區，每遇乾旱，多會餓死很多人，雖然說人定勝天，還是有很多天災無法克服。至如像管子、小問所說，「涸旱，不爲民患」，註三　這種情形還是少見。

涸旱的音

　涸旱，國音讀ㄏㄜˊ　ㄏㄢˋ（hɤˊ hàn），閩南音讀ㄎㄜˊ　ㄏㄨㄚˮ（k'ɤˊ huã⁻）。有關「旱」字的讀音，並無疑義，而「涸」字的閩南音ㄎㄜˊ（k'ɤˊ

），也可以說得通。說文：「涸，渴也。」或可以說，「涸」、「渴」音相近，而「涸」字的閩南音，也和「渴」的音相近。再者，說文：「汽，水涸也。」而「汽」字的音，在廣韵、入聲、九、迄，音「許訖切」，其中，「許」字的音，閩南音也可以讀為「ㄎㄛˋ」（k'uoˋ），或可知，「汽」字的聲母，也可以讀為k'，因此也可知，「涸」字的聲母讀為k'，而「涸」字的音，和「渴」相近，也可做為旁證。

附　註

一、卷十五之二，愼大，九二頁。
二、ㄎㄛˋ部，六〇三頁。
三、卷十六之七，九八頁。

五十、赤　肉

呂氏春秋：「窺赤肉，而鳥鵲聚。」註一
　　閩南話也說，「瘦肉」為「ㄑㄧㄚˊ ㄅㄚˉ」（tɕ'iá bā），字寫作「赤肉」。國閩辭典說：「赤肉，瘦肉。」註二
　　瘦肉、正肉，閩南話也說「赤肉」。赤肉，或可以

說，赤色之肉，而瘦肉往往多是赤色的。再者，赤色的肉，往往是真正的肉，也是首屈一指的上肉，因此閩南話也說，「赤肉」為「正肉」，正，讀為正月之正（tɕφiã）。

赤肉的音

赤肉，國音讀ㄔ丶ㄖㄡ丶，閩南音讀ㄑㄧㄚ丶ㄇㄚ－，雙方聲音似乎差異很大，其實閩南讀音，是可以說得通。

赤，廣韵、入聲、二十二、昔，讀為「昌石切」。而同在二十二昔裏面之「脊、射、隻、刺、役、僻」等字的韵母，閩南音都讀ㄧㄚ（ia）音，入聲不明顯，可見「赤」字的閩南音讀ㄑㄧㄚ丶（tɕφ'ia'），是說得通。

肉，廣韵、入聲、一、屋韵，讀為「如六切」（ziouk），和閩南音的讀書音相近，並非古音。

附　註

一、卷二十四之十，貴當，一七六頁。
二、ㄑㄧㄚ－部，九三七頁。

五一、霜　雪

淮南子：「經霜雪而無迹，照日光而無景。」註一

　　閩南話也說，「霜和雪」為「ㄕㄥ　ㄒㄝ」（ʂəŋ φė），字或寫作「霜雪」。霜雪的說法，現在已少說。從前小時候，在鄉下常看到下霜，可能北部地方會下著雪，因此霜雪常連用。然而二十幾年來，已不見下霜，也少見下雪。近年來，大氣層遭受二氧化碳污染，溫度昇高，下雨已不容易，遑論霜雪了。至於霜雪的說法，也見於天文訓，「陰氣勝，則凝而為霜雪」「青女乃出，以降霜雪」。

霜雪的音

　　霜雪，國音讀ㄕㄨㄤ　ㄒㄩㄝˇ，閩南音讀ㄕㄥ ㄒㄝ（ʂəŋ　φė）。至於「霜」字的韵母，閩南音讀ㄥ（əŋ）音，可以說得通，如「黃、光、方、長、倉……」等字的韵母，閩南音多可讀ㄥ（əŋ）音，這種情形，在詩經韵分十七部表，第十部裏面，也有不少。

_318_

一、卷一之四，原道訓，三頁。

五二、無景(影)　無迹

淮南子：「經霜雪而無迹，照日光而無景。」註一

　　閩南話也說，「沒有事實根據」爲「ㄅㄛˇ　ㄧㄚˋ　ㄅㄛˇ　ㄐㄧㄚˊ」（bǒ iàˋ bǒ ʨiá），字寫作「無影無迹」。國閩辭典說：

「無影無迹，無影無踪、沒根兒的事。」註二

　　烏有之事，閩南話也說，「無影無迹」，這是常用語，國語也有「無影無踪」，或不見踪跡的說法。人、或事物，既無踪影可尋，或者是消失不見了，而不可見的事物，當然無法做爲依據，因此也不值得採信。當然，也有假裝不知道，而騙人說「無影無迹」。至於無影無迹的話，不能亂說，否則惹上麻煩，將後悔莫及。

無景無迹的音

　　無景無迹，國音又讀ㄨˊ　ㄧㄥˇ　ㄨˊ　ㄐㄧ，

閩南音讀ㄇㄛˇ ㄧㄚˊ ㄇㄛˇ ㄐㄧㄚˊ。其中，迚字的音，閩南音讀ㄐㄧㄚˊ（ʦɸiaˊ），可以說得通。

附　　註

一、卷一之四，原道訓，三頁。
二、ㄇㄛˇ部，二〇〇頁。

五三、迚　逆

淮南子：「不犯禁而入，不迚逆而進。」註一

　　閩南話也說，「違逆」爲「ㄢㄛˇ　ㄢㄝㄍ⁻」（ŋuoˊ gek⁻），字寫作「迚逆」，國閩辭典作「忤逆」，並舉例說，「忤逆父母」。

　　違逆父母，或做出不孝順的行爲，使父母蒙羞，這種現象，閩南話也說「迚逆父母」。如果父母對子女的作爲，傷心已極，有時候也會說「眞迚逆」。或可以說，「迚逆」是很嚴重的用語。而釋名、釋天，作「忤逆」，「午、忤也，陰氣從下，上與陽相忤逆也。」註二

迁逆的音

迁逆，國音讀ㄨˇ ㄋㄧˋ，閩南音讀ㄦㄜˊ ㄦㄝㄍˉ。

附　註

一、卷十一之六，齊俗訓，七七頁。
二、卷一之二，四頁。

五四、鏏

淮南子：「水火相憎，鏏在其間，五味以和。」註一
　　許注：「鏏，小鼎。一曰，鼎無耳為鏏，讀曰彗。鏏，受水而火炊之，故曰在其間。」

　　閩南話也說，「鍋子」為「ㄨㄟ」（uei），字寫作「鏏」。國閩辭典也有音ㄝ（e），字却擬作「鍋」，其實就是「鏏」，它說：

「鏏，鍋。狗母鏏，大土鍋、大砂鍋。鏏子（也），鍋兒、沙鍋。銅鏏子（也），銅鍋。鐵鏏子（也），鐵鍋。鏏子（也）飯，鍋兒飯。」「鏏，用鍋煮。鏏豬肉，

用鍋燒豬肉。鏉肉，用鍋燒肉。」註二

鋁鍋、砂鍋，閩南話也說「鏉也」，像，電鍋的裏鍋、燉煮的砂鍋，或煎藥的器皿，多可說「鏉也」。一般說來，燉、熬東西，還是用砂鍋之類的「鏉」最好，可以慢燉、慢熬，完全燉熬出色、香、味來。一般的鋁鍋，是做不到的，如果有機會吃台南担仔（也）麵，不妨留意一下。所謂工欲善其事，必先利其器，誠然不虛。

荀子、正論說：「故魯人以榶，衛人用柯。」註三楊注：「未詳。或曰，方言云，盌，謂之榶，孟，謂之柯。」其實，魯人以榶的「榶」，或相當於「鐺」，閩南話也說，「裝豬油、醬油的小罐子」爲「榶（鐺）也」，音「ㄉㄤˊ」（ tán ），比如說，「豬油榶（鐺）也」。唐高祖時，薛大鼎爲浩州刺史，與當時之瀛州刺史鄭德本，冀州刺史賈敦頤，治政有名聲，河北稱爲「鐺脚刺史」，以其鐺也有三脚之故，現在多是平底。

至於衛人用柯之「柯」，或相當於「鏉」，因柯葉的「柯」，閩南音也讀爲ㄨㄟ（ uei ）。再從方言，「孟謂之柯」，也可得到證明。說文：「孟，飲器也。」註四段注：「木部，樗，木也，可屈爲杅者，杅卽孟之假借字。旣夕禮，兩敦兩杅，注，杅，盛湯漿。公羊傳，古者杅不穿，何注，杅，飲水器。孫卿子曰，槃圓而水圓，杅方而水方。史記、滑稽傳，操一豚蹏，酒一孟

而祝。」另外，說文：「樟，樟木也，可屈爲杅者，从木、韋聲。」註五段注：「杅，當作盂，盂，飲器也。玉篇曰，樟，木皮如韋，可屈以爲盂。」從以上或可知，「樟、杅、盂、柯」音相近，而「樟」字的讀音是ㄨㄟˇ（uěi），與閩南音相近，也可知，「鏏、柯」也可讀爲ㄨㄟ（uei）音。

鏏字旁證

說文：「鏏，鼎也。从金、彗聲，讀若彗。」廣韵、去聲、十三祭，「䈌、彗」同音。

附　　註

一、卷十七之三，說林訓，一二七頁。

二、廿部，五一頁。

三、卷十二，四六二頁。

四、五篇上之四十六，二一三頁。

五、六篇上之四，二四二頁。

五五、勇　人

淮南子：「子路何如人也，曰，勇人也。」註一
　　　閩南話也說，「勇壯的人」爲「ㄧㄛㄥˋ　ㄌㄤˇ
」（iuòŋ　lǎŋ），字寫作「勇人」。至於一般人所
說，某人很勇猛，閩南話也說，「人眞勇」。孟子、梁
惠王章句下，曾敍述齊宣王之好勇，而孟子告之大勇之
道，其文說：「王曰，大哉！言矣！寡人有疾，寡人好
勇。對曰，王請無好小勇！夫撫劍疾視曰，彼惡敢當我
哉！此匹夫之勇，敵一人者也。王者大之，詩云，王赫
斯怒，爰整其旅，以遏徂莒，以篤周祜，以對于天下，
此文王之勇也。文王一怒，而安天下之民。書曰，天降
下民，作之君，作之師，惟曰，其助上帝，寵之四方，
有罪無罪，惟我在，天下曷敢有越厥志。一人衡行於天
下，武王恥之，此武王之勇也。而武王亦一怒而安天下
之民，今王亦一怒而安天下之民，民惟恐王之不好勇也
。」
秦末韓信，忍胯下之辱，而造就一番大事業，也是大勇
的表現。蘇東坡之留侯論，對於匹夫之勇，或大勇也有

精闢的說明，凡是聖賢豪傑，所以能成大功，立大業，都是發揮大勇的精神作爲，或可說，非大勇，無以成之。現在美國，蘇聯等領袖，都在提倡和解，致力裁軍，避免戰爭，這種作爲，都是大勇的表現，這些領袖，也是勇人。

附　註

一、卷十八之十四，人間訓，一四〇頁。

五六、青　苔

淮南子：「水之性，淖以清，窮谷之污，生以青苔，不治其性也。」註一

　　許注：「青苔，水垢也。」

　　閩南話也說，「苔蘚，或青色水垢」爲「ㄑㄧ˚ㄉㄧˇ」（ㄑ̣ʼ ĩ tiˇ），字寫作「青苔」。國閩辭典，也舉例說，「有青苔的（ㄉ）路眞滑」。

　　從前在鄉下，經過水邊，或井邊，多會看見青苔，一不小心踩上去，往往會滑跤，非常危險。有時在屋簷下的台階，也會發現。近來，天氣比較乾燥，不如以往

潮溼，加上工業廢水污染，已少見青苔了。至於「苔」字，說文解字作「蓎」，解釋爲「水青衣」。

青苔的音

青苔，國音讀くㄧㄥ ㄒ ，閩南音讀作「くㆠ ㄅ丨」。其中之「苔」，又作「蓎」，從「治」得聲，而「治」字的閩南音，就讀「ㄉㄧ」（ ti ）。

附　　註

一、卷二十之九，泰族訓，一五五頁。

五七、月　大

釋名：「望，月滿之名也。月大，十六日；小，十五日，日在東，月在西，遙相望也。」註一

　　閩南話也說，「陽曆一個月卅一天，或陰曆三十天」爲「ㄍㆤㄍ ㄉㄨㄚ」（ gék tuā ），字寫作「月大」。至於「月大」的說法，在閩南話常可聽到，比如說，「新曆月大三十一日」，「舊曆月大三十日」。如果不是月大，就是「月小」了。

曾經有一則笑話說「月比天大」，因爲有人問，「天與月那個大？」某人說，「當然天大，因爲月亮掛在天上，多麼渺小。」另有人說，「不對，一個月之中，有三十一天，也有三十天，因此，月亮不但比天大，而且大了三十倍左右呢！」雖然是笑話，却另有一番道理。

附　　註

一、卷一之四，釋天，五頁。

五八、仁

釋名：「人，仁也。仁生物也，故易曰，立人之道，曰仁與義。」註一

　　閩南話也說，「殼裏面可吃的種子」爲「ㄐㄧㄣˇ」（zinˇ），字寫作「仁」。國閩辭典說：「仁，子。土豆仁，花生米。卵仁，蛋黃。」註二

　　果、菜的種子，可以吃的，閩南話也說「仁」。常見的有，杏仁、或者豆類，如土豆（花生）、皇帝豆、四季豆等種子，閩南話也說「仁」，或說「豆也仁」（táu aˋ zinˇ）。

_327_

仁，可以吃，也可以當作種子，有些植物就以仁爲種子，予以播種，生長，像落花生，或皇帝豆等。至如，蛋黃可以孵出小生命，所以閩南話也說「卵仁」（ ləŋ zin˅ ），動物的眼珠子，可以生出景象，所以閩南話也說「目珠仁」。以人類來說，人可以生人，至於「仁」，也可以生物，所以說，「人，仁也」。以閩南話來印證釋名的說法，意義更加明顯。

附　　註

一、卷二之十二，釋形體，九頁。
二、ㄐㄧㄣ˅部，七一七頁。

五九、赤

釋名：「赤，赫也，太陽之色也。」註一
　　閩南話也說，「艷陽高照」爲「ㄑㄧㄚˊ」（ tɕʰiaˊ ）， 字寫作「赤」，赤字的說法，在閩南話常可聽到，比如說，「日頭眞赤」（ zitˊ tʰău tɕin tɕʰiaˊ ），或者說，「日頭赤炎炎，各人顧性命」，這種例子很多。

光天化日，太陽赤熱，在閩南話也說「赤炎炎」。說文：「赤，南方色也。从大、火oʌ，𡗶，古文从炎、土。」註二赤的古文，由炎、土組合而成，也可見閩南話的古典。

赤字的音

赤，國音讀ㄔˋ，閩南音讀ㄑㄧㄚˊ，而廣韵、入聲、二十二、昔，音「昌石切」。至於同韵之「隻」，音「之石切」；「脊、迹」，音「資賜切」；「射」，音「羊益切」；「僻」，音「芳辟切」。以上這些子，閩南音的韵母，都讀ㄧㄚ（ ia）音，入聲不明顯。也可見，「赤」字的閩南音讀「ㄑㄧㄚˊ」（ tɕiaˊ），可以說得通。

附　　註

一、卷四之三十二，釋綵帛，一九頁。
二、十篇下之三，四九六頁。

六十、茨

釋名：「屋以草蓋，曰茨。茨、比也，次比草爲之也。」註一

　　閩南話也說，「房子」爲「ㄘㄨˋ」（ts'ú），字擬作「茨」，現在多寫作「厝」。或可說，用茅草編葺而建蓋完成的地方，可供居住生活，這種地方，或可說「草茨」。曾經看過電視「錦繡河山」節目的人，或可從畫面上發現，揚州一帶，在運河行駛的船隻，也有在船上，用稻草搭蓋四方形草屋，人就生活在裏面，這或可說「水上草茨」了。

　　至於，用茅草覆蓋成的屋子，或可說「茅茨」。韓非子、說林上：「旄象豹胎，必不衣短褐而舍茅茨之下，則必錦衣九重，高臺廣室也。」註二漢書、司馬遷傳說：「堂高三尺，土階三等，茅茨不翦。」註三顏注：「茅茨，以茅覆屋也。」因此，或可說，用草建蓋，可以容納人生活的場所，或稱做「茨」。很早以前的「茨」，可能多用茅草覆蓋而成，是以有「茅茨」之說。而閩南話多說「草茨」，草，則多以稻草爲之。當然，「

草茨」也逐漸演變成，只有屋頂鋪蓋草茅。而後，隨時代演進，經濟發達，屋頂上的茅草，漸漸被瓦、磚、或水泥取代，是以閩南話也有「瓦茨」、「磚也茨」、或「紅毛土茨」種種說法。至於「茨」，一般多寫作「厝」。

另外，「茨，次也，次比草為之」，其中之「次」，或可說「鋪張東西」。說文「次」篆，古文作𣢂。註四而周禮、天官，有掌次之官，掌理「王次之法，以待張事」，註五鄭玄解釋說，「法，大、小、丈、尺。」孔穎達進一步說：「次者，次則舍也，言次，謂次止。言舍，謂舍息……，王出宮，則幕人以帷與幕等，送至停所，掌次則張之。」「言法大、小者，下文有大次、小次是也。云丈尺者，既言大小，當時應有丈、尺之數，但其未聞。」另外，還有兩次提到「張大次、小次」之說，鄭玄的解釋是，「次，謂幄也，大幄，初往所止居也。小幄，既接祭退俟之處。」「大次，亦初往所止居；小次，即宮待事之處。」而孔穎達也說，「則張大次、小次者，次，謂幄帳也。」「言則張大次、小次也者，亦如上文大、小次，丈、尺則減耳。故鄭云，大次，亦初往所止居；小次，即宮待事之處。」「案，聘禮記所云次，或以帷，或及席。」從以上或可知，掌次之官，或者是，掌理國君在宮中，或宮外居留處所的安排。

一旦國君或因祭祀，或諸侯來朝覲見，或會同；有關止舍場所的幄帳陳設，也因此有大、小、丈、尺之不同，因而有大次、小次之說。再者，幄帳一旦鋪張陳設，就可以夜宿，或休息，因此，「次」，也可以說「止息」。尙書、泰誓中，「王次于河朔」。現在閩南話也說，「鋪張東西」爲「ㄘㄨ」（ ts'u)，字可能就是「次」，比如說，把草、報紙、蓆子、毯子，或棉被鋪起來，閩南話也說「次草」、「次蓆也」、「次毯也」或「次棉被」。東西鋪好，可以睡覺，或休息，所以說，「次」可以解釋爲「舍止休息」。至於「次」如解釋爲「排比」、「行列」、「順序」、「差次」等，或者也與次幄帳有關。

茨字的音

茨，國音讀ㄘˊ，閩南音讀ㄘㄨˋ。

附　註

一、卷五之四十二，釋宮室，二四頁。

二、卷七之九，三八頁。

三、卷六十二之六，一二四八頁。

四、八篇下之二十六，四一八頁。

五、卷六之九，九三頁。

六一、 進　前

釋名：「剪刀，剪、進也，所剪稱進前也。」註一

　　閩南話也說，「往前移動」爲「ㄐㄧㄣˋ　ㄐㄝㄥˇ」（ʦφinˋ ʦφɛŋˇ），字寫作「進前」，國閩辭典也有「進前」的說法。

　　往前、向前，閩南話也說「進前」，這是常用語。比如說，「走在前面」、「向前移一步」、或「往前移」，閩南話也說「行進前」、「進前一步」或「徙進前」。另外，閩南話也說，「事先」或「先前」爲「進前」。比如說，「他事先和我說過」或「他先前來過」，閩南話也說，「他進前佮我講」或「他進前有來」，這種例子很多。

進前的音

　　進前，國音讀ㄐㄧㄣˋ　ㄑㄧㄢˊ（ʦφinˋ ʦφ'iénˊ），閩南音讀ㄐㄧㄣˋ　ㄐㄝㄥˇ（ʦφinˋ ʦφɛŋˇ）。

一、卷七之五十二，釋兵，二九頁。

六二、鉸　刀

釋名：「封刀，鉸刀，削刀，皆隨時名之也。」註一

　　閩南話也說，「剪刀」為「ㄍㄚ　ㄉㄜ」（ka tȣ ），字寫作「鉸刀」。國閩辭典說：

「鉸刀，剪刀。」註二

　　剪刀，閩南話也說「鉸刀」，而剪刀的剪，閩南話也說「鉸」，多用在細薄的東西，如布疋、或頭髮。至於須用力修剪東西，閩南話也說「剪」，如修剪樹枝，或花草。現在閩南話也說，「竊賊」為「剪綹」（ ᵽϕién liu`），綹，說文讀為「柳」，所以也有寫作「剪柳」。不過，現在的竊賊，已不是「剪綹」了，可能鐵窗、保險櫃，也難免挨剪。

鉸刀的音

　　鉸刀，國音讀ㄐㄧㄠˇ　ㄉㄠ（ chiǎu tau ），

閩南音讀ㄍㄚ ㄉㄜ（ ka tə ）。

一、卷七之五十二，釋兵，二九頁。
二、ㄍㄚ部，四六八頁。

六三、親　族

孔子家語：「非禮，則無以別男女、父子、兄弟、婚姻
、親族、疏數之交焉。」註一

　　閩南話也說，「宗族」爲「ㄑㄧㄣ ㄗㄛㄍ′」（
ʦɕʼin tsuók ），字寫作「親族」。國閩辭典說：
「親族，族親。」註二

　　親近的族人，或宗族，閩南話也說「親族」，這也
是常用語。比如說，同宗族，或親族分散，閩南話也說
，「共親族」，或「親族分開」。

一、卷一之十九，問禮，一二頁。
二、ㄑㄧㄣ部，九六一頁。

六四、煮　食

孔子家語：「魯有儉嗇者，瓦鬲煮食。」註一

　　閩南話也說，「烹飪」為「ㄓㄨˊ　ㄐㄧㄚ－」（ tɕu´ ʦ̧ia⁻ ），字寫作「煮食」。國閩辭典說：「煮食，燒煮東西。」註二

　　燒東西吃，閩南話也說「煮食」，這是常用語。常見的情形，在野外露營，煮、食都在外面，或可說在外面「煮食」。現在日本料理店的鍋燒，在小鍋子裏面，放進許多東西，蒸煮以後，端起來吃，好比煮火鍋，吃火鍋；因此，「瓦鬲煮食」，或可說，有魯國人太過於節儉，煮、食都用瓦鬲。

　　自己燒東西吃，可以說「煮食」。而幫別人燒飯，或飯店、餐廳的廚師，閩南話也說「煮食兮」，國閩辭典說：「煮食的（兮），燒飯的廚司。」也有人謔稱自己的太太為「煮食兮」，也有人贊美人的烹飪技藝佳，就說「勢（豪）煮食」（ gǎu tɕu´ ʦ̧ia⁻）。

煮食旁證

說苑、反質：「魯有儉者，瓦鬲煮食。」註三

附　註

一、卷二之二，致思，一八頁。
二、ㄐㄨˋ（ㄓㄨˋ）部，八〇五頁。
三、卷二十之十六，二一六頁。

六五、中　間

孔子家語：「士不中間見，女嫁無媒，君子不以交，禮
　　也。」註一
王肅注：「中間，謂始介也。」
　　閩南話也說，「中介、中人、第三者」爲「
ㄉㄧㄤㄦ　ㄍㄢ」（tiuoŋ kan），字寫作「中間」
。有關中間的說法，閩南話常可聽到，比如說，「中間
者」、「中間人」。
　　周赧王五十八年，趙孝成王九年，西元前二五八年
，秦破趙長平軍，並圍邯鄲。當時，魏安釐王使將軍晉

鄙率兵救趙，又使辛垣衍透過平原君，勸趙孝成王尊秦昭王爲帝，秦必罷兵，平原君猶豫不決。此時，魯仲連剛好到趙國，見平原君，平原君不敢表示意見，魯仲連自告奮勇要爲平原君責勸辛垣衍，使他知難而歸魏。因此，平原君爲中間，紹介魯仲連見辛垣衍，魯仲連多方陳說利害，辛垣衍終於不敢提帝秦之事。正好信陵君奪晉鄙軍救趙，秦軍退去。而平原君欲封魯仲連，仲連辭謝，以爲「所謂貴於天下之士者，爲人排患釋難，解紛亂，而無取也。卽有取者，是商賈之事也，而連不忍爲也。」事詳，史記、魯仲連傳。註二

附　註

一、卷二 之八，致思，二一頁。

二、卷八十三，九九四至九九六頁。

六六、使(駛)

韓詩外傳、二：「造父工於使馬 」。註一

　　閩南話也說，「開車、駕駛」爲「ㄕㄞˋ」（ gài
），字寫作「使」，現在都寫作「駛」。國閩辭典說：

「駛船，駕船。駛車，駕車、開車。」「使馬，使用馬。無牛使馬，沒有牛就使用馬、將就將就。使馬車，駕御馬車、趕馬車。使牛拖車，使牛拉車。」 註二

開車、駕駛、使用，閩南話也說「使」，或寫作「駛」，這是常用語。現在我們常聽說，開汽車，騎牛、馬，或駕駛，駕御之說，或者多和馬有關。說文：「駕，馬在軛中也。」段注，「駕之言以車加於馬也」。另外，說文：「御，使馬也。」因此或可說，人加於馬為使馬，而人加於車上，或可說使車。使（駛）或有疾速之意。每到夏季，常下雷陣雨，匆匆而下，急急而止，又是雨過天晴，這種雨或可說「使（駛）暴雨」，也就是「駛雨」以及「暴雨」的合稱，一般多寫作「西北雨」。另外，閩南話也有一句罵人的三字經，第一個字就是「使（駛）」，或者使於人身之上，有如騎馬、或駕御車馬一般。至於人尋芳問柳，尋找開心，在閩南話也說「開」，與開車的說法相近。不論如何，「使」字的說法，在閩南話很普遍。

使字的音

使，國音讀ㄕˇ，閩南音讀ㄕㄞˋ。至於閩南音的讀法，也可以說得通。比如說，「司、師、獅、屎」等字的音，閩南音都讀ㄕㄞ（ɡai），只是聲調不同而已

。再者，從詩經韵分十七部表，第一部也可看出：「海、止、友、母（沔水一章）」、「士、宰、史、氏（十月之交四章）」、「仕、殆、使、子、使、友（雨無正六章）」，其中之「海」、「宰」，以及「殆」等字的韵母，現在也讀ㄞ（ai）音。從此也可看出，「使」字的閩南音韵母讀爲ㄞ（ai），可以說得通。

附　　註

一、卷二之八，一四頁。
二、ㄒㄚ丨ˋ（ㄕㄞˋ）部，九七五頁。

六七、行　棊

說文：「局，促也。……，一曰，博所以行棊，象形。」註一

　段注：「博，當作簿，局戲也。六箸十二棊，簿有局以行十二棊，局之字，象其形。」

　閩南話也說，「下棋」爲「ㄍㄧㄚˊ　ㄍㄧˇ」（kiã˘ ki˘），　字寫作「行棊」。有關「行棊」的說法，在閩南話很普遍。至於「博所以行棊爲局」的說法，

說文、小學答問，說得很清楚：「此本誼也，字當从尺、口聲，口、局同在侯部也。尺，所以指尺規巨事，某局本有方卦尺寸，故从尺，引申爲分釋，言局分也。」「其訓促者，曲之耤爾，詩以曲，局重言，曲局卽曲也。」「某局之字，亦或耤曲爲之，方言，所以行某謂之局，或謂之曲道是也。曲聲轉則爲區，區本踦區，臧匿也。」註二從以上所說，局，從尺、口聲，而口、局同在侯部，則局字或可讀爲ㄍㄧㄠˋ（kiàu），而閩南話也說「賭博」爲「ㄅㄨㄚˇ ㄍㄧㄠˋ」（puǎ kiàu），字可寫作「博局」，或寫作「簙局」，與說文「簙，局戲也」，意義相近。

行某旁證

說文：「篡，行某相塞，謂之篡。」註三

附　　註

一、第二篇上之二十八，六二頁。

二、說文解字詁林，二上、口部、局，2～1295頁。

三、第五篇上之十九，一九八頁。

六八、箸　籠

說文：「筲，桮筲也。或曰，盛箸籠。」註一

　　閩南話也說，「盛筷子的籠子」為「ㄉㄧ˙　ㄌㄤˊ」（ti⁻ lán），字寫作「箸籠」。國閩辭典說：「箸籠，放筷子的籠子。」註二

　　筷子，閩南話說「箸」，而盛放筷子的籠子，閩南話也說「箸籠」。以前的箸籠，多用竹子做成，而後，也用塑膠或陶器製成。因為籠子可以盛裝東西，用途很廣，所以漢書食貨志，有籠貨物、籠鹽鐵之說。而郭璞解釋方言「桮筲」也說，「盛桮器籠也」。另外，一切經音義十六，也引字林「筲，杯籠也」，或可知，籠多說竹籠。說文：「簍，竹籠也。」因此，盛箸的竹籠，或可說箸籠，而箸籠的說法，方言則說「箸箚」，箸，或可說「筲」。

箸籠的音

　　箸籠，國音讀ㄓㄨˋ　ㄌㄨㄥˇ（tʂù luǒŋ），閩南音讀ㄉㄧ˙　ㄌㄤˊ（ti⁻ lán）。

342

一、第五篇上之十，一九五頁。

二、ㄅ丨ˉ部，三一三頁。

六九、困(活)

說文：「困，故廬也。从木，在□中。」註一

　段注：「廬者，二畝半，一家之居，居必有木，樹牆下以桑是也，故字從□、木。謂之困者，疏廣所謂，自有舊田廬，令子孫勤力其中也。」

　閩南話也說，「生活改善」爲「ㄎㄨㄣˋ　ㄨㄚˊ」（k'ùn uá），字寫作「困活」。有關「困活」的說法，在閩南話很普遍，至於「生活不好」，閩南話也說「毋困活」。在從前的農業社會裏，有房子住，有田可耕，勉強也可生活，所以或可說「困活」。如果無屋可住，無地可耕，生活就成問題，是以說「無困活」。古人曾說，成家立業，這個家，或指房屋，也可說家庭。從前鄉下人娶親，居住的房子，往往都不成問題，真是名副其實的「成家」。現在的人，雖然有工作，如果沒

有專屬的家，或不能算是成家，因此不能成家，那來立業，可見房屋的重要，孟子曾說，有恒產始有恒心，因此可以說，有恒產，生活才能安定，而生活安定，才能專心立業，因此國家社會，才能健全發展，這也是當政者所必須重視的。現在有關的民生問題，有些做得還不很理想。食物雖然不缺，却受環境污染，農藥等問題，使得品質不很精良。而住屋的取得，居住的環境，因缺乏良好規劃，不僅很多人無屋可住，即使有屋可居，也雜處在商業、攤販，或地下工場等地之中，毫無住宅區、商業區、文教區，或休閒區等分區規劃。至於行的問題，本來可以和住配合，比如說，新竹以北地區交流道附近，都可建蓋房子，把都市的人口，分散到這些地方。另一方面發展廉價，大約台幣十萬以下的國民車，或可緩和都市人口、交通的壓力。再者，生育也有問題，受高等教育的女性，晚婚又不願多生。另一方面，未婚所生的私生子也不少。無形中，造成社會問題，也影響將來人口的素質。至於家庭教育、學校教育，問題也很多。教育制度的不理想，課程內容深奧，不切實際，使得學生不能發揮自己的潛力，甚至於自暴自棄，造成社會負擔。家庭方面，因為職業婦女太多，疏於相夫教子，或者夫妻離異，或寵溺孩子，不僅造成男女關係混亂，也影響他人正常家庭生活，甚至於造成小孩子一生的

不幸。世界各國之中，從沒有像我們職業婦女密度之高，美國法律規定，未滿十七歲的小孩子，不能單獨在家，因此美國職業婦女，大多在四十歲左右，或者小孩上高二以上。一方面，青少年問題少，另一方面，富工作熱忱，而工作效率也高，這是值得我們深思的。至於藝術、休閒方面，還是很欠缺，因此文化建設，更是當務之急。

漢宣帝時，疏廣爲太子太傅，其兄之子疏受，爲太子少傅，伯姪同爲師傅，朝廷引以爲榮。而後，以「知足不辱，知止不殆，功遂身退，天之道也」，共同歸老故鄉。有老人勸疏廣買田宅，疏廣以爲「顧自有舊田廬，令子孫勤力其中，足以共衣食，與凡人齊」，事詳漢書、疏廣傳。

附　註

一、第六篇下之十三，二八〇頁。

七十、欰

說文：「欰，笑不壞顏曰欰。从欠、己聲。」註一

段注：「各本篆作㰗，今正。㰗廣韵，㰗、式忍切，笑不壞顏也，集韵、類篇同。今按，曲禮，笑不至矧，注云，齒本曰矧，大笑則見此。然則，笑見齒本曰矧，大笑也；不壞顏曰㰗，小笑也，二義不當同音。淺人因己與弓略相似，妄合之耳。玉篇於之欠、欣二文下曰，改、呼來切，笑不壞顏也，此希馮時所據說文也。……，廣雅，改、笑也，楚辭、吳都賦作咍。」

閩南話也說，「笑得很開心」為「ㄑㄧㄝ×ˋ ㄏㄞ ㄏㄞ」（ʦ‘ieù hai hai），字寫作「笑改改」，國閩辭典也有音ㄏㄞ ㄏㄞ（hai hai），字却擬作「肥肥」，其實就是「改改」。而綜合閩臺語字典，也有「笑咍咍」的說法。

開心的笑，或笑嘻嘻，閩南話也說「笑改改」，這是常用語。所謂人逢喜事精神爽，而笑逐顏開。常見的情形，或金榜題名、或升官、或結婚、或生子、或發大財、或得著作獎等，多會使人「笑改改」，這種例子很多。

改字的音

改，國音、閩南音都讀ㄏㄞ（hai）。

一、第八篇下之二十，四—五頁。

七一、丸

說文：「丸、圓也，傾側而轉者，从反仄。」註一

　　段注：「也字，各本無，今依韵會補，以疊韵爲訓也，今丸藥其一崏也。」「圓則不能平立，故从反仄以象之，仄而反復，是爲丸也。」

　　閩南話也說，「圓形的東西」爲「ㄨㄢˇ」（uǎn），字寫作「丸」。有關丸的說法，在閩南話很常見，比如說，肉圓、魚圓、貢圓、脆圓，或飯團，在閩南話也說，肉丸、魚丸、貢丸，或飯丸，這種例子很多。

　　至於圜、團、圓三字，說文的解釋多有不同，「圜，天體也」，「團、圓也」，「圓、圜全也」。不過，現在多以圓代替圜，如段氏引呂氏春秋，「何以說天道之圜也」「何以說地道之方也」，又引大戴禮，「參嘗聞之夫子曰，天道曰圓，地道曰方」。另一方面，說文「囷」篆說，「圜謂之囷，方謂之京」，是可知，圜、

圓可通用。因此，肉丸可以說肉圓，而現在多寫作肉圓。

　　或者，閩南話的說法，或可以印證段氏所說「丸、圓也」，因爲很多注家的解釋，多說「丸，圓傾側而轉者」，而與段氏不同，事詳說文解字詁林。

附　　註

一、第九篇下之二十二，丸部，四五二頁。

七二、汰

說文：「汰，淅瀞也。」註一

　　段注：「釋詁曰，汰、墜也。汰之則沙礫去矣，故曰墜也。」

　　閩南話也說，「清水一再沖洗東西」爲「ㄊㄨㄚˊ」（t'uá），字寫作「汰」。有關汰的說法，閩南話很普遍，常見的情形，洗衣服時，要換好幾次清水，才能搓洗乾淨，至於洗米也是一樣，這在閩南話也說「汰衫」，或「汰米」，這種例子很多。

汰字旁證

說文：「淅，汰米也。」

汰字的音

汰，國音讀ㄊㄞˋ（tʼaiˋ），閩南音讀ㄊㄨㄚˊ（tʼuá）。廣韵、去聲、十四泰，「汰」，一音「他蓋切」，又音「徒蓋切」，也與閩南音相近，因爲「蓋」字的閩南音讀ㄍㄨㄚˉ（kuā）。

附　　註

一、第十一篇上二之三十一，五六六頁。

七三、𣽾

說文：「𣽾，浚乾漬米也。从水、竟聲。孟子曰，孔子**去齊**，𣽾淅而行。」註一

　　段注：「自其方漚未淘言之曰漬，米不及淘，抒而起之曰𣽾。」「萬章篇文，今𣽾作接，當是字之誤。」

　　閩南話也說，「傾出水，或濾出水使不含水份」爲

《ｌㄣˇ」（kinˇ），字寫作「滰」，國閩辭典擬作「傾」，其實就是「滰」。有關「滰」的說法，在閩南話很普遍。常見的情形，洗米煮飯，米必須洗多次，每次一洗，必須傾出水，或濾出水。有時怕米粒順水流出，往往用手托住邊緣，以便順手接受米粒，既可浚乾米粒的水份，又不使米粒掉落，這在閩南話也說「滰」，這種例子很多。不過，洗米用滰，雖然快速，却不太確實，因為米粒水份浚乾之後，可能米粒裏面還有雜質，如土粒、小石塊等。因此比較好的方法，或者手從水中淘出米來，檢查有否雜質，然後放進另一容器裏面，如此反覆淘洗，便可清洗乾淨。現在煮紅豆、綠豆之前，也多用「淘」，少用「滰」，因為豆類的雜質很多。再以洗衣服為例，衣服浸泡在水桶裏面，撈起搓揉，再放進另一桶清水，而後從清水桶撈起衣服搓洗，再放進另一桶清水，如此反覆不斷用清水換洗，衣服便可洗乾淨。如果漚浸在桶子裏面的衣服，不一件一件撈起清洗，只把桶子推倒，讓污水流出，再整桶衣服倒進清水桶，必定會夾帶污水，使清水受污染，如此雖清洗多次，也不易清潔，這種道理是很明顯的。

至於說文引述孟子萬章篇文，「孔子去齊，滰淅而行」，或可說，孔子能夠量時適變，其去國可以速則速，當他離開齊國的情景，好比漬米來不及淘洗，匆匆忙

忙滰乾漬米的水，而急速離開齊國。

滰字旁證

說文、引經證例說：「孟子本作滰，荀子仲尼篇曰，可滰而炊。異聞集引李吉甫、南銘曰，滰淅去齊，可證。荀子文今譌，可炊而僙，楊倞注，炊、吹同。僙、彊也，言可以气吹之而僵仆。案，楊注，非是。上言可立而待，乃言其時之速，非言去之易也。滰而炊，言瀝米而炊，頃刻可成飯，猶今時言一炊時也，與上下句義方洽。」註二

滰字的音

滰，國音讀ㄐㄧㄤˇ（chiǎn），閩南音讀ㄍㄧㄣˇ（kinˇ），而閩南音的讀法，或可以說得通。

滰，從水、竟聲，而廣韵、去聲、四十三、映，有「竟、敬、慶、命」等字同韵。而四十五、勁，有「政、正、令、聘、姓」等字同韵。而四十六、徑，有「定、零、令」同韵，以上這些字的韵母，多相近。另外，從詩經韵分十七部表，也可看出。第十一部，「定、聘（采薇二章）」，而古本韵也說，「天、命、淵、賢、信、民、人、賓，本音皆在弟十二部，易，象象傳合韵。」再者，第十二部，「苓、顛、信（采苓一章）」「

_ 351 _

鄰、顛、令（秦，車鄰一章）」「零、人、田、人、淵
、千（定之方中三章）」「人、天、命、申（假樂一章
）」「旬、民、塡、天、矜（桑柔一章）」，由此或可
知，閩南音讀「湞」爲（kin˘），或可以說得通。

附　註

一、第十一篇上二之三十二，五六六頁。
二、說文解字詁林，十一上、水部、湞，9～537頁。

七四、揰

說文：「揰，推擣也。」註一

　　段注：「漢書，而僕又茸以蠶室。師古曰，茸，音
人勇反，推也，謂推致蠶室之中也。如顏說，則茸者，
揰之叚借字。」

　　閩南話也說，「敲打、推撞」爲「ㄌㄛㄥˊ」（luôn
），字寫作「揰」。國閩辭典也有音ㄌㄛㄥˊ（luôn）
，字却擬作「撞」，其實就是「揰」，它說：
「揰，撞也。汽車及（俗）三輪車相揰，汽車和三輪車
相撞。揰鼓，打鼓。揰門（撞門）。揰球（撞球）。」

推、敲、打、撞，閩南話也說「揰」，這是常用語
。常見的情形，撞球或打鼓。或者，用力敲門，或用大
木頭撞開門，也說「揰」，這種例子很多。有時也聽到
所謂打入冷宮，這也或可說「揰」。

揰字的音

揰，國音讀ㄗㄨㄥˇ（ zuǒŋ ），而閩南音讀ㄌㄛㄥˋ
（ luóŋ ）。廣韵、上平、三、鍾，「茸、襛、穠、揰
」同音，是可知，「揰」的閩南音讀（ luóŋ ），可以
說得通。

附　　註

一、第十二篇上之四十六，六一二頁。
二、ㄌㄛㄥˋ部，四二三頁。

七五、蝸　蠃

說文：「蝸，蝸蠃也。从虫、咼聲。」註一
　　段注：「蠃者，今人所用螺字。」「薛綜、東京賦

注曰，蝸者、螺也。崔豹曰，蝸、陵螺。蝸、本咼聲，故蝸牛或作瓜牛。徐仙民以力戈切蝸，似未得也。力戈，乃蠃字反語耳，今人謂水中可食者爲螺，陸生不可食者曰蝸牛，想周、漢無此分別。蠃，古多叚蠡爲之。」

閩南話也說，「蝸牛」爲「ㄌㄨㄜˇ　ㄌㄝˉ」（luǒ lē），字寫作「蝸蠃」，或作「蝸螺」。說文、古本考：「一切經音義、卷二十三，引蝸螺也，螺，卽蠃字之俗。」

蝸牛，閩南話也說「蝸蠃」，說文、義證：「蝸蠃也者，六書故，蠃，其種不一，水產之別尤多，皆旋殼弇口，大者如斗，陸生者謂之土蝸、土蠃，以其善緣，又謂附蝸、附蠃、陵蠃，以有肉角，又謂蝸牛、螊牛。」「凡蠃之類，皆負殼，惟此能脫殼而行，頭有兩角，故曰蝸牛。一切經音義二，蠃、蚌也。廣韵，旋蝸、蝸螺也。」「莊子、則陽篇，有所謂蝸者，君知之乎？釋文，李云，蝸蟲有兩角，俗謂之蝸牛。三蒼云，小牛螺也。」「尙書大傳，鉅定螺。鄭注，螺、蝸牛也。陶注本草、蝸牛，云，蝸牛字，是力戈反，而俗呼爲瓜牛，生山中，及人家，頭形如蛞蝓，但背負殼爾。古今注，蝸牛、陵螺也，形如蚭蝓，殼如小螺，熱則自懸於葉下，野人結圓舍，如蝸牛之殼，故曰蝸舍。裴松之曰，魏略云，焦先及楊沛，並作瓜牛廬，以爲瓜，當作蝸，

_ 354 _

蝸牛，螺虫之有角者也，俗或呼爲黃犢。先等作圜舍，形如蝸牛薇，故謂之蝸牛廬。爾雅翼，蝸牛似小蠃，白色，生池澤草木間，頭有兩角，行則出，驚則縮，首尾俱能藏入殼中，盛夏日中，則自懸樹葉下，往往升高，涎沫既盡，隨即槁死，以其有兩角，故以牛名。」註二

現在，閩南話也謔稱「勞力士錶」爲「蝸蠃」，以「勞力」（ lɤˇ lék ）之音，相近「蝸蠃」。另外，也有一批自比無蝸舍可居的「蝸牛族」，爲房事而爭，頗引人注目，有關單位應加以重視。所謂，士有恒產，才有恒心，人一旦成家，對於「房事」的需求，都非常殷切。杜甫、茅屋爲秋風所破歌：「安得廣廈千萬間，大庇天下寒士俱歡顏，風雨不動安如山，嗚呼！何時眼前突兀見此屋？」因此，讓人民得到「房事」的滿足，也是功德無量的事。

蝸蠃的音

蝸蠃，國音讀ㄍㄨㄚ ㄌㄨㄛˊ（ kua luó ），閩南音讀ㄌㄨㄛˇ ㄌㄝ˗（ luǒ lē ），而閩南音的讀法可以說得通。因爲，蝸，可以讀爲「力戈反」，已見前面所說，而「力戈反」的音，與閩南音ㄌㄨㄛˇ（ luǒ ）音相近。另外，蠃，或與「螺」通，而「螺」字的閩南音，可以讀ㄌㄝˇ（ lě ）。

一、第十三篇上之五十六，六七七頁。
二、說文解字詁林，十三上、虫部、蝸，10～929頁。

七六、怨　歎

尙書、君牙，「夏暑雨小，民惟曰怨咨」，註一孔安國傳
　：「夏月暑雨，天之常道，小人惟曰，怨歎咨嗟，言
　心無中也。」

　　閩南話也說，「怨恨、埋怨、感歎」爲「ㄨㄢˋ
ㄊㄢ˙」（ uàn t'ān ），字寫作「怨歎」，或寫作「
怨嘆」，國閩辭典也有「怨嘆」的說法。一般說來，任
何人做事，都應避免別人的不滿或怨恨，因此閩南話也
有說，「毋倘與人怨歎」。或者，有的人常自怨自艾，
命比別人差；也有認爲命中註定，無須怨恨，或抱怨，
所以閩南話也說，「怨歎命毋好」，或說「命是天註定
，毋免怨歎」。其實，做任何事情，只要憑著良心，盡
心盡力就可，至於成敗得失，也不須計較了。

怨歎旁證

後漢書、王景傳：「袞、豫百姓怨歎。」註二

附　註

一、卷十九之十一，二九三頁。
二、卷七十六之五，八八一頁。

七七、反　背

尚書、呂刑，「以覆詛盟」，註一 孔安國傳：
「以反背詛盟之約」。

　　閩南話也說，「違背、背叛」爲「ㄏㄨㄢˋ ㄅㄨㄟ
」（ huàn puēi ），字寫作「反背」，國閩辭典也有「
反背」的說法，這是常用語。常見的情形，男、女移情
別戀，違反當初盟誓；或者選舉投票時，違背承諾，不
投票給某人，這些現象，多可說「反背」。比如說，「
沒有人背叛他」，或「違反別人的意思」，閩南話也說
，「無人反背他」，或「反背人兮意思」，這種例子很
多。

一、卷十九之十八，二九六頁。

七八、先　輩

詩經、小雅、采薇，「采薇采薇，薇亦作止」，註一
　　鄭玄箋：「西伯將遣戍役，先與之期，以采薇之時，
　　今薇生矣，先輩可以行也。」

　　閩南話也說，「先進、前輩」為「ㄒㄧㄢ　ㄅㄨㄟ
」（ɸien puei），字寫作「先輩」。國閩辭典說：
「先輩，前輩。」註二
　　先進、前輩，或年高德劭者，閩南話也說「先輩」
，這也是常用語。論語有「先進篇」，也有「先進」、
「後進」的說法，而何晏引孔曰，「先進後進，謂仕先
後輩也」。至於日本話也有先輩之說，有些人誤以為先
輩一語，是源於日本，其實不是，因為它是中國古語。

先輩旁證

三國志、薛綜傳：「先輩仁謹，不曉時事。」註三

附　註

一、卷九之三之十二，三三二頁。
二、ㄒㄧㄢ部，一〇五六頁。
三、卷五十三，吳志，卷八之七，八〇一頁。

七九、赤　牛

詩經、魯頌、閟宮，「享以騂犧」，註一 鄭玄箋：
「其牲用赤牛，純色，與天子同也。」
　　閩南話也說，「黃牛」為「ㄑㄧㄚˋ ㄍㄨˇ」（
tɕʰià gúˇ），字寫作「赤牛」，國閩辭典說：
「赤牛，黃牛。赤牛肉，黃牛肉。」註二
　　黃牛，閩南話也說「赤牛」，以別於水牛。北魏莊
帝時，王仲景兼御史中尉，政風肅然。每當仲景赴御史
臺辦公，都以赤牛駕車，因此，時人又稱他為「赤牛中尉
」。

_359_

赤牛旁證

赤牛的說法，也見於左傳、杜預注。襄公十年，「而賜之騂旄之盟」。註三杜注：「騂旄，赤牛也。」孔穎達說：「周禮、牧人，陽祀用騂牲。檀弓云，周人尚赤，牲用騂。尚書、洛誥云，文王騂牛一，武王騂牛一，諸言騂，皆是赤牛。」

赤牛的音

赤牛，國音讀ㄔˋ ㄋㄧㄡˊ，閩南音讀ㄑㄧㄚˋㄍㄨˇ。

附　註

一、卷二十之二之六，七七八頁。
二、ㄍㄨˇ部，九三八頁。
三、卷三十一之十二，五四二頁。

八十、月　奉

周禮、天官、大宰，「四曰，祿位」，註一鄭玄注：

360

「祿，若今月奉也。」

買公彥疏：「古者，祿皆月別給之，漢之月奉，亦月給之，故云，若今月奉也。」

閩南話也說，「薪水、月薪、月給」為「ㄍㄨㄝˊ ㄏㆲ˙」（ gueˊ huōn ），字寫作「月奉」，也寫作「月俸」。現在我國銓敍法規裏面，有一種法律，規定公務人員之俸給，稱做「公務人員俸給法」，總共有二十條，其中第三條規定：「公務人員之俸給，分本俸、年功俸及加給，均以月計之。」

至於有關俸給的意義，第二條也有說明：

本法所用名詞意義如左：

一、本俸：係指各官等、職等人員依法應領取之基本俸
　　　　給。

二、年功俸：係指依考績晉敍高於本職或本官等最高職
　　　　等本俸之俸給。

三、俸級：係指各官等、職等本俸及年功俸所分之級次。

四、俸點：係指計算俸給折算俸額之基數。

五、加給：係指本俸、年功俸以外，因所任職務種類、
　　　　性質與服務地區之不同，而另加之給與。

有關公務人員俸給規定，請參閱「公務人員俸給法」、「公務人員俸給法第四條附表——公務人員俸給表」、「公務人員俸給法施行細則」、以及「現職公務人

員換敍俸級辦法」等法規。

附　　註

一、卷二之四，二七頁。

八一、新徙來

周禮、地官、旅師，「凡新甿之治」，註一鄭玄注：
　「新甿，新徙來者也。」

　　閩南話也說，「新遷移來的，或剛搬來的」為「

ㄒㄧㄣ　ㄒㄨㄚˋ　ㄌㄞˇ」（φin　φuà　lǎi），

字寫作「新徙來」，這也是常用語。比如說，「隔壁是

新搬來的」，閩南話也說，「隔壁是新徙來兮」，這種

例子很多。

　　另外，移動、搬遷、遷移，閩南話也說「徙」（

φuā），也是常用語。比如說，「搬到嘉義」、「移動

桌子」，或「移一尺」，閩南話也說，「徙去嘉義」、

「徙桌也」，或「徙一尺」。

一、卷十六之二，二四三頁。

八二、蚡　鼠

周禮、地官、草人，「勃壤用狐」，註一鄭玄引鄭衆注：
「墳壤多蚡鼠也」。

　　閩南話也說，「在地裏面橫窟的老鼠」爲「ㄇㄨㄣˊ
ㄑㄧˋ」（bún ㄅφˊi），字寫作「蚡鼠」，也寫作「
鼢鼠」。國閩辭典也有音ㄇㄨㄣ（bún），字却擬作「
冒」，其實就是「蚡」，或「鼢」，它說：
「蚡鼠蚡一堆土，地鼠挖一堆土。蚡地鼠，地鼠。」註二

　　在地中行走的老鼠，閩南話也說「蚡鼠」，也作「
鼢鼠」，說文，以及爾雅，皆作「鼢鼠」。從前小時候
，常在屋子裏面，或野外，看到蚡鼠在地中窟來窟去，
所窟過的地方，都會冒出一堆鬆土，有如「勃壤」或「
墳壤」，這種情景，已有幾十年沒見過。因爲蚡鼠在地
中行走，所以閩南話也形容人，或動物鑽來鑽去，或冒
出來，爲「蚡」。常見的情形，在大庭廣座之中，大人

們或站著，或坐著；小孩子則耐不住性子，常在衆人之間，鑽來鑽去，這種情形，在餐廳有時也會出現，這種現象，閩南話也說「蚡來蚡去」。如果小孩子，或狗、豬等，突然冒出來，閩南話也說「蚡」。春秋時候，楚國有一位國君名叫「蚡冒」，史記、楚世家，以爲是「楚武王之兄」，而杜預注左傳，則說是「楚武王之父」，不論如何，「蚡冒」之名，或與「蚡鼠」有關。

西漢景帝王皇后，有一位同母弟，姓田、名蚡，長相短小，以王皇后的關係，封武安侯，竇太后崩逝，任居宰相，權傾郡國。然而，田蚡之得名，或與田中之蚡鼠有關。

蚡鼠的音

蚡鼠，國音讀ㄈㄣˋ ㄕㄨˇ（ fə̀n ꜱuˇ ），閩南音讀ㄅㄨㄣˊ ㄑㄧˋ（ bún ʦφʼiˋ）。

附　註

一、卷十六之七，二四六頁。
二、ㄅㄨㄣ部，二一二頁。

八三、田　尾

周禮、地官、稻人,「以澮寫水」,註一鄭玄注：
　「澮,田尾去水大溝。」
　　閩南話也說,「田地的下方」爲「ㄔㄢˇ　ㄅㄨㆤˋ
」(tɕ'aˇn buèi),字寫作「田尾」,這是常用語
。至如田的上方,或田的中央,閩南話也說「田頭」(
tɕ'aˇn t'aˇu) ,或「田中央」(tɕ'aˇn tiuoŋ
əŋ)。現在本省有些地方,仍以田尾爲地名,像彰化
縣的田尾鄉,就是現任省政府邱主席的家鄉,而以觀光
花園著稱。另外,彰化縣也有田中鎭,田中,就是田中
央的簡稱。現在仍然常聽到,「田頭田尾土地公」,可
見土地公與我們常在,爲人們所敬仰。

田尾的音

　　田尾,國音讀ㄊㄧㄢˊ　ㄨㆤˇ (t'ién uěi)
,閩南音讀ㄔㄢˇ　ㄅㄨㆤˋ (tɕ'aˇn buèi)。至
於「田」字的音,閩南音聲母轉爲舌上音,這是很少見
的現象,卽使「陳」姓的音,國音聲母讀ㄔ(tɕ')音

_ 365 _

，而閩南音仍讀ㄉ（ t ）音。可見「田」字的音，是很特殊的。

附　　註

一、卷十六之八，二四六頁。

八四、人

周禮、考工記、車人，「車人之事，半矩謂之宣」 註一
　鄭玄注：「所法者人也，人長八尺。」

　　閩南話也說，「計量高度，或長度的名詞」爲「ㄌㄤˇ」（ lǎŋ ），字寫作「人」。國閩辭典說：「人，身長、一尋、六尺。人外水，六尺多深的水。」註二
　　量高度、深度、或長度。閩南話也說「人」。古時候，量尺、寸，多以人的身體爲法度。說文：「尺，十寸也。…，周制，寸、尺、咫、尋、常、仞，諸度量，皆以人之體爲法。」註三至於人體的長度，古人的說法，有八尺，有七尺，有六尺，有五尺六寸，也有四尺。

現在，閩南話多說，人的身長爲六尺，折合公尺，將近一公尺八，以平均身材來看，可能稍高。如果是五尺六寸，也將近一公尺七，可見人體的身長，有可能因時、因地、因人而不同。

人字的音

人，國音讀ㄖㄣˊ（ zə́n ），閩南音讀ㄌㄤˇ（ lǎŋ ）。

附　　註

一、卷四十二之九，六五五頁。
二、ㄌㄤˇ部，四—八頁。
三、八篇下之一，四〇六頁。

八五、教　示

禮記、內則，「異爲孺子室於宮中，…，使爲子師」，註一
鄭玄注：「子師，教示以善道者。」

閩南話也說，「教導、訓示、管教」爲「ㄍㄚˋ

ㄒㄧ⁻」（ kà φiˉ ），字寫作「教示」。國閩辭典說：
「教示，訓示。」註二

　　教導、訓示、教誨、或示範，閩南話也說「教示」
，這也是常用語。常見的情形，老師教示學生，父母教
示子女。如果子弟不學好，往往會受到批評說「無教示
」，這也是很嚴重的話。如果當著家長的面說「無教示
」，家長可能會無地自容；也有修養較差的，甚至於老
羞成怒，也可見教示的重要。總而言之，子女必須教示
，才能循規蹈矩，成爲好子弟，以目前的社會現況來說
，這是非常重要的作法。

教示的音

　　教示，國音讀ㄐㄧㄠˋ　ㄕˋ，閩南音讀ㄍㄚˋ
ㄒㄧˉ。

附　　註

一、卷二十八之十三，五三五頁。
二、ㄍㄚˋ部，四七一頁。

_ 368 _

東漢以後晉朝以前
之史書例證

一、減　罪

後漢書：「天地之性，人爲貴，其殺奴婢，不得減罪。
」註一

　　閩南話也說，「減刑」爲「ㄍㄧㄚㆬˋ　ㄗㄨㄧˉ
」（kiàm tsuiˉ），字寫作「減罪」。有關「減罪」
的說法，閩南話常可聽到，比如說，「不減刑」，或「
減刑三年」，閩南話也說，「無減罪」，或「減罪三年
」。

　　我國刑法、第一編、總則、第八章，說明「刑之酌
科及加減」，從第五十七條，到第七十三條，都有詳細
規定。至於「刑之酌減」，其理由是：
「夫刑罰爲國家無上之權，古代刑罰不由法定，法官可
以自由科刑，其爲害於社會，自不待言，故近代皆探法定
刑主義，以防濫用。夫犯罪而有惡性者，科以法定之刑
可矣，犯罪而無惡情者，其情節至不一端，科以法定之
刑，或過於酷，故得酌減。例如姦所殺死姦夫與圖財害
命，依法律條文，其爲殺人罪雖同，而所應科之刑則異

，故凡行爲雖屬犯罪，而情節確有可原者，裁判上則有酌減之例，行政上則有特赦之權，蓋以此也。」

漢光武帝建武十一年春二月下詔，以爲天地之性，人爲貴，因此有殺奴婢者，不得減罪。或可以說，天賦人權，人生而自由平等。另一方面，在法律之內，人也是自由平等，不因貧富貴賤而異。只不過，法律應對弱小、卑賤、殘障等人，多加保護。一旦對這種人有行兇迫害，則違反天地之性，該當更嚴重的刑罰，到底是人爲貴。

減罪旁證

後漢書、明帝紀：「（永平）九年春三月辛丑詔，郡國死罪囚減罪。」註二

附　　註

一、卷一下之六，光武紀，五三頁。
二、卷二之十一，七〇頁。

二、自　謙

後漢書：「帝不納，常自謙無德。」註一

　　閩南話也說，「謙虛」為「ㄗㄨˉ　ㄎㄧㄚㄇ」（tsū k'iam），字寫作「自謙」。國閩辭典說：「自謙，謙虛。」註二

　　謙虛、謙恭，閩南話也說「自謙」，這是常用語。比方說，某人非常謙虛，或者勸人要謙虛，閩南話也說，「真自謙」或說「愛自謙」。一般說來，自謙是美德，能自謙的人，必定品格高尚，如果是在上位的人，必能得到眾人的敬仰。漢光武劉秀，貴為皇帝，大臣建議，欲將皇帝言行紀錄下來，編集成書，供臣民拜閱，而光武帝不接受，並自謙無德，此種風範，可永遠讓人效法。

附　　註

一、卷一下之二十一，光武紀，六一頁。

二、ㄐㄨˉ（ㄗㄨˉ）部，八〇八頁。

三、肉　飯

後漢書：「朝夕一肉飯而已」。註一

　　閩南話，現在也有「滷肉飯」（ luò bák pēŋ ）
、「炕肉飯」（ k'uóŋ bàk pēŋ ）或「雞肉飯」（ ke
bàk pēŋ ）的說法，可能很多人吃過。其中之滷肉，
或以碎肥肉為主，而炕肉，則是整塊肉。至於雞肉飯，
則以火雞肉為主，是嘉義地區特有的風味。現在的餐館
，多賣叉燒飯、燒鴨飯、排骨飯、雞腿飯、或燴飯之類
，簡單方便，經濟實惠，或可說，由來已古。

　　漢和帝鄧皇后，原為鄧貴人，事陰皇后，建武十四
年夏，陰皇后以巫蠱事廢，而鄧皇后立，謙讓自持。元
興元年，和帝崩逝，鄧皇后立殤帝，並為皇太后，臨朝
聽政，供奉儉樸，所食唯朝夕一肉飯而已。及殤帝崩，
立安帝，猶臨朝政。永寧二年三月崩，在位二十年，年
四十一，事詳皇后紀。

肉飯的音

　　肉飯，國音讀曰ㄖㄡˋ　ㄈㄢˋ（ zòu fàn ），閩南

音讀ㄅㄚˋ ㄅㄥˊ（bà pə̂ŋ）。至於「肉」字的閩南讀音，也可以說得通。釋名、釋形體：「肉，柔也。」而「柔」字，說文「从木、矛聲」，至於「矛」字，在廣韻、下平聲、十八、尤，音「莫浮切」，而「莫」字的閩南音讀「buó」，聲母是ㄅ（b）音。另外，說文、校錄說：「乾一案，肉，古音鳥，禮運，鳥獸之肉，諧巢、毛韻。」註二或可說，「肉、矛」也可諧韻。詩經韻分十七部表、第三部，「袍、矛、仇（無衣一章）」、「浮、滔、游、求（江漢一章）」、「幽、膠（隰桑三章）」、「蚤、韭（幽七月八章）」、「飽、首、考（楚茨六章）」等，都在第三部，或可知，「矛、浮、膠、蚤、飽」，可以諧韻，而「膠」、「蚤」、「飽」等字的閩南音，也可以讀爲「ka」、「tsà」、「pà」，是可知，「肉」字的閩南音可以讀爲「bā」，也可以說得通。

附　註

一、卷十上之十七，和熹、鄧皇后紀，一六二頁。

二、說文解字詁林，四下、肉部，4〜664頁。

四、一　丸

後漢書：「元請以一丸泥，爲大王東封函谷關，此萬世
　一時也。」註一
　　閩南話也說，「一粒圓泥土，或身體紅腫一塊」，
爲「ㄐㄧㄅˊ　ㄨㄢˇ」（ ȶɕiȶ uân ），字寫作「一
丸」。國閩辭典說：
「一丸土，一塊土。」註二
　　一粒圓形的東西，閩南話也說「一丸」，這是常用
語。比如說，小孩子玩泥巴，把泥巴揉成一粒一粒，圓
圓的，這在閩南話也說「一丸一丸」，或說「一丸土丸
」。或者，身體受到細菌感染發炎，而紅腫一塊，在閩
南話也說「結一丸」。至於把米飯揉成圓圓的，像飯糰
似的，也可以說「一丸飯丸」，這種例子很多。

一丸旁證

　　古辭、善哉行：「仙人王喬，奉藥一丸。」註三

一、卷十三之八，隗囂傳，一九八頁。

二、ㄨㄢˇ部，三五頁。

三、古樂府卷五之一， 1368～487 頁。

五、面　會

後漢書：「遣使與純書，欲相見，純報曰，奉使見王侯
　牧守，不得先詣，如欲面會，宜出傳舍。」註一

　　閩南話也說，「會面，見面」為「ㄅㄧㄢˊ ㄏㄨㄟ
」（ bién　huēi ），字寫作「面會」。國閩辭典說：
「面會，會面、見面。」註二

　　會面、見面，或兩人相見，閩南話也說「面會」。
常見的情形，從前交通不方便，經濟條件也差，有時要
前往軍中會見親人，多一人前往，換句話說，常一人會
見一人，這在閩南話，也說「面會」。當然，隨時代演
進，這種情形已全然改觀。至於監獄，或看守所會見，
往往還是單獨見面，這也可以說「面會」。

　　漢光武帝即位之初，封功臣耿純為高陽侯，當時，

宗室劉揚與賊交通。建武二年春，光武帝詔請劉揚，劉揚拒絕。乃遣耿純持節，前往幽、冀等地，頒行赦免令，並勞慰王侯，另密敕耿純，見機收押劉純。耿純等奉令前往，劉揚稱病不請謁。而後，劉揚遣使送信，請與耿純相見，耿純答以，「如欲面會，宜出傳舍」，當時，劉揚自恃有胞弟及堂兄各擁兵萬餘人，因此由兄弟護送前往，耿純以禮接見劉揚，並延請其兄弟入內，而一并殺之，事詳耿純傳。

附　　註

一、卷二十一之九，耿純傳，二八六頁。
二、ㄎㄧㄢ部，二二四頁。

六、草　索

後漢書：「嚴與援妻子，草索相連，詣闕請罪。」註一
　　閩南話也說，「草繩」為「ㄘㄠˊ　ㄙㄜˊ」（ts'aú soˊˋ），字寫作「草索」。國閩辭典說：
「草索，草繩子。」註二
　　草繩，或草繩子，閩南話也說「草索」、或「草索

_ 376 _

也」，這是常用語。至於國語說「繩子」，閩南話也說「索也」，因此，「草繩子」或「塑膠繩」，閩南話也說「草索也」，或「塑膠索也」，這種例子很多。

漢光武建武二十四年，新息侯馬援，時年六十二，率中郎將馬武、耿舒等，將四萬多人征武陵五溪蠻夷，失利。當時，耿舒以馬援不接受他的建議，致使軍隊失利，因此寫信給他的兄長耿弇，耿弇上奏光武帝，另派虎賁中郎將梁松責問馬援，並為監軍。不久，馬援病死，而梁松記恨馬援曾經不禮遇他，因此誣陷馬援在從前平定交阯，所載回一車的薏苡，都是珍珠文犀。光武帝大怒，追收馬援新息侯印綬。馬援家人惶恐，不敢回鄉，草草埋葬馬援。後來，馬援兄之子馬嚴，陪馬援妻子，以草索相連，前往京師請罪，才知被陷害，因此上書訴冤，前後六次，馬援才得以改葬家鄉，事詳馬援傳。

附　註

一、卷二十四之十四，馬援傳，三一五頁。
二、ㄑㄠˋ（ㄘㄠˋ）部，八七六頁。

七、步輦

後漢書:「乘茵步輦,唯所息宴。」註一

　　閩南話也說,「步行、走路」爲「ㄅㄛ¯ ㄌㄧㄢˊ」(puō lièn),字寫作「步輦」,國閩辭典說:「步輦,步行、走路。無坐車用步輦,沒有坐車而走路。」註二

　　徒步、步行、走路,閩南話也說「步輦」,這也是常用語。現在閩南話也說,「神輿」爲「輦轎」(lièn kiēu)。往往迎神賽會時,兩人肩扛神輿,走在前面,這在閩南話或可說,「扛輦轎兮步輦」。有時候神明顯靈,神輿會震動,扛的人也隨著神輿起動,這在閩南話也說「起輦」。因此,輦轎或輦車,可讓神或人坐在上面。而輦轎則由別人扛著走,至於輦車,則人或在前拉著走,或在後推著走。或者,輦車也可變成輦轎,人也可以坐在上面。是以或可說,不管扛著、拉著、或推著輦的人,都是徒步走路,所以稱走路爲「步輦」。從前,也謔稱步輦爲「坐11路公車」,因爲雙腳就像11的形狀。

關於步輦的說法，從說文、義證也可以看出，「釋名，輦車，人所輦也。書、武成，成王朝步自周。黃公紹曰，輦行也，後世稱輦曰步輦，謂人荷而行，不駕馬。詩、黍苗，我任我輦。箋云，有輓輦者。車攻，徒御不驚，傳云，徒輦也。釋訓，徒御不驚，輦者也。郭注，步挽輦車。」「漢書、貨殖傳，夫妻推輦行。顏注，步車曰輦。」「隋書、禮儀志，輦，漢成帝游後庭，則乘之。徐爰釋問云，天子御輦，侍中陪乘。今輦制，像軺車而不施輪，通憶朱絡，飾以金玉，用人荷之。通鑑，李綱有足疾，上賜以步輿。注云，步輿，即步挽輿也。」註三另外，說文、句讀也說，「書，王朝步自周。黃公紹曰，步，步輦也。謂人輓而行，不駕馬也。」

步輦旁證

　．晉書、山濤傳：「帝嘗講武于宣武場，濤時有疾，詔乘步輦從。」註四

步輦的音

　步輦，國音讀ㄅㄨˋ ㄋㄧㄢˇ（ pù niěn ），閩南音讀ㄅㆦˋ ㄌㄧㄢˋ（ puǒ lièn ）。

附　註

一、卷四十上之十二，班固傳，四八二頁。

二、ㄉㄧㄢˋ部，四五六頁。

三、說文解字詁林，十四上、車部、轚，11〜420頁。

四、卷四十三之五，五九〇頁。

八、意　愛

後漢書：「伏聞馬防今當西征，臣以太后恩仁，陛下至
　　孝，恐卒有纖介，難爲意愛。」註一

　　　閩南話也說，「愛意，喜歡」爲「ㄧˋ ㄞˉ」（iˋ
　　aiˉ），字寫作「意愛」，國閩辭典說：
「意愛，喜歡。」註二

　　　愛意、喜歡、好感，閩南話也說「意愛」，這也是
常用語。常見的情形，男女雙方情投意合，萌生愛意，
這在閩南話也說，「有意愛」或「意愛在心內」，也可以
說「對他有意愛」，這種例子很多。

　　　東漢明帝初，第五倫（姓第五、名倫）由蜀郡太守
，代牟融爲司空。當時，明帝尊崇舅氏馬廖，而馬氏兄

弟並居高位。其後，馬防爲車騎將軍，出征西羌，第五倫上疏，以爲，「貴戚可封侯以富之，不當職事以任之」，萬一馬防有所差錯，恐傷太后陛下至親之愛心，「恐卒有纖介，難爲意愛」，事詳第五倫傳。

意愛旁證

後漢書，光武、郭皇后紀論：「及至移意愛，析嬺私，雖惠心姸狀，愈獻醜焉。」註三董卓傳：「樊、韓駢馬笑語，不知其辭，而意愛甚密。」註四

附　註

一、卷四十一之四，第五倫傳，五〇〇頁。
二、丨部，六〇頁。
三、卷十上之五，一五六頁。
四、卷七十二之十二，八三五頁。

九、索

後漢書：「使軍吏田晏、夏育募先登，縣索相引。」註一
閩南話也說，「繩子」爲「ㄙㄛˊ　ㄚˋ」（ sŏˊ

ㄚ），字寫作「索也」，國閩辭典說：

「大索，大繩子。索仔（也），繩子。」註二

　　繩子、繩索，閩南話也說「索」，或說「索也」，這是常用語。因此，大繩子、草繩子、或塑膠繩，閩南話也說「大索」、「草索」、或「塑膠索」，這種例子很多。

索字旁證

　　說文解字：「索，屮有莖葉，可作繩索。」註三段注：「當云，索、繩也，與系部繩、索也，爲轉注，而後以屮有莖葉，可作繩索，發明从朮之意。」

附　　註

一、卷六十五之十三，段熲傳，七六七頁。

二、ㄒㄛˊ（ㄙㄛˇ）部，九九〇頁。

三、第六篇下之三，二七六頁。

十、反　叛

後漢書：「使不得進，義從役久，戀鄉舊，皆悉反叛。

」註一

　　閩南話也說，「叛變」爲「ㄏㄨㄢˊ　ㄆㄢˉ」（huán p'ān），字寫作「反叛」。國閩辭典說：「反叛，叛變。」註二有關「反叛」的說法，或可以說，原屬於自己的人，後來因故反而背叛自己，比如說，部屬反叛，或親友反叛。不過，最嚴重的，或可說是百姓反叛了，一旦不受到人民擁戴，而使人民反叛，不知其可也。至於反叛的說法，段熲傳裏面，還有提到，「永初中，諸羌反叛，十有四年」，而在西羌傳裏面，也有很多。

　　東漢桓帝初年，耿熲以擊破琅邪賊，受封爲列侯，延熹二年，調護羌校尉。四年冬，上郡、隴西諸種羌，聯合入侵幷、涼二州，段熲率湟中義兵前往討伐。當時涼州刺史郭閎貪求功勞，故意阻止段熲軍隊，不讓義軍前往。義軍因爲從軍已有時日，加以思戀鄉舊，是以全部反叛。郭閎藉機歸罪於耿熲，耿熲因此下獄，事詳耿熲傳。

反叛旁證

　　三國志、譙周傳：「南方遠夷之地，平常無所供爲，猶數反叛。」註三

附 註

一、卷六十五之十三，耿弇傳，七六七頁。

二、ㄏㄨㄢˋ部，七一五頁。

三、卷四十二，蜀志，卷十二之十三，六四八頁。

十一、雷 公

後漢書：「黃巾賊後，復有，…，其大聲者，稱雷公。…，大眼者，爲大目。」註一

　　閩南話也形容人，「講話聲音大，或怒氣沖天」爲「ㄌㄨㄧ ㄍㄛㄥ」（lui⁻ kuoŋ），字寫作「雷公」。有關「雷公」的說法，常見的情形，有的人嗓門大，講話的聲音，好像打雷聲。也有的人，或大聲罵小孩，或與人爭吵，有時候聲音很大，好像打雷，這種情形，閩南話也說「若雷公」，這種例子很多。

　　東漢靈帝初年，鉅鹿張角自稱「大賢良師」，奉事黃老，藉符水咒語替人療病，很受百姓尊崇。因此張角遣弟子八人，使於四方，以善道教化天下，相互誆惑，十餘年間，衆徒數十萬，連結郡國，自青、徐、幽、冀

、荆、楊、兗、豫等八州之人，無不響應。遂置三十六方，方、或相當將軍名號。大方萬餘人，小方六七千，各立渠帥。光和七年（一八四年），大方馬元義率數萬人，計劃在鄴起義，並聯合中常侍封諝等，爲內應，相約在三月五日，內外俱起。還未及作亂，被張角弟子，在濟南的唐周上書告發，於是靈帝車裂馬元義，並下令追究，受牽連遭殺害的有千餘人。也通令捕抓張角，張角緊急通知各方，一時俱起，都綁黃巾以爲標幟，時人稱之爲「黃巾」，亦名「蛾賊」，也可見聲勢之大，而在一時之間，天下響應，京師震動。後來，張角病死，餘黨也爲皇甫嵩等平定，朝廷改光和七年，爲中平元年。不過，自黃巾賊後，有雷公、李大目、青牛角、張白騎……，並起山谷間，不可勝數。其大聲者稱雷公，大眼者稱大目，各有所因，大者二三萬，小者六七千，事詳皇甫嵩、朱儁傳。

附　　註

一、卷七十一之九，朱儁傳，八二六頁。

十二、人　家

後漢書：「既到大陽，止於人家。」註一

　　閩南話也說，「民間、鄉間」為「ㄐㄧㄣˇ　ㄍㄝ」（zinˇ ke），字寫作「人家」，國閩辭典說：「人家，民房。人家厝（茨），民房。」註二

　　民家、尋常百姓家、或民間，閩南話也說「人家」。而史記、平原君傳，也有「民家」的說法。或者，人家、民家，都是百姓住家，因此有民間之說。至於人民住家，或多散居鄉野，因此閩南話也有鄉間之說。如果有事情讓民間不滿，而引起抗議，閩南話也說「人家不滿」，這種例子很多。

　　東漢獻帝末年，董卓被殺，其部將李傕、郭汜等，攻入長安，共秉國政。而後，李、郭各相疑異，舉兵相攻，獻帝倚靠李傕。後來，李、郭二人和解，劫獻帝西遷。將軍董承、楊奉等，率兵攻李、郭，結果大敗李、郭，護駕前行。不久，反為郭、李所敗，因所率殘破之軍，都有離心，乃決議渡黃河，而渡河者才數十人。到了大陽（今山西、晉城縣），止於人家。而後，獻帝駕

牛車，以安邑爲都，事詳董卓傳。

附　註

一、卷七十二之十五，董卓傳，八三七頁。
二、ㄗ丨ㄣˇ部，———六頁。

十三、靑　盲

後漢書：「是時犍爲任永君業、同郡馮信，並好學博古
　。公孫述連徵命，待以高位，皆託靑盲，以避世難。
　」註一

　　閩南話也說，「眼瞎」爲「ㄑ丨。　ㄇ丨ˇ」（
ｔɕ'ĩ　miˇ），字寫作「靑盲」。台灣語典說：
「目瞖曰靑盲。後漢書，公孫述據蜀，犍爲任永、馮信
，皆託靑盲，以辭徵命。」註二而國閩辭典却擬作「靑
瞑」，其實就是「靑盲」。

　　眼瞎，或瞎眼睛，閩南話也說「靑盲」，至於瞎子
，閩南話也說「靑盲兮人」，這也是常用語。另外，閩
南話也形容「文盲」爲「靑盲牛」。或者，牛性正直，
做事不改變心意，雖異地而處，所見有殊，仍然始終—

致，因此，目空一切的人，倒不如靑盲牛！

靑盲的音

靑盲，國音讀ㄑㄧㄥ　ㄇㄤˊ（ʦφ'eŋ　máŋ），而閩南音讀ㄑㄧ°　ㄇㄧˇ（ʦφ'ĩ miˇ）。至於「盲」字的音，閩南音讀爲（miˇ），可以說得通。禮記、月令，「盲風至」。註三釋文，「盲，亡庚反」，而「盲庚反」的音，與閩南音miˇ相近。

附　　註

一、卷八十一之四，李業傳，九五二頁。
二、卷三，七九頁。
三、卷十六之二十，三二四頁。

十四、苦　毒

後漢書：「今天下所以苦毒王氏，歸心皇漢者。」註一
　　閩南話也說，「虐待、折磨」爲「ㄎㆦˊ　ㄉㆦㄍˊ」（kˊuoˊ tuók），字寫作「苦毒」。國閩辭典說：「苦毒，虐待。」註二

虐待、折磨，或被虐待、受折磨，閩南話也說「苦毒」，這是常用語。常見的情形，繼母虐待小孩子，這在閩南話也說「後母苦毒前人子」。從前，婆婆虐待媳婦，而後媳婦熬成婆，轉而苦毒媳婦，這種情形已不見，但願天下所有婆、媳，能夠互相體諒、尊重，並發揮恕道的精神，使所有的家庭，都非常的美滿。

附　　註

一、卷八十一之七，索盧放傳，九五四頁。

二、ㄎㄛˋ部，五九七頁。

十五、交　關

後漢書：「通道玉門，隔絕羌胡，使南北不得交關。」註一

閩南話也說，「來往、交易、買賣」為「ㄍㄠ
ㄍㄨㄢ」（ kau kuan ），字寫作「交關」。國閩辭典說：

「交關，交易、買賣。交關客，顧客。」註二

來往、交通、買賣、貿易，閩南話也說「交關」，

389

這是常用語。常見的情形，生意人之間，彼此生意來往
；或者，顧客與生意人之間的買賣，多可說交關。一般
說來，國際之間，關係的建立，或人民的往來，藉著商
品或商人作爲媒介的情形很多，比如說，美國所以和中
共建交，可口可樂扮演很重要的地位。而現在台灣與大
陸兩岸的交流，日日增進，商人的作用很大。或可說，
經濟可以帶動一國的現代化，也可促成國與國之間的關
係，有人說，日本是經濟的動物，並不是虛言。萬一國
、民之間，不得交關，對雙方都是很大的損失，這也是
雙方所不願見的。

交關旁證

三國志、司馬芝傳：「後勳（劉勳）以不軌誅，交
關者皆獲罪。」註三

附　　註

一、卷八十七之五，西羌傳，一〇二八頁。
二、〈〈幺部，四七六頁。
三、卷十二，魏志，卷十二之二十，二四〇頁。

十六、水　精(水晶)

後漢書：「宮室皆以水精爲柱，食器亦然。」註一

　　集解：「西人以玻璃飾宮室，及爲食器，中國人見之，以爲水精。」

　　閩南話也說，「水晶」爲「ㄓㄨㄧˋ　ㄐㄧ°」（tsuiˋ tɕĩ），字寫作「水精」。有關「水精」的說法，現在多說「水晶」。

　　礦物之中，有一種叫做「石英」，結晶多成六方柱帶雙錐，柱面上有水平條紋，又成塊狀產出。一般爲無色或白色，因含雜質，又有多種不同的顏色，不過，加熱時，多數可褪色。至於石英又可分爲結晶質、隱晶質與碎屑性三大類，可作寶石或裝飾品，如水晶、貓睛石、或瑪瑙等。而其中之水晶，就屬於結晶石英的一種。

　　或可以說，純粹的石英，就是水晶，成六角柱狀結晶體，柱面有並行橫紋，常多數簇生而成晶群。無色透明，可作寶石、裝飾品、盤、花瓶、光學儀器、眼鏡、印章等用途，我國廣東、福建、山東、遼寧等地出產。除了無色透明的水晶之外，還有紫水晶、煙水晶（茶晶

）、黑煙水晶（墨晶）、黃水晶等多種。

水精旁證

本草綱目、金石部：「水精、釋名，水晶、水玉、石英。」註二李時珍解釋說：「瑩澈晶光，如水之精英，會意也。山海經謂之水玉，廣雅謂之石英。」而郭璞注山海經、南經「多水玉」，說「水玉，今水精也。」

水精的音

水精，國音讀ㄕㄨㄟˇ ㄐㄧㄥ（ɡueǐ ʨφeŋ），閩南音讀爲ㄓㄨㄧˋ ㄐㄧ°（tɕui˼ ʨφĩ）。而水精，現在多作「水晶」，至於「精、晶」兩字，同在廣韵下平、十四、清，讀音相同。

附　註

一、卷八十八之十二，西域傳、大秦國，一〇四六頁。
二、卷八之五十七，772～631頁。

十七、展

三國志：「進仕之志勸，各展才力，莫相倚仗。」註一
　　閩南話也說，「顯示、施展」爲「ㄉㄧㄢˋ」（
tièn ），字寫作「展」。國閩辭典說：
「展寶，誇示。展勢頭，誇耀威勢。」註二
　　顯現、顯示、展示，或誇示，閩南話也說「展」，
這也是常用語。常見的情形，有的人喜歡以有錢、有名
牌轎車、漂亮、或親人有權勢，來顯示給別人知道，這
種情形，閩南話也說「展」。或者，誇示功課比別人好
，或展現功夫給人看，這也可以說「展」，這種例子很
多。

展字的音

　　展，國音讀ㄓㄢˇ（ tɛǎn ），閩南音讀ㄉㄧㄢˋ
（ tièn ）。說文：「展，轉也。」而「展」、「轉」
的聲母，閩南音都讀ㄉ音。

附　註

一、卷十三，魏志，卷十三之二十四，王肅傳，二五九頁。

二、ㄌ丨ㄢˋ部，三二四頁。

十八、才　力

三國志：「各展才力」。註一

　　閩南話也說，「才能、本領、能力」爲「ㄓㄞˇㄌㄝˊㄍ」（tɡǎi lék），字寫作「才力」，國閩辭典也有「才力」的說法。一般說來，才力可以說，才識、能力、或本領。如果說，才疏學淺，或才識有缺，閩南話也說，「才力無夠」、或「欠才力」，這種例子很多。

　　在閩南話裏，與「才力」相類似的，或可說「才情」。世說新語、賞譽：「許玄度送母始出都，人問劉尹，玄度定稱所聞不？劉曰，才情過於所聞。」註二國閩辭典也說：「才情，本事、才幹。」註三另外，也有「才調」的說法，晉書、王接傳論：「王接才調秀出，見

賞知音。」註四國閩辭典說：「才調，本領。」

才力旁證

曹植、求自試表：「志或鬱結，欲逞其才力。」註五晉書、長沙王乂傳：「乂身長七尺五寸，開朗果斷，才力絕人，虛心下士。」註六

附　　註

一、卷十三，魏志，卷十三之二十四，王肅傳，二五九頁。

二、卷中下之十二，七九頁。

三、ㄐㄚˇ（ㄓㄞˇ）部，七七八頁。

四、卷五十一之二十九，六九六頁。

五、卷八之五，四〇頁。

六、卷五十九之二十五，七八四頁。

十九、自　後

三國志：「太子不悅，然自後游出差簡。」註一

閩南話也說，「從今以後、此後」爲「ㄗㄨˊ　ㄠˉ」（ tsú　āu ），字寫作「自後」。一般說來，自後，

或可說「自今以後」，這也是常用語。常見的情形，朋友，親戚之間，發生衝突，此後互不往來，閩南話也說「自後無來去」。或者，有人發言失當，受到糾正批評，使得以後沒有人敢再發言或評論，這在閩南話也說，「自後無人敢講話」，這種例子很多。

附　　註

一、卷二十五，魏志，卷二十五之二十五，高堂隆傳，
　　四四一頁。

二十、侮　弄

三國志：「侮弄神器」。註一

　　閩南話也說，「戲侮，玩弄」爲「ㄅㄨˊ　ㄌㄤˉ」（buˊ　lāŋ），字寫作「侮弄」，國閩辭典也有「侮弄」的說法。一般說來，侮弄是很嚴重的行爲，比如說，在神明前發誓，或許願，結果違約，或不還願，這或可以說「侮弄神明」。或者，玩弄女人，始亂終棄，這種作法，也可以說「侮弄」。至於一般所說的「舞弄」，或可說「嘲弄」，列子、仲尼：「鄧析顧其徒而笑曰

，爲若舞，彼來者奚若？」註二張湛解釋說，「世或謂
，相嘲調爲舞弄也。」

侮弄的音

侮弄，國音讀ㄨˇ ㄌㄨㄥˋ，閩南音讀ㄇㄨˊ
ㄌㄤˉ。至於侮字，說文「从人、每聲」，古文从「母
」，而「母」字的閩南音讀bú，正與侮字音相近。

附　註

一、卷二十六，魏志，卷二十六之十一，牽招傳，四五
　　〇頁。
二、卷四之十二，1055～611頁。

二一、長

三國志：「至於臣在外任，無別調度，隨身衣食，悉仰
　　於官，不別治生，以長尺寸。」註一
　　閩南話也說，「多出、多餘」爲「ㄉㄧㄛㄢˋ」（
tiuoŋ），字寫作「長」。國閩辭典說：
「長頭，多餘、過剩、餘。」註二

多出、多餘、剩，閩南話也說「ㄉㄧㆲ˙」（tiuoŋ），字寫作「長」，這也是常用語。常見的情形，準備東西，往往怕不夠，所以多有超額；或者買東西，有時商人會給顧客多一點，這種情形，或可說「長」。而它的相反詞，或可說「欠」或「不足」。

一般說來，任何行為，不偏不倚，或允執厥中，可是最理想的，因為超過與不夠，都不是好現象。比如說，國家給公務人員的俸祿，應該足夠養家，而公務人員的生活，也不能超過，以免影響形象。我國歷代的政治家很多，諸葛亮就是大政治家之一，為報劉備三顧之恩，公忠體國，事先主，輔幼主，直到鞠躬盡力，死而後已。而其子諸葛瞻，其孫諸葛尚，皆臨難而死義，忠孝兩存。是可知祖孫三代，有功於蜀漢，亦天下之大善。然則身負國家重責大任者，能不見賢思齊！

長字的音

長，國音讀ㄓㄤˇ（tʂaŋ），閩南音讀如長輩的長ㄉㄧㆲ˙（tiuoŋ）。

附　　註

一、卷三十五，蜀志，卷五之十六，諸葛亮傳，五七四頁。

二、ㄅㄧㄈ几ˋ部，三二九頁。

二二、起　叛

三國志：「潁川以陛下遠征，故姦猾起叛。」註一

　　閩南話也說，「因生氣而作對」為「ㄎㄧˊ　ㄆㄢˉ」（ḱiˊ pʼanˉ），字寫作「起叛」。有關「起叛」的說法，在閩南話也時常聽到，常見的情形，因溝通、協調、談判、調解、或遭恐嚇勒索不成，導致某方羞怒，或無理取鬧，而放出狠話，或擺出敵對的行動，這在閩南話，或可說「起叛」。有時，小孩子因爭吵，或受責罵，而哭鬧，或賴在地上不起來，這種情形，或可說「起叛」，而這種例子也很多。

　　三國蜀漢譙周，研精六經，頗曉天文，諸葛亮任命為勸學從事。諸葛亮死後，轉為典學從事，總理全州之教育。後主立為太子之後，轉任僕轉家令。當時，後主不時出外遊觀，也增廣聲樂，因此譙周上書，舉前人故事為諫，事詳譙周傳。

一、卷四十二，蜀志，卷十二之十一，譙周傳，六四七
　　頁。

二三、阿　子

晉書：「穆帝升平中，童兒輩忽歌於道曰阿子聞，曲終
　　輒云，阿子汝聞不？無幾而帝崩，太后哭之曰，阿子
　　汝聞不？」註一

　　閩南話，暱稱自己的子女，也說「ㄚ　ㄍㄧㄚ゚」
（ a kiã˘ ），字寫作「阿子」。有關阿子的說法，在
閩南話也很普遍。另外，「阿」字的說法，也是常用語
。比如說，對親人的稱呼「阿公」、「阿媽」（祖母）
、「阿爸」、「阿母」、「阿伯」、「阿叔」、「阿兄
」。或者對人名的稱呼，如「阿敬」、「阿惠」、「阿
鑣」、「阿瑞」等等。有關這種說法，在古人或古書也
很常見。

　　漢武帝卽位，立陳妃爲皇后，是爲陳皇后，而陳皇

后名叫「阿嬌」。至於曹操字孟德，一名吉利，小字「阿瞞」。而三國志、諸葛亮傳，「亮子瞻，嗣爵」，裴松之註引襄陽記曰：「黃承彥者，高爽開列，為沔南名士，謂諸葛孔明曰，聞君擇婦，身有醜女，黃頭黑色，而才堪相配，孔明許，即載送之，時人以為笑樂。鄉里為之諺曰，莫作孔明擇婦，正得阿承醜女。」至於三國蜀後主劉禪，字公嗣，而小字「阿斗」。另外，三國東吳名將呂蒙，最初不愛讀書，後經孫權導勸，終於篤志不倦，魯肅而有「非復吳下阿蒙」之嘆。

古辭、焦仲卿妻：「上堂謝阿母，母聽去不止。」又說：「阿兄得聞之，悵然心中煩。」註二晉書、五行志中：「（魏明帝）景初初，童謠曰，阿公阿公駕馬車，不意阿公東渡河，阿公來還當奈何。」註三

阿子旁證

古樂府、王金珠、阿子歌：「可憐雙飛鳧，飛集野田頭，饑食野田草，渴飲清河流。」註四

阿子的音

阿子，國音讀ㄚ　ㄗˇ，閩南音讀ㄚ　ㄍㄧㄚˋ。

附　註

一、卷二十八，五行志中，八四六頁。

二、古樂府卷十之四十三，1368 ～ 553 頁。

三、卷二十八，八四二頁。

四、卷六之十，1368 ～ 506 頁。

二四、拉　颱

晉書：「孝武帝太元末，京口謠曰，黃雌雞，莫作雄父啼，一旦去毛衣，衣被拉颱栖。尋而王恭起兵誅王國寶，旋爲劉牢之所敗，故言拉颱栖也。」註一

　　閩南話也說，「骯髒、不乾淨、垃圾」爲「ㄌㄚˋ ㄙㄚㄅ」（là sap），字寫作「拉颱」。台灣語典說「拉颯，謂穢雜也。晉書：太玄末，京江謠云：黃雌雞，莫作雄雞啼，一旦去毛衣，衣被拉颯棲。」註二

國閩辭典擬作「垃圾」，其實就是「拉颱」，它說：「拉颱，骯髒、污穢。拉颱鬼，骯髒、不乾淨的人。」

　　骯髒、污穢、不乾淨、不正經、垃圾，閩南話也說「拉颱」，這是常用語。也批評人手腳不乾淨，或行爲

骯髒，不正經爲「拉颬人」，或「拉颬鬼」或說「人眞拉颬」。或者，道德有缺陷、行爲有汚點，或貪官污吏，都可說「拉颬人」，這種例子很多。

拉颬的音

拉颬，國音讀ㄌㄚ ㄙㄚˋ（ la sà ），閩南音讀ㄌㄚˋ ㄙㄚㄅ（ là sap ）。

附　　註

一、卷二十八，五行志中，八四七頁。
二、卷四，九八頁。

二五、嚨　喉

晉書：「天公誅讁汝，教汝捻嚨喉，嚨喉喝復喝，京口敗復敗。」註一

閩南話也說，「喉嚨」爲「ㄋㄚˊ　ㄠˇ」（ naˊ ǎu ），字寫作「嚨喉」。現在一般都說「喉嚨」，而閩南話則說「嚨喉」。

嚨喉的音

嚨喉，國音讀ㄌㄨㄥˊ　ㄏㄡˊ（ luóŋ hóu ），閩南音讀ㄋㄚˊ　ㄠˇ（ ná ǎu ）。其中，閩南音可以說得通，而且是古音。以「嚨」字的讀音來說，「嚨、風、東」，都在廣韵上平聲「東」。另外，從詩經韵分十七部表可以發現，第七部之中，「林、心」、「風、心」、「風、林、欽」諧韵，其中「林」字的音，閩南音也讀ㄋㄚˇ（ nǎ ）。而「風、嚨」同在廣韵「東」韵，是可知，「嚨」也可以讀為nǎ。

另一方面，從第九部中，也可以發現，「沖、陰」、「飲、宗」、「蟲、宮、宗、臨、躬」諧韵，而段玉裁解釋說，「陰、飲、臨」，本音都在第七部。至於其中之「沖、蟲、宮、躬」，也同在廣韵「東」韵，由此或可知，「林、嚨」也可以讀為nǎ。

附　.註

一、卷二十八，八四八頁。

二六、加　減

晉書：「是時，用秦、漢舊律，…，又以具律，具其加
減。」註一

　　閩南話也說，「多少、增損、多少不拘」爲「ㄍㄝ
ㄍㄧㄚㄇˋ」（ke kiàm），字寫作「加減」，國閩
辭典也有「加減」的說法，這也是常用語。常聽到的說
法，「多少寫幾個字」、「多少講幾句話」、「或多或
少，有五六篇」，或「有勝於無」，這在閩南話也說，「
加減寫幾字」、「加減講幾句」、「加減有五六篇」，
或「加減好」。有時，收錢或囘收東西，僅能部份收囘
，換句話說，收多少，算多少，有勝於無，這在閩南話
也說，「收賴濟，算賴濟，加減好」，這種例子很多。

　　孔子曰：「聽訟，吾猶人也，必也使無訟乎！」古人也
有用刑以止刑的說法，或者「無訟」，以及「以刑止刑」，
也可說制定「法律」及「刑罰」的基本精神。因爲「法律」
、「刑罰」，在一國政治上，只是備用品，並不是必用品，
好比一個人要身體健康，只有充實健康器材，多作運動，只
靠藥物是不行的。但是，人難免也會身體不適，或免不了也

_ 405 _

要吃藥或動手術，或可以說，藥品或手術器具，好比法律或刑罰，是以說，法律或刑罰，只是備用品而已。不過，法律或刑罰的具備，也有一種警惕遏阻的作用，人民時常看看法律，瞭解有關法律、刑罰的規定，必然警戒在心，以此不敢違法犯法，這或可說，廣義「無訟」，或「以刑止刑」的精神。不過，要根本讓人民不犯法，根本的方法，還是要從教化、教育着手，所謂齊之以德以禮，有恥且格。到底，維繫中國五千年歷史的根源，是在儒家思想，是道德禮儀倫理，而真正藉用法律、刑罰並不多。以現在來說，維持社會安定的力量，不在法律，不在治安單位，而是在倫理道德。因為，知道法律的人並不多，另一方面，平常看到警察的機會也很少，但是社會還能和諧安定，就靠人與人之間的道德倫理來支撐。或一旦人民的道德倫理淪喪，基本秩序喪失，社會便成脫序狀態，即使法律再多，刑罰再苛，還是穩定不了社會秩序，可見倫理道德的重要，是以說，倫理道德是維繫中國五千年的最偉大力量。當然這也要歸功於教化的功能，如此，老師教學生、長輩教晚輩、父母教子女、兄姊教弟妹，代代相傳，傳承不斷，比任何法律刑罰，都要深遠。

近來治安日益惡化，行政院也擬定特別刑法，加以規範，有關晉書、刑法志的記載，或可讓人作為參考，

它說：

「聖王之制肉刑，遠有深理，其事可得而言，非徒懲其畏剝割之痛而不爲也，乃去其爲惡之具，使夫姦人無用復肆其志，止姦絕本，理之盡也。亡（逃亡）者刖足，無所復用亡（逃亡）。盜者截手，無所用復盜。淫者割其勢，理亦如之。除惡塞源，莫善於此，非徒然也。此等已刑之後，便各歸家，父母妻子，共相養恤，不流離於塗路。有今之困，創愈可役，上準古制，隨宜作業，雖已刑殘，不爲虛棄，而所患都塞，又生育繁阜之道自若也。」註二

如以現在來說，竊盜集團，都可砍斷雙手；持刀槍殺人未致死，也可砍斷雙手，甚至於加上一脚；如殺人致死，應受活活分屍的刑罰，不可以一槍斃命，享受安樂死。而重大貪污犯，或惡性倒閉者，也可砍雙手，甚至於割下舌頭，使無法享受，或可繳回贓款，從輕發落。至於強姦人，割其生殖器，而強姦殺死人，也受活活分屍的刑罰。餘此類推，理亦如之。或者，「止姦絕本」，「除惡塞源，莫善於此。」總之，爲惡的人，不必憐惜，所要憐憫的，是那些受害者，和那些受害者的家屬、親人。當然，用刑止刑，使無訟，也是一種方法。

加減旁證

刑法志還說：「刑名，所以經略罪法之輕重，正加

減之等差。」註三

附　註

一、卷三十，刑法志，九二二頁。
二、卷三十，九三二頁。
三、卷三十，九二八頁。

二七、了

晉書：「功名之際，臣所不敢居，若事了，當有所付授
　。」註一

　　閩南話也說，「完畢、結束」爲「ㄌㄧㄠˋ」（
liàu），字寫作「了」。國閩辭典說：
「了，完了、完後。了了，完、盡。」註二

　　完畢、結束、完、光，閩南話也說「了」，或說「
了了」，這是常用語。比如說，話講完、錢用光、戲演
完，或脫光光，在閩南話也說「了」，或說「了了」，
這種例子很多。

_ 408 _

了字旁證

廣雅、釋詁四：「了、已、訖也。」 _{註三}

附 註

一、卷三十四，羊祜傳，一〇二一頁。
二、ㄅ丨ㄠˋ部，四五〇頁。
三、卷四之二，221～441頁。

二八、才 調

晉書：「王接才調秀出，見賞知音。」 _{註一}

　　閩南話也說，「本事、能耐、本領」為「ㄓㄞˇ
ㄅ丨ㄠˉ」（tçǎi tiāu），字寫作「才調」。國
閩辭典說：

「才調，本領。」 _{註二}

　　本事、能力、勝算、把握，閩南話也說「才調」，
這也是常用語。常見的情形，雙方比鬥或挑戰，隔了距
離，有時某方會說，「有才調過來」，或可說，有本事
過來。或者打賭吃東西，結果吃不完，也會受批評說「

無才調」。如果有人能力有限，或喜歡逞強，而輕易承諾，結果做不到，無法實現，有時也不免遭受別人的責備，「無才調，愛答應人」，這種例子很多。

附　註

一、卷五十一，王接傳論，一四三六頁。
二、ㄐㄚˇ（ㄓㄞˇ）部，七七八頁。

二九、布　帆

晉書：「（殷）仲堪在荊州，（顧）愷之嘗因假還，仲堪特以布帆借之。」註一

　　閩南話也說，「帆布」為「ㄅㆦˋ　ㄆㄤˇ」（puó p'ǎŋ），字寫作「布帆」。國閩辭典說：
「布帆，布帳、帳幕。」註二

　　用麻、棉、或塑膠原料等，所製成堅固的粗布，閩南話也說「布帆」，如「塑膠布帆」。而布帆可供作船帆、帳幔、旅行袋等。常見的情形，野外露營，須搭帳棚，這在閩南話也說「肩布帆」。現在也常見，有人選擇住家附近辦喜事，事先必須搭帳棚，這在閩南話也說

「搭布帆」。不過，在都市裏，多搭鐵棚，少用帆布，可能塑膠帆布比較笨重，搭蓋較麻煩。然而帆布的使用，在鄉下還是很普遍，覆蓋大量的東西，還是少不了它。現在也有不少貨車，用帆布覆蓋車上的東西。也有小型貨車的車身，搭起布帆，可以避風遮雨，這種例子很多。

布帆旁證

晉書、顧愷之傳還有提到，「行人安穩，布帆無恙。」

附　　註

一、卷九十二，顧愷之傳，二四〇四頁。
二、ㄅㄛ部，一〇六頁。

三十、坩

晉書：「（陶）侃少爲尋陽縣吏，嘗監魚梁，以一坩鮓遺母。」註一

閩南話也說，「鍋子」爲「ㄎㄚ°」（ k'ã ），字

_ 411 _

寫作「坩」，台灣十五音辭典說：「坩，磁器，飯坩。
」註二

　　可以裝飯、麵、肉等東西的土器、陶器或磁器，閩
南話也說「坩」。常見的情形，煮完大鍋的飯或麵，有
時把飯、麵盛、舀到坩中，其他的飯、麵仍留存在大鍋
子，可保溫又新鮮，因此裝飯的坩，閩南話也說「飯坩
」，而一個飯鍋，閩南話也說「一坩飯坩」，至於一鍋
飯，則說「一坩飯」。從前生活條件很差，鄉下人有時
另外盛取米飯放在坩中，給長輩吃，或請客人吃，剩下
的，可能就給小孩子吃，也可見生活環境之差。或者，
坩中央的飯好吃，如果有人不懂禮貌，只挑取坩中央的
飯吃，而周圍的飯，留給別人吃，像這種人，只顧自己
享受，不知別人辛苦，因此閩南話也形容，不顧家，盡
吃軟飯的男人為「坩也」（ kaˊ aˋ ）。另一方面，現在
的花盆，閩南話也說「花坩」，這種例子很多。

　　從前在鄉下，家裏煮飯多在炉灶，而用來煮飯的飯
鍋，閩南話也說ㄎㄚㄇˊ（ k'aˊm ），字也可能寫作「
坩」，現在少用炉灶，多用電鍋，或瓦斯炉，所以少見
「坩」，不過，在蚵仔（蠔也）麵線的攤子上，還可看
到。現在日本料理店，有一種煮烏龍麵的鼎，或可以說
是濃縮的「坩」。

坩字的音

坩，國音讀ㄎㄢ（k'an），也有讀ㄍㄢ（kan），而閩南音讀ㄎㄚ°（k'ã），或讀ㄎㄚㄇ（k'am）。廣韵、下平、二十三、談，「甘、三、坩」同韵，而「坩」字的音是「苦甘切」。至於「甘」字的音是「古三切」，而「三」字的音，閩南音讀sã，是可知「苦甘切」的音，可以讀k'am，也可以讀k'ã，正與閩南音相近。

附　　註

一、卷九十六，列女傳、陶侃母湛氏傳，二五一二頁。
二、監，ＫＡˇ字母、上平聲、ＫＡˇ韵、去，二五頁。

參考書籍

大漢和辭典　日本諸橋轍次著

台灣話考證　孫洵侯撰　商務印書館

記臺灣一種閩南話　董同龢著　中央研究院史語所

台灣語言源流　丁邦新著　台灣省政府新聞處

閩南話研究　林金鈔著　竹一出版社

台灣福建話的語音結構及標音法　鄭良偉等著
　　　　學生書局

客方言　羅翽雲著　古亭書屋

潮汕詞典　蔡俊明編著　三民書局（代售）

閩南話考證　黃敬安撰　文史哲出版社

筆劃索引

四角號碼索引

_ 423 _

4010。	土炭	113	4433。	羨食	336
4020。	才力	394	4440。	草笠	287
	才調	409		草索	376
4022，	布帆	410		草茅	282
	肉羹	259	4442，	婿	238
	肉飯	372	4460，	苦毒	388
4033，	赤	328	4471，	老寡	309
	赤牛	359		老母	295
	赤肉	316	，	耄	271
4062，	奇巧	307	，	世事	152
4073，	去	132	4477，	舊井	265
4090，	索	381		舊名	188
，	來嫁	274	4480，	共	94
4091，	椎	140	4491，	橈	12
4118，	塡塡	20	4498。	橫	168
4188。	顛倒	52	4600。	加	283
4221。	彎	37		加減	405
4299，	櫟	128	4611。	坦坦	263
4411，	地動	76	，	塊	39
4414，	鼓吹	227	4728，	歡喜	293
4417。	坩	411	4780，	起	190
4418，	茨	330		起叛	399

河洛人源流概述

黃 敬 安 著

河洛人（泉州人、漳州人、唐山人、閩南人）源流概述

目　　次

河洛人源流概述

前　言

　　我國自從黃帝在西元前二六九八年建國以來，到現在已有四千六百八十八年。而歷代王朝，則多在黃河流域、洛水一帶建都。史記、封禪書說：「昔三代之君，皆在河洛之間。」左思、三都賦也說，「河洛為王者之里」。至於現在所通稱之河洛，可以追溯到西周時候的洛邑與成周。

　　當周武王滅殷，有意定都河洛，而周公攝政，秉承武王遺訓，在黃河以南、洛水以北、澗水以東、瀍水以西的地方，營建洛邑、成周二城。因為洛邑、成周位居中土，所以有中原之說。後來周平王東遷洛邑，其後，周敬王移都成周，因此或可以說，東周王朝，分別以洛邑、成周為都。漢朝，定都長安，將原來的洛邑、成周，分別改制為河南縣、洛陽縣；此後，河南縣、洛陽縣

，統稱爲「河洛」。班固、西都賦 提到漢高祖劉邦，「嘗有意乎都河洛矣」，李善注釋說，「有河南、洛陽，故曰河洛。」因爲河洛地區，淵源於洛邑與成周，而洛邑與成周，位居中土，所以河洛地區，也稱爲中原。而後，東漢、魏、晉，也建都河洛，所以說，「河洛爲王者之里」，誠然不虛。而居住河洛地區的人，當然是河洛人；河洛地區通行的語言，也稱爲「河洛話」。因此或可知，河洛人是道地的中國人，河洛話則是我國中原話，歷史非常悠久。

四千多年來，我國所以版圖完整，全國統一，不像歐洲半島，分裂成許多國家，這不能不歸功於秦始皇。因爲秦始皇統一中國，實行「書同文」；也因爲「書同文」的關係，我國方言卽使再多，同胞之間，彼此也能夠溝通，而各地的方言，也得以保存。現在，我國方言之中，所謂的閩南話，可說是最特殊，而且古老。其實，在漢、晉之前，多稱爲「河洛話」。不過，「河洛話」爲什麼會在閩南盛行？且變成所謂的閩南話？這可能與中原河洛人士避難閩南有關。

當西晉永嘉年間，五胡之匈奴族，開始危害中原，等到洛陽淪陷，中原河洛人士，以及其他地區的同胞，紛紛南渡。有的先移居淮河以南地區，有的渡長江南下；不久，長安也相繼陷落，西晉滅亡，東晉政府在建康

成立，南遷的同胞，都移徙到江南。東晉政府為安置南遷的同胞，特別創設「僑置制度」與「給客制度」，因此南遷的同胞，暫時都成為「僑民」，或「客民」。時間一久，大部分的僑民、客民，多與原住民混合，變成當地住民，也有少數的僑民、客民，不與當地族民相融合，並自成另一族系，仍然居住在當地，歷經南朝之宋、齊、梁、陳、以及隋、唐。到了唐朝末年，因為避黃巢之禍，才離開客居地，作第一次遷徙。此後，輾轉遷徙，共有五次，才定居現在的廣東等地，這也就是「客家人」的由來。

另外，早在西晉永嘉年間，也有少數中原河洛衣冠士族，避難南遷。這些河洛人，並不南遷江南，因此並沒有在江南當僑民、或客民；當時，他們是從中原河洛，顛沛流離四千多里，直接遷徙到當時的江州、晉安郡、晉安縣，也就是現在的福建、泉州一帶。

從史實或可看出，夏代以來，河洛祖先，最初是避天災——洪水；以後還要避人禍——戰爭，因此經常處在動亂之中，對於世局的感受也最深。西晉末年，中原鼎沸，胡族亂華，中原已無可容身，乃毅然決然，永離戰亂，移居安樂土，是以不惜數千里困頓，遷移到富有紀念性的地方——晉安郡、晉安縣。一方面祈求居住能夠安堵，也祈禱祖國晉朝能永遠安和。河洛人來到晉安

_3_

縣之後，沿兩條江水定居，並分別取名「晉江」與「洛陽江」，且在洛陽江上，建造洛陽橋，藉以紀念故國——晉朝；以及故都、也是故鄉——洛陽，「悠然有小河洛之思」。明朝、崇禎十三年（一六四○年），郡守孫朝讓，重修泉州、洛陽橋，並為之記，記文中曾提到：

「迄今遵海而居，橫江而渡者，悠然有小河洛之思焉。」

清朝、龔景翰，在洛陽橋詩注，也說：

「永嘉南渡，衣冠多寓於此，地以是名，殆有故鄉之思乎！」

河洛人移居晉安縣，從此閉關自守，僻處於海濱一隅，過著如桃花源般的生活。當然，他們仍然自稱河洛人，仍然講河洛話。

晉安縣，歷經不同朝代的沿革，在唐睿宗的時候，改為泉州。在這之前，也就是唐武后時，朝廷接受陳元光將軍奏議，另外創置漳州。因此，河洛人也稱為泉州人，或漳州人。

泉州、漳州在唐朝末年以前，並未受到朝廷重視，也因為僻處海隅，得以不受中原亂離的影響。唐朝末年，黃巢作亂，盜賊湧起，河南光州、固始人，王潮、王審邽、王審知三兄弟，受盜匪王緒所挾持，南侵到泉州。後來，王緒被殺，眾人公推王潮為將軍，並治理泉州。而後，以泉州為根據地，北收福州，並統一福建。王

潮死後，王審知繼承兄業，治理福建。而王審邽仍守泉州，其子王延彬，修「招賢館」，所謂「中原擾嚷不已，公卿多來依之」。五代以後，全閩，尤其是泉州‧成為唐末士大夫避難之所。

當王審知割據福建，仍奉唐朝為正朔，並遵唐朝天子為君，「寧為開門節度使‧不作閉門天子」。而福建地區，仍然是唐朝江山，是以福建地區，也稱為「唐山」；福建同胞，也自稱「唐山人」。日後，泉、漳人士移民海外，「唐山」之說，也傳播海外。

王審知死後，其子王延翰，自稱大閩國王，不久，被殺。王審邽次子王延鈞繼承，西元九三三年稱帝，國號大閩，是為閩惠宗。從此，福建也簡稱「閩」，因為泉州、漳州，位在閩之南，是以又統稱閩南。因此之故，河洛人又稱為閩南人。至此或可知，河洛人、泉州人、漳州人、唐山人、以及閩南人，名稱雖有不同，其實一貫相通。

明末，有少數的閩南河洛人，追隨鄭成功渡海到台灣，從此定居在台灣，成為台灣地區大多數同胞的祖先。因此關於祖先的源流，不可不知，愚不揣粗陋，敢綜合古書所載，還有己見，藉以推證我河洛人祖先的源流。

河洛人源流的概述，內容大致分為以下幾部分：

壹、三代河洛之說

其中包括：夏代之河洛、商代之河洛，以及周代之
河洛。

貳、漢晉河洛之說

其中包括：漢代之河洛，以及晉代之河洛。

叁、永嘉末年，北方人士南渡之說。

其中包括：僑置制度之設置，以及客家源流簡述。

肆、永嘉末年，中原河洛衣冠南遷之說

其中包括：南遷的原因、南遷的時間、南遷的路線
以及南遷的地點。

伍、中原河洛衣冠移居晉安郡、晉安縣的原因概說

其中包括：晉安郡的地理環境、晉安縣的地理環境
以及與晉安的地名有關。

陸、中原河洛衣冠移居晉安郡、晉安縣之證說

柒、唐朝與泉州、漳州、唐山之說

其中包括：漳州之創置，以及王審知與大閩、唐山。

捌、唐山與台灣之說

玖、中華民國與台灣之說

拾、結論

一、現代河洛人是道地中國人

二、現代河洛人具有最多中華民族的血統

三、現代河洛話保留中原古語最多

四、現代河洛人樂天知命

有關河洛人的源流，前人少有記述，本人敢提出所見，藉以拋甎引玉，並就教於博學鴻儒。

壹、三代河洛之說

　　先人對於河洛的說法，多指黃河、洛水兩流域地區。因為先秦之前，還沒有郡、縣之分，一旦談到疆域，多舉禹貢九州，也有引河水為代表。如果牽涉到兩種水名，往往兩種並舉，比如說：尚書、禹貢之「灉沮會同」，詩經、鄭風之「溱洧篇」，或左傳、成公六年之「不如新田土厚水深，有汾澮以流其惡」，都是兩水並舉，因此河洛之說，其來有自。

　　易經、繫辭上說：「河出圖、洛出書，而聖人則之。」古人相傳，伏犧氏王天下，有龍馬背書圖出於黃河，伏犧氏受之，而演八卦；其後大禹治水，有神龜出於洛水，背文書獻禹，大禹因此陳述鴻範。因為黃河、洛水一帶，有祥瑞出現，我中華民族始祖，炎帝神農、黃帝軒轅，便在此開基、經營，以至於發皇，並造就我龍的傳人，成就我炎黃子孫。而黃帝第八傳到大禹，建立夏朝，從此我中華民族開始有相當文字，相當典章制度，也具有相當完整的國家規模。是以我國在古代，也稱「華夏」，或「中夏」．說文解字說：「夏，中國之人也。」如果說，夏朝是中華民族的開端，一點也不誇張。

夏朝的創始者大禹，是黃帝次子昌意的後裔。當黃帝即位之後，封昌意於若水（現在四川、瀘水上游），並娶蜀山氏女，昌僕為妻，從此昌意的子孫，多定居在蜀。大禹就出生於蜀，他的出生地，大約現在四川、岷江流域的水黑江一帶，靠近成都西北方的茂縣、汶川附近。（詳見史記／五帝紀／夏本紀正義）現在我國國寶貓熊，多盛產於此。

大禹出生，適逢洪水滔天，人民受溺，其父鯀已受帝堯之命治水，鯀以築堤方法堵水，治水九年，水患不除，為帝堯所殺。堯改派大禹治水，以疏導方法，引導洪水入於黃河，通于海，終於治水成功。孟子、滕文公章句說：「當堯之時，水逆行，氾濫於中國，民無所定，下者為巢，上者為營窟，……，使禹治之。……，險阻既遠，鳥獸之害人者消，然後人得平土而居之。」

大禹治水成功，中國各氏族都遷徙到安全的地方定居。而夏（姒）氏宗族，也相繼從岷江流域、漢水上游、或渭水流域等地，遷移到洛水流域。日後，大禹成了萬國領袖，史記、夏本紀說：「徙眾居民，乃定萬國為治。」最後，大禹建立了夏朝。

一、夏代之河洛

史記、封禪書說：「昔三代之君，皆在河洛之間。」三代，首推夏朝。有夏一代，自大禹於西元前二二〇五年繼位開始，以至於西元前一七六七年，夏桀被商湯放逐於南巢為止，建國有四四〇年之久，前後共十四代，十七傳。而其都城多在河洛之間，因為河洛之間，地形平易，無險固。史記、周本紀說：「武王曰：『……，自洛汭，延于伊汭，居易無固，其有夏之居。』」以下謹綜合尚書、左傳、史記等有關原文及注釋，另有樊開印先生所編之「中國歷史疆域古今對照圖說」，並加上個人己見，略述於下。

大禹未即位之前，受封為夏伯，居陽翟（今河南、禹縣），約當洛水、潁水之間。舜死後，避舜之子商均於陽城（今河南、登封縣），相當洛水、潁水之間。當禹即位，因洛水、伊水一帶，平坦多水災，所以定都安邑（今山西、夏縣），約當黃河之北，四交河上。禹崩，子啟繼位。啟崩，子太康繼位，國都皆在安邑。然而從太康末年，到少康中興，夏朝曾一度失國，情形大致如下：

太康即位之後，不顧政務，喜好漁獵，國勢漸衰。在位第廿九年，曾陪同母親，以及昆弟五人，前往洛水以南狩獵，百日不回，大臣后羿率領百姓，抵制太康，太康因此不得渡黃河回安邑。而后羿挾太康定居鄩城（今河

南、鞏縣），當時太康之母及昆弟五人，在洛水之北，久等太康囬國不得，作五子之歌，批評太康。從此夏朝都城，被迫遷於鄩城，約當洛水入黃河之處。此後，后羿專政，太康死後，改立太康之弟仲康，仲康死後，后羿取代夏朝，夏朝暫時亡國。后羿也從鄩城，過黃河，遷往鉏城（今河南、滑縣），再遷到窮石（今山東、德縣），自稱有窮國君。而仲康之子帝相，不得不遷移到商丘（今河南、商丘縣），最後，從商丘北上，倚靠斟尋（今山東、濰縣）、以及斟灌（今山東、壽光縣）二國。

　　后羿爲有窮國君之後，自以爲善射，不時荒淫於田獵，終於被其相寒浞所殺。寒浞自立爲帝，仍承襲有窮國號，爲有窮國君。後來，寒浞派遣其子奡，消滅斟、尋二國，並殺害帝相。當時帝相之后妃·名叫后緡，是有仍國之女，逃囬有仍國（今山東、濟寧縣）娘家，生下遺腹子少康。後來，少康逃往有虞國（今河南、虞縣），以避寒浞殺害。有虞國君賜少康綸邑（今河南、虞縣東南）之地，少康就以綸邑爲根據地，有田一成（十平方里），有衆一旅（五百人），並得到諸侯之助，終於消滅有窮，復興夏朝，史稱少康中興。有關這段史實，請詳尙書、五子之歌，左傳、襄公四年，以及哀公元年文。

少康之子繼位，遷都到原（今河南、濟源縣），位於黃河之北。孔甲之時，遷都西河（今陝西、郃陽縣），約當黃河之西。到了夏桀，又遷已鄩城，當洛水入黃河之處，是可知，夏代之君，多在河洛之間。

二、商代之河洛

有商一代，自成湯於西元前一七六七年建國，以至於西元前一一二二年，商紂自殺，立國共有六四五年，前後共十七世，三十傳。而其都城，也多在河洛之間。

商代的始祖契，因佐禹治水有功，受封為司徒，並封於商（今陝西、商洛縣）。至其孫相土，遷居商丘（今河南、商丘縣），「商」朝之名，起源於此。傳到商湯，定居南亳（今河南、商丘縣），後來遷到西亳（今河南、偃師縣），約當洛水入黃河之處，這本來是契的父親帝嚳，所定都的地方。商湯遷都西亳，作帝誥一篇，昭告先王（帝嚳）已定都於西亳。最後，打敗夏桀，建立商朝。

湯十傳到仲丁，遷都隞（今河南、滎陽縣），約在西亳東北。十二傳到河亶甲，遷都於相（今河南、安陽縣）。十三傳到祖乙，遷都於邢（今山西、河津縣），約當汾水入黃河之處。十九傳到盤庚，感於商朝建都黃

河以北很久，屢受河水所困，因此渡黃河南遷，先遷往南亳（原湯之故都），輾轉五次，終於定都西亳殷（今河南、偃師縣），也是商湯建國之都城。或者說，殷有中正、盛大之義，所以改國號爲「殷」，史稱殷朝，或殷商。尚書、盤庚序：「盤庚五遷，將治亳殷。」二十七傳到武乙．從西亳遷回先殷王河亶甲的故都，史記、殷本紀說：「武乙立，殷復去亳，徙河北。」廿九傳到帝乙，遷都朝歌（今河南、淇縣），約當黃河、淇河之間，離武乙之都，約百五十里，直到殷朝亡國，都城皆在朝歌。而殷朝滅亡之後，殷朝從前之都城，都可說殷墟，比如河亶甲、武乙之故都――相城（今河南、安陽縣）。至如，左傳、定公四年，「康叔封于殷虛」，則指商紂之都――朝歌。大體說來，殷朝之都，也多在河洛之間。

關於殷代遷都，爭執最多，可能是盤庚遷都的地方。盤庚遷都到「殷」，並無疑義，但是「殷」地到底在什麼地方，卻有不同的說法。如以尚書、史記來說，盤庚是遷都到西亳殷，回復到商湯建國的都城。還有一說，如括地志、竹書紀年所記，都說盤庚遷都殷，是原河亶甲的都城附近．相當現在河南省、安陽縣境。近代國學大師王國維先生，考證出土的甲骨文，也證明此說。當今發行之（河南）安陽文獻，也持此說。

三、周代之河洛

夏、商二代，國都遷徙不定的情形，一到周朝，已經不再發生。大致說來，西周王朝的都城有三：豐邑、鎬京、以及洛邑。而東周王朝的都城，則有二處，即洛邑與成周。

周文王西伯昌，在豐水之西，營建豐邑。豐邑完成，從岐下遷都於此。詩經、大雅、文王有聲：「文王受命，有此武功，既伐于崇，作邑于豐。」次年，文王崩逝，因此文王祖廟設在豐邑，每當朝廷遇有國家大事，必先至文王廟，昭告文王。

周武王繼位九年，會八百諸侯於孟津。歸國，在豐水之東，營建鎬京。詩經、大雅、文王有聲：「考卜維王，宅是鎬京，維龜正之，武王成之。」十一年，武王克殷，十三年，崩逝。

當周武王十一年，平定商紂，凱旋西歸，有意定都在商紂都城，朝歌附近，因此所獲得的夏鼎，先暫時寄託在夾鄩鄊。左傳、桓公三年：「武王克商，遷九鼎於洛邑。」史記、周本紀也說：「武王曰：『自雒汭延于伊汭，居易無固，其有夏之居。我南望三塗，北望嶽鄙，顧詹有河，粵瞻雒伊，毋遠天室，營周居于洛邑而後去

。」十三年，武王崩逝，周公攝政。周公秉承武王遺訓，準備經營新都，不料，管、蔡、霍三監，以及武庚、淮夷相繼爲亂，不得已親往東征。三年囘朝，制禮作樂，六年完成。因爲周公攝政到第七年年底，成王將滿二十歲，周公必須還政，有關新都營建，必須儘速完成。終於在黃河以南，洛水以北，瀍水以西，澗水以東，求得吉兆，並完成洛邑。十二月除夕，成王來到洛邑，周公致政。明年一月一日，成王在洛邑卽政。不久，淮夷、奄又乘機作亂，成王親征。平定之後，成王離開洛邑，先囘豐邑，作周官。五月，囘到鎬京，諸侯都到鎬京朝集，終以鎬京爲都，而以洛邑爲東都。

從武王伐紂，到成王卽政，新封建之諸侯不多，當時的諸侯，多是殷代的舊國，還不服新朝，是以三監之民，以及淮夷常相繼作亂。周公感於殷代遺民不服周朝，有意將殷代遺民集中管理，就在營建洛邑之時，也在洛邑之旁，營建新邑，當新邑完成，周公將殷代遺民，從黃河以北，渡河南遷，集中定居在洛水東北，以完成周道，是以新邑，又取名「成周」。成周所以建築在洛邑之旁，在於就近監督。後來成王離開洛邑，不以洛邑爲都，就命周公監督成周。成王元年三月，周公離開洛邑，前往成周，以王命安撫成周之殷民，成周大治。

至於西周王朝的都城，也多在河洛。因爲鎬京位於

豐水之東，與豐邑相對。豐水是渭河的支流，注入渭河之後，經渭河向東流入黃河，是以豐水也算是黃河流域。尚書、禹貢：「導渭自鳥鼠同穴，東會于豐，入于河。」詩經、文王有聲說：「豐水東注，維禹之績。」毛傳：「昔堯時洪水，而豐水亦氾濫爲害，禹治之，使入渭，東注于河，禹之功也。……，文王、武王今得作邑於其旁，爲天下所同心而歸。……，豐邑，在豐水之西；鎬京，在豐水之東。」至於洛邑，則在洛水之北，所以說，西周之都，多在河洛之間。

再者，東周王朝的都城，也在河洛之間。當周平王東遷，定都洛邑，十二傳周敬王，兄弟內鬨，都城被迫從洛邑遷往成周。十九傳至周顯王，韓、趙分東周王朝爲二，即西周公（君）朝、東周公（君）朝；而西周公（君）朝、東周公（君）朝，則分別治理洛邑、成周，當時，東周王朝已名存實亡。周赧王五十九年崩，東周王朝滅亡，周武王所建立的周朝正式結束。不久，秦滅西周公（君）朝，西周公（君）入秦獻地而歸。七年後，秦派呂不韋滅東周公（君）朝，而洛邑、成周全部併入秦。因爲洛邑、成周，都在黃河之南，洛水之北，是道地的河洛之間，所以說，東周王朝之都，也在河洛之間。

有周一代，都城比較固定，而朝代之說，則比較複

雜。如以整個周王朝來說，周平王東遷之前，稱為西周王朝（西元前一一二二年至七七一年）；而周平王東遷之後，則稱東周王朝（西元前七七〇至二五六年）。再以東周王朝來說，又有西周公（君）朝（西元前三六七至二五五年）；東周公（君）朝（西元前三六七至二四九年）之分。而西周公（君）朝治理洛邑，因為洛邑在成周之西，所以後人又簡稱西周；另外，東周公（君）朝治理成周，因為成周位於洛邑之東，所以又簡稱東周；難怪戰國策書中，有西周、東周之說，這是什麼原因？

當西周幽王被殺，平王避犬戎之禍，東遷洛邑（西元前七七〇年），而西周王朝結束，東周王朝開始。東周平王十二傳周敬王，因兄弟內亂，敬王四年（前五一六年），國都從洛邑遷往成周，從此中央政府日衰。

十五傳周考王，繼貞定王廿八年崩而立（前四四一年），以接續周公之官職為名，封其弟姬揭於洛邑，號稱西周桓公。此後，京都成周有王室（考王），而洛邑有公族（西周桓公）。

十六傳周威烈王，繼考王十五年崩而立（前四二六年），當時西周桓公之孫，稱為西周惠公，以奉王室為名，而以鞏邑封其少子姬班，並承襲自己惠公之號，因鞏邑在成周附近，也位在洛邑之東，故稱東周惠公。當

時，中央成周，有威烈王；在鞏，有東周惠公；而在洛邑，則有西周惠公。顯王九年（前三六〇年），西周惠公卒，長子武公繼位。

十九傳周顯王，二年（前三六七年），韓、趙分周地爲二，西周公（君）、東周公（君），正式爲諸侯。由西周公（君）治理洛邑，東周公（君）則治理成周，而戰國策有東周、西周之說，即由此而來。

廿一傳周赧王，中央政府從成周遷囘洛邑，倚靠西周武公，從此周平王東遷之東周王朝，名存實亡，政令多出於西周武公。赧王五十九年（前二五六年）崩，東周王朝正式結束，次年，秦封西周文公於𢓜狐聚（今河南、臨汝縣），西周公（君）朝也結束。

東周亡後七年（前二四九年），秦莊襄王元年，以呂不韋攻東周公（君）朝，東周公（君）朝結束。秦並不絕周祀，改以陽人地（今河南、臨汝縣）封賜東周公（君），從此周地，皆幷入秦國。

有關三代河洛之說明，從以上簡單的敍述，或可以看出，夏、商二代的都城，多在黃河、洛水一帶，其中尤以黃河流域分布較廣，大約現在山西、河南、河北、山東等地。有周一代，河洛的範圍，已大爲縮小；因爲，西周王朝定都鎬京，而以洛邑爲東都，是以河洛之說，已限於陝西及河南。後來，周平王東遷，東周王朝，

分別以洛邑、成周爲都城，當時的河洛，則指黃河以南，洛水以北、瀍水附近的地區。因居天下之中，所以又稱中原。史記、周本紀：「成王在豐，使召公復營洛邑，如武王之意。周公復卜申視，……，營築居九鼎焉。曰，此天下之中，四方入貢道路均。」是可知，三代之河洛，到最後，則以洛邑、成周爲主。漢初，將洛邑、成周，分別改制爲河南縣、洛陽縣，而河南縣、洛陽縣，簡稱爲「河洛」。我們一般所說的「河洛」，就是由此而來。而西晉永嘉末年，河洛人就是從這移居到福建泉州的。或可以說，洛邑與成周，是河洛人祖先的發源地。因此有必要將周公營建洛邑、成周的經過，略述於下。

㈠洛邑

周公攝政七年（前一一〇九年）之二月二十一日，周公陪成王從鎬京到豐邑，以遷都之事，昭告文王。當日，成王命太保召公，先往河洛卜居新都。尚書、召誥：「惟二月既望，越六日乙未，王朝步自周，則至于豐，惟太保先周公相宅。」因爲紂都朝歌，位在黃河之北，又顧慮老百姓安土重遷之習性，三月五日，先從朝歌附近之黎水，開始卜居，不吉。再從黃河以南，洛水以北求之，結果在瀍水西、澗水東，求得吉兆，太保召公決定

在此建設，一并規劃城廓、郊廟、朝市等位置。尚書、禹貢：「導洛自熊耳，東北會于澗、瀍，又東會于伊，又東北入于河。」洛誥也說：「我卜河朔黎水，我乃卜澗水東、瀍水西，惟洛食。」三月七日，召公發動所有商代遺民，在洛水之北，完成洛邑。三月十二日，周公來到洛邑，遍觀新建築，無所變更。三月十六日，在洛邑大會諸侯、百姓，並封康叔為衛侯，前往治理朝歌，管轄殷代遺民。尚書、康誥：「周公初基，作新大邑于東國洛，四方民大和會。」孔傳：「初造基，建作王城大都邑於東國洛汭，居天下土中，四方之民，大和悅而集會。」

洛邑完成，周公歸國稟告成王，告以年終將還政於王，並說明成王居洛邑之意義，以為「為民明君，守治土中，故為王營洛邑。」明年一月一日，成王在洛邑即政，五月，回到鎬京。此後，來往於鎬京、洛邑之間，而以洛邑為東都。

(二)成周

洛邑營建之時，周公也在洛邑之旁，選擇適當的地方，營建新邑，藉以容納殷代遺民。結果在洛水之北，瀍水之東，得吉兆。尚書、洛誥：「我又卜瀍水東，亦惟洛食。」新邑完成，遷殷代遺民於新邑，以完成周道，是

以取名「成周」。尚書、多士序：「成周既成，遷殷頑民，周公以王命誥，作多士。」多士也說，「今朕作大邑于茲洛」「猷告爾多士，予惟時其遷居西爾。」後來成王命周公監管成周，成王元年三月，周公初臨成周，安撫殷之遺民。尚書、多士：「惟三月，周公初于新邑洛，用告商王士。」至此，周公在河洛之經營，終於大功告成。

貳、漢晉河洛之說

周赧王五十九年（西元前二五五年），赧王崩逝，東周王朝亡國。就在東周王朝亡後的同年及七年，西周公(君)朝，東周公(君)朝，也相繼滅亡。洛邑、成周，兩地，都并入秦國，歸屬三川郡。

楚、漢相爭五年（前二○二年），漢高祖劉邦統一天下，二月，從定陶西都洛陽。五月，戍卒婁敬求見，力言定都洛陽不便，張良也力勸，最後在高祖七年（前二○○年）改以長安為都。婁敬有功，賜姓劉。史記、高祖本紀說：

「天下大定，高祖都雒陽，諸侯皆臣屬。……，高祖欲都雒陽，齊人劉敬，及留侯勸，上入都關中。」

漢定都長安，將三川郡改爲河南郡，轄有二十二縣。當初周朝之洛邑、成周兩地，分別改制爲河南縣、洛陽縣。因爲，洛邑位居黃河之南，而成周則在洛水之北。至於河南縣、洛陽縣兩地區，後人多并稱爲「河洛」地區。在周朝，河洛地區位居天下之中，故有「中原」之稱，因此，中原與河洛，實爲一體。

漢光武帝劉秀，中興漢室，在鄗之陽（今河北、柏鄉縣北），即皇帝位，改鄗爲高邑。建武元年（二五年）十月，車駕入洛陽，以洛陽爲都，近二百年。此後所謂之河洛，或專指洛陽地區。魏、晉也相繼以洛陽爲都，每朝大約五十年，是可知，三朝以洛陽爲都，幾近三百年之久。在這三百年之間，河洛幾乎成爲政治、文化、經濟之中心，因此有關河洛之說，在漢、晉典籍，常可發現。

一、漢代之河洛

漢代典籍，多見河洛之記載。

漢武帝元鼎四年，巡狩河洛，封周朝後裔姬嘉，爲周子南君。漢書、武帝本紀說：

「還至洛陽，詔曰：『祭地冀州，瞻望河洛，巡省豫州，觀于周室，……，其封嘉爲周子南君。』」

漢武帝元鼎六年，封禪泰山，當時太史公司馬談不得從行，發憤成疾，留滯洛陽。其子司馬遷奉命平西南夷歸來，趨往河洛相見。史記、太史公自序說：

「是歲，天子始建漢家之封，而太史公留滯周南（今洛陽），不得與從事。故發憤且卒。而子遷適使反，見父於河洛之間。」

另外，漢代辭賦之中，也屢見河洛之說。

班固、東都賦：「立號高邑，建都河洛。」（文選／卷一）

班固、西都賦：「蓋聞皇漢之初經營也，嘗有意乎都河洛矣！」（文選／卷一）

張衡、南都賦：「皇祖止焉，光武起焉，據彼河洛，統四海焉。」（文選／卷四）

(一)河南縣、洛陽縣統稱河洛

漢初，將周朝之洛邑、成周兩地，改為河南縣、洛陽縣，是以統稱為「河洛」。河南縣因淵源於洛邑，後人又稱為「古洛陽」。另以洛陽縣，稱「今洛陽」，因此，東漢定都洛陽，河洛地區，則專以洛陽地區為主。或可以說，河洛地區，與河南縣、洛陽縣，關係非常密切，其理何在？

1. 從史書之記載來看

漢武帝元鼎四年，東周王朝結束後一百四十多年，漢興已九十四年。武帝巡狩至河洛，求周朝後裔，得姬嘉，因此封姬嘉三十里地，號周子南君。這段史實，史記、周本紀贊的記載是：

「東巡狩至河南，求周苗裔，……，號曰，周子南君。」

漢書、武帝本紀則說：

「還至洛陽，詔曰：『祭地冀州，瞻望河洛，巡省豫州，觀于周室，……，其封嘉爲周子南君。』」

另外，史記、正義引帝王世紀說：

「漢武帝元鼎四年，東巡河洛，思周德，……，爲周子南君。」

從以上史記、漢書之說，可以發現，河南縣、洛陽縣兩地，多併稱爲「河洛」。

2. 從昭明文選李善注釋來說

河南縣、洛陽縣，可以統稱爲河洛，從昭明文選李善之注釋，有更明顯的說明。

注釋西都賦，「嘗有意乎都河洛矣」一句，說：

「尚書曰：『厥既得吉卜』，乃經營東都，有河南、洛陽，故曰河洛也。」

注釋南都賦，「據彼河洛」一句，說：

「河洛，謂東都也。西都賦曰，嘗有意乎都河洛。」

注釋東都賦，「建都河洛」一句，說：

「東觀漢紀曰，……，『建武元年十月，車駕入洛陽，遂定都焉。』」

以上說明，更可以瞭解，河洛與河南縣、洛陽縣之關係。

二、晉代之河洛

河洛的說法，到晉朝更加盛行。尤其東晉初期，南渡人士，有很多奏疏，提到河洛，且多以中原河洛，代表故國，晉書的記載很多，試引幾則如下。

㈠晉書之記載

1.晉朝名將相庾亮，奉東晉成帝之命，鎮守襄陽石城，曾上疏說：

「比及數年，戎士習練，乘釁齊進，以臨河洛。」

不久，庾亮之弟庾翼，曾建議遷往襄陽，而庾亮之子庾龢，則修書規諫叔父庾翼說：

「承進據襄陽，耀威荊楚，且田且戍，漸臨河洛。」（皆見於晉書／卷七十三／庾亮傳）

2.晉穆帝時，將修建後池，造閣道，江逌上疏說：

「今者二虜未殄，神州荒蕪，舉江左之眾，經略艱難，漕楊越之粟，北饒河洛，兵不獲戰。」（卷八十三／江逌傳）

3.晉哀帝時，大司馬桓溫，收復河南，請還都洛陽，朝廷畏懼，不敢有異議，永嘉太守孫綽上疏說：

「自喪亂以來，六十餘年，蒼生殄滅，百不遺一，河洛丘墟，函夏蕭條。」（卷五十六／孫楚（孫綽）傳）

4.哀帝隆和二年（西元三六四年），前燕進逼河南，太守戴施出奔，冠軍將軍告急，桓溫使竟陵太守鄧遐，率三千人援助陳佑，並想還都洛陽，因此桓溫上疏說：

「巴蜀既平，逆胡消滅，時來之會既至，休泰之慶顯著，而人事乖違，屢喪王略，復使二賊雙起，海內崩裂，河洛蕭條。」

結果，哀帝僅下詔嘉勉，不爲所請，其詔曰：

「廓清中畿，光復舊京，非夫外身殉國，孰能若此者哉！……，但河洛丘墟，所營者廣，經始之勤，致勞懷也。」

後來，哀帝晉封桓溫爲揚州牧，錄尙書事，並派侍中顏旄，宣桓溫入朝參政，桓溫上疏說：

「如當假息游魂，則臣據河洛，親臨二寇，廣宣皇靈，襟帶秦趙，遠不五載，大事必定。」（皆見於卷九十八／桓溫傳）

從所引奏疏之中，隱約發現，東晉人士在南渡之初，河洛故國之思，仍然濃厚。過五十年之後，東晉人士，已少言河洛，或因離開河洛已久，河洛故國之情，已

漸疏離。晉書、桓溫傳說：

「自彊胡陵暴，中華蕩覆，狼狽失據，權幸揚越，……，而喪亂緬邈，五十餘載。先舊徂沒，後來童幼，班荊輟音，積習成俗，遂望絕於本邦，宴安於所託。」

晉朝永嘉之禍，開始於懷帝永嘉三年（西元三〇九年），東晉立國，則在元帝大興元年（三一八年），距離哀帝隆和二年（三六三年），桓溫之疏奏，已有五十餘年。當時，老臣多已凋謝，新生一代，已不曉從前言語，並且積習成俗，這種現象，不難從晉書去發現。

(二)河洛話淺說

有關河洛的說法，已略述於前，而與河洛有關的，則有河洛人，以及河洛話。或可說，居住河洛地區的人，稱為河洛人；河洛人的語言，則稱為河洛話。有關河洛人之說，留在後面詳述，現在略述河洛話於下。

前面說過，從東漢，到魏、晉三百年間，河洛已成為政治、文化、經濟的中心。而河洛地區的語言，就是所謂的「河洛話」。在當時，是雅言，也是官話，以現在來說，相當於國語。現在，我們的國語是北平話，北平話所以成為國語，也有它的歷史背景。因為元、明、清三代，都以北平為都，將近有六百年之久，當時的政治、文化、經濟的中心，非北平莫屬，北平話也自然成

為民族共同的語言，直到現在，仍然不變。由此不難瞭解，何以現代研究漢語的人士，擬定語言的上古期，多以西晉以前為上古期。這原因是，東漢、魏、晉三朝的都城，都在河洛；而河洛地區通行的河洛話，在當時也是國語的緣故。

河洛話定於一的情形，經五胡亂華，中央政府南渡之後，已逐漸改變，而且時間愈久，變動愈大。因為留在中原的河洛人，已與胡人相混合，河洛話也與胡語相雜，是以河洛話不能不改變。

北方的河洛話已受影響，而南渡人士所講的河洛話，也不能免。因為河洛人士到江南，日久，與當地人相結合，語言自然受當地的影響，尤其受吳語的影響很大。從此，河洛話混雜在南方語音當中，河洛話已無法純粹完整的保存，甚至於日漸減少。顧炎武、音論，引讀詩拙言曰：

「說者謂，自典午失（五胡亂華），其馭中原之人，入於江左，而河、淮南北間，雜方言，聲音之變，或自此始。」（卷中之六）

河洛沈淪，政府南渡，是不是所有的河洛人，或河洛話，都受到同化，而在中國消失？不是的。為什麼？因為在中國，仍有一些河洛人，還講河洛話。何以故？那是在永嘉之末，已有一些河洛人，離開中原河洛，經

過四千多里涉水渡海，避難到當時的江州、晉安郡、晉安縣定居，相當於現在福建泉州一帶。這一些避難的河洛人，可以說，具有最純粹中華民族的血統，他們既沒有被胡人所同化，也不與南方民族相融合，也可以說，是最純粹的中國人。這一些具有最單純中華血統的河洛人，也就是現在所謂閩南人的先祖。南宋、淳熙三山志說：

「永嘉之亂，衣冠南渡，時如閩者，八族。」（卷八）

「爰自永嘉之末，南渡者率入閩；陳、鄭、林、黃、詹、丘、何、胡。」（卷廿六）

這些碩果僅存的河洛人，也是道地的中國人，在僻處定居，與世隔絕，不與外界相通，有如陶淵明、桃花源記所說：

「先世避秦時亂，率妻子邑人來此絕境，不復出焉，遂與外人間隔。」

因此之故，也才能夠保存完整的河洛話，直到唐朝中葉，漸與外人相通，河洛話才受到影響。現在河洛話仍然保存很多上古音、義，實在是有它的歷史背景。

叁、永嘉末年，北方人士南渡之說

周朝從平王東遷之後，諸侯相繼坐大，先有春秋時代，後有戰國。由於各國國內不安定，造成邊疆少數民族可乘之機。秦始皇之時，全力為統一中國，不免忽略邊疆工作，匈奴族趁機得到發展。最後，雖然中國統一，邊疆問題卻接著發生。因此在漢朝，不得不從事匈奴邊區之經營，結果，其他胡人，又乘機而起。東漢末年，不得已實行招致邊區部族內徙的政策，希望胡人部族，能逐漸同化於中華民族。後來，州、郡擁兵割據，導致三國鼎立的局面，曹魏也僅能對胡人實施安撫，同樣採取招致內徙的政策。

　　晉武帝統一中國，感於三國割據，是以大封宗室，盡罷州、郡刺史，或太守的兵權，結果地方武力，全落在諸王手中。從前專為邊區部族所設之州、郡，因無暇顧及，變成有名無實，而呈現空虛狀態。加以武帝晚年，荒淫失政，舉國上下，又浸沈於奢侈腐敗之頹風，國勢日衰，繼位者惠帝，庸懦無能，既受制於宮幃，又為權臣所弄，終於引發八王之亂。致使兩漢以來，臣服於漢室，而居近於現在綏遠、山西、陝西、甘肅、河北等地，邊區內徙的部族，紛紛乘機叛亂。

　　晉懷帝永嘉二年（西元三〇八年），匈奴王劉淵，首先發難，在平陽（今山西、臨汾縣）稱帝。永嘉五年，劉淵之子劉聰，遣派始安王劉曜，攻陷洛陽，擄懷帝

到平陽，史稱「永嘉之禍」。永嘉七年，懷帝被殺，愍帝在長安即位。建興四年（三一六年），劉曜攻陷長安，愍帝投降，西晉滅亡。此後，北方盡淪陷于五胡。

　　當洛陽、長安相繼淪陷，中原一帶的情景，非常慘烈，晉書的記載，可以看出。

「大晉受命于今，五十餘載，自元康以來，王德始闕，戎翟及於中國，宗廟焚爲灰燼，千里無煙爨之氣，華夏無冠帶之人，自天地開闢，書籍所載，大亂之極，未有若茲者也。」（卷八十二／虞預傳）

「帝之繼皇統也，屬永嘉之亂，天下崩離。長安城中，戶不盈百，牆宇頹毀，蒿棘成林，朝廷無車馬章服，唯桑版署號而已。衆唯一旅，公私有車四乘，器械多闕，運饋不繼。」（卷五／愍帝紀論）

　　河洛化爲灰燼，百官士庶不逃亡者幾稀，因此永嘉末年，有識之士，已紛紛南渡，晉書的記載很多。

「永嘉末，以寇賊充斥，遂南渡江。」（卷五十九／汝南王亮傳）

「俄而洛京傾覆，中州士女，避亂江左者，十六、七。」（卷六十五／王導傳）

「及京師大亂，逖率親黨數百家，避地淮、泗，以所乘車馬，載同行老疾，躬自徒步。……，是以少長咸宗之，推逖爲行主，達泗口，元帝逆用爲徐州刺史。」（卷

六十二／祖逖傳）
永嘉之末，不僅朝廷百官逃亡，中原士女也紛紛南渡，黃河流域的百姓，更相率南下，史無前例的民族大遷徙，終於展開。

一、黃河流域百姓南渡

當匈奴族進攻中原之時，瑯琊王司馬睿，正在揚州都督軍事，後來移守建康（南京）。長安陷落，愍帝被擄，司馬睿在南方稱晉王。愍帝遇害，南方群臣，勸晉王即皇帝位，是爲元帝，改元建武，史稱東晉。

東晉政府成立，黃河流域一帶的民衆，不願受異族壓迫，因此有遷移機會的，或有遷移力量的，都紛紛渡江，相率南遷。這些南遷的同胞，雖然遠離故鄉本土，寓居他鄉，卻仍稱原居地本名。東晉政府也特別爲這些同胞，設置州、郡，並予以安置，也准予他們沿用原來故鄉的地名，所謂「僑置制度」，便因應而生。

二、僑置制度之設置

晉書、地理志下：
「自中原亂離，遺黎南渡，……，並僑置牧司，在廣陵

、丹徒、南城、非舊土也。及胡寇南侵，淮南百姓皆渡
江。成帝初，蘇峻、祖約爲亂於江、淮，胡寇又大至，
百姓南渡者轉多。乃於江南，僑立淮南郡，及諸縣。…
…，咸康四年，僑置魏郡、廣川、高陽、堂邑等諸郡，
並所統縣。並寄居京邑。……，是時，上黨百姓南渡，
僑立上黨郡爲四縣，寄居蕪湖。」（卷十五）

僑置區的設立，最初，能安定僑民的生活，並隱含有光
復河山之義。後來，僑民增多，不大量僑置，無法容納
，也就出現一個地方，分別僑置有幾個不同的郡、或縣
的情形。如以廣陵爲例，廣陵一地，即僑置有袞、靑二
州，以及南濮陽等八郡。日後，甚至於還有其他狀況發
生，那就是，同一地方的同胞，相隨南下的很多，無法
寓居在同一地方，不得已，必須分別僑置在不同的地方
。如以上黨郡爲例，上黨郡的移民很多，一個地方容納
不下，因此分別僑置在淮陽（今江蘇、泗縣），以及蕪
湖兩地。

南渡的同胞，僑居異鄉，得以在僑居地冠上原居地
的地名，這種措施應該是很理想，卻想不到也會有困擾
，什麼困擾？是地名重覆的困擾。因爲從原居地避難到
僑居地之後，原居地光復了，這時候就發生地名重覆的
困擾。政府爲解決這一問題，就在僑置區、光復區的地
名之上，分別以「南」、「北」來區分。也就是說，在

僑置區的地名之上，加一「南」字；而在光復區的地名之上，加一「北」字。就以廣陵郡中的南濮陽郡為例，來做說明：濮陽郡的人民，曾移居廣陵郡，因此在廣陵郡之中，僑置有濮陽郡；後來，原濮陽郡光復，馬上面臨有兩處濮陽郡的困擾。為了避免地名鬧雙胞，就以「南」、「北」加以分別，是以將廣陵郡所僑置的濮陽郡，改成南濮陽郡；所光復之原濮陽郡，則變成北濮陽郡，這種現象，都是當初所料不及。

僑區設置之後，原先只有移民與土著之分，其後又產生南渡移民，與光復區老家同胞，不應有的隔閡、糾紛。不過，時日一久，南渡的僑民，也不囘北方原居地，反而與當地住民，融合成一體，這是時勢所趨，也是民族情感的交流。如果我們多研究歷史，應可避免很多不必要的隔閡、誤解；還可藉歷史的經驗，研擬更妥適的辦法，以防止問題的發生。

三、客家源流概述

東晉政府對於南渡同胞的安置，除「僑置制度」之外，還設有「給客制度」，南齊書、州郡志上：「南袞州、鎮廣陵，……。時百姓遭難，流移此境，流民多庇大姓以為客。元帝太興四年，詔以流民失籍，使

條名上有司，爲給客制度。」（卷一四）

因爲晉元帝下詔書，設有「給客制度」，宋朝政府簿籍，才有「客籍」的專稱。今天我們所說的客家人，其「客」字，實淵源於此。

　　客家人，又稱漢人，其祖先在五胡亂華之時，也從北方南遷，在江南居住很長的時間，避免與當地住民混合，也儘量保持自己的傳統語言、習俗，以減少和其他民系混化。而其他民系的人，也自覺那些特殊族類的人，是另一系統，因此以「客民」視之。久之，「客民」也自認是另一系統，是以在意識上和觀念上，便成「客家」這個民系，到後來，也自稱爲「客家人」。關於客家人的源流，謹摘引羅香林等學者的說法，簡述於下。

「可知客家先民，東晉以前的居地，實北起幷州上黨（今山西、長治縣境），西屆司州弘農（今河南、靈寶縣境）、東達揚州淮南（今安徽、壽縣境），中至豫州新蔡、安豐（今河南、新蔡、潢川、固始附近）。」

第一次：自東晉，受五胡亂華影響，由中原遷至鄂、豫南部，及皖、贛，沿長江南北岸，以至贛江上下游，爲遷移之第一期。（由西元三一七年至八七九年）。」

第二次：自唐末受黃巢事變影響，由皖、豫、鄂、贛等第一時期舊居，再遷至皖南，及贛之東南，閩

之西南，以至粵之東北邊界，爲遷移之第二期
。（由西元八八〇年至一一二六年）。」

「客家先民最先移居廣東東部、北部的，雖說有遠在五
代（唐末之五代）以前者，然那時人數無多。……，就
是宋朝初年，移至那些地方的客民，也還是數目無多；
南宋以後，客民向南遷徙的，始一天多似一天。這種遷
移運動，直至明朝中葉，始稍休歇。」

「所以客家這系統的形成，大體已晚在五代至宋初。自
然，客家裏面的分子，亦極多在南宋、或元、明、清以
至近代，始自外地，或別系攙入其內的，然此實無礙其
系統和特性的傳演，亦無庸以此遽懷疑其民系形成的年
代。」

　　客家人的祖先，南渡之後，在江南客居很長的時間
‧又經五次遷徙，才定居下來，所以客家話的語音，受
南方音的影響很大，是以其音多中古音。而河洛人的先
祖，一離開河洛，就直接南遷到現在福建、泉州一帶，
並且世居於此，直到明末，才有第二次移民，因此之故
，河洛人才能夠保持更純的中華民族血統，河洛話也才
得以保留更多的上古音、義。這種道理很明顯，可不須
多作說明。本人感於本省客家同胞，在客家話，及習俗
等方面，日漸式微，因此敢於提出，盼客家同胞多加重
視。

肆、永嘉末年，中原河洛衣冠南遷之說

　　中國的統一，開始於秦始皇，到兩漢達到顛峯。不過，在東漢末年，因州牧專權，導致地方割據，終於演變成三國鼎立的局面。從此，國家民族又開始分裂，家族也不免遭受離散之苦。但是，如果從另一個角度來看，東漢末年，中國之所以分裂，強勢家族則扮演很重要的角色。也往往家族意識，超過國家意識，就像三國時候，曹操、孫權等家族。此外，也有家族與宗族互為聲援，劉備之與荊州刺史劉表，及益州牧劉焉就是。從此或可以看出，東漢末年之州牧、群臣割據，以至於三國鼎立，受家族、或宗族的影響很大。

　　曹魏當政，陳群立九品官人之法，區分士、庶的階級，從此門閥觀念深，士大夫也競尚門閥，而家族觀念，更加濃厚。因而導致宗族之間，相互交游攀引，姻親之間，互相勾結，終使國家大勢，入於宗族政治之局，最後不免為司馬氏一族所篡。等而下之，一般衣冠士族，也以高官厚祿為當然，並各自顧其門戶森嚴，久之視為固然。大致說來，這些特殊階級的利害一致，行動是一體，所以從東漢末年，國家分裂，以迄西晉末年，晉

室南遷，避亂的人士，多以宗族、家族集結前往，便不足為奇。在我國歷史上，集體避亂最著名的，最先有東漢時的田疇。

田疇，東漢人，曾經是幽州牧劉虞的幕僚，劉虞為公孫瓚所殺，田疇前往拜祭，也被公孫瓚拘留，釋放之後，囘到右北平，率宗族避難他處。三國志、田疇傳說：「率舉宗族，他附從數百人，……，遂入徐無山中，營深險，平敞地而居，躬耕以養父母。百姓歸之，數年間，至五千餘家。」（卷十一）

後來，袁紹之子袁尚被殺，田疇感恩於袁紹父子，在從前曾經器重他，因此前往弔祭，「疇，盡將其家屬及宗人三百餘家，居鄴。」建安十二年，田疇隨曹操征烏丸，有功，封為亭侯，邑五百，但是田疇拒絕接受，自以為是負義逃竄之人：

「疇自以始為居難，率衆遁逃，志義不立，反以為利，非本意也，固讓。」

田疇曾率宗族避難，也協助袁尚家屬、宗人，移居鄴；並隨曹操征伐，拒絕封邑；或可以說，田疇之居難避地，或辭讓官祿，其作風與理念，影響後來逃難人士很大。因為避難，對國家來說，已屬不忠；如再接受爵祿，更是不義。是以身處大變亂的時代，志士仁人，既無力扭轉大局，也不肯同流合污，惟有自尋樂土，與世隔絕

，創造桃花源，這也是無可如何，不得已之事。

　　西晉末年，幾百家人避居險阻，或處濱海之地，形成塢堡、或村落，這種例子很多。前面說過，祖逖曾經「率親黨數百家，避地淮、泗」，就是其中之一。但是，最有名的，最引人注目的，那就是河洛人的南遷。

　　永嘉末年，有部份的中原河洛人，感於中原多難，抱持畏難懷居，不肯出仕的心理，因此不隨政府南渡江南，反而不辭數千里困頓，涉水渡海，桴海避難到晉安郡、晉安縣，並順著兩條江水定居，以後，分別取名晉江、洛陽江；藉以永懷故國──晉朝，以及故都兼故鄉──洛陽。從此，自成一桃花源世界，我華夏血統，也賴以維繫下去。或可以說，河洛人的南遷，在中華民族史上，是一樁大事。因此有關河洛人南遷的原因、時間、路線，以及地點，頗值得瞭解與研究，現在謹就所知，說明於後。

一、南遷的原因

　　河洛人士，不辭數千里南遷，而永別河洛，其故何在？或可以說，畏難懷居，與不肯出仕，是河洛人南遷的原因。

(一)畏難懷居

東漢末年，到西晉滅亡，中原地區，戰爭、洪水始終不斷；因為天災，人禍橫行，使得中原為多事之地；中原河洛人士，憚於戰亂頻仍，亟想永遠避開禍亂，尋覓安樂土定居。是以少數宗族，不僅不跟隨東晉政府到江南，反而相率南遷，輾轉數千里，永別河洛故土，隔居海濱，蔚聚成都邑，創造安樂園。這種作風，很類似東漢田疇。斐松之、注三國志田疇傳，引先賢行狀載太祖命說：

「蓚令田疇，至節高尚，遭值州里，戎夏交亂，引身深山，研精味道，百姓從之，以成都邑。」

福建通志、卷五十七、風俗篇，也引述甌寧志之說，也可作為佐證。

「晉永嘉末，中原喪亂，士大夫多避亂入閩。……，時危京守建安，亦率其鄉族來避兵，遂以占籍。」

或可說，畏難懷居．是河洛人南遷的原因之一。

(二)不肯出仕

河洛人移居之後，遠離政治圈，不再出仕，與功名利祿絕緣，惟有戮力開創如桃花源般的生活。經過東晉、宋、齊、梁、陳、隋六朝，甚至於到唐朝初年，各朝

故事，都少有聽聞。難怪唐德宗建中元年（七八〇年），常袞任福建觀察使，誤以爲河洛人士，未讀書、習字，已與現實隔絕數百年，因此趕緊設立學校，教河洛人士讀書，從此河洛人士與外界漸通，藩離稍解，風俗也不能不稍改變。韓愈、歐陽生（詹）哀辭說：

「閩越地肥衍，有山泉禽鳥之樂，雖有長才秀民，通文書吏事，與上國齒者，未嘗肯出仕。今上初，故宰相常袞爲福建諸州觀察使，治其地。袞以文辭進，有名於時，又作大官，臨泣其民，鄉縣小民，有能誦書，作文辭者，袞親與之爲客主之禮。……，詹（歐陽詹、泉州人）於時獨秀出，袞加敬愛，諸生皆推服。」

河洛人士移居新土，仍講河洛話，習俗也不更易。唐朝中葉之後，雖稍有變革，隱約仍有古意，而且古人遺風猶存。東漢田疇，堅辭曹操之封，也不肯出仕，其精神或深深影響河洛人士。三國志、田疇傳說：

「疇自以始爲居難，率衆遁逃，志義不立，反以爲利，非本意也，固讓。」

或可說，不肯出仕，也是河洛人南遷的原因。

二、南遷的時間

河洛人士，離開河洛南遷，是在什麼時候開始？試

從文獻的記載，或可知，永嘉之中，已紛紛南遷。永嘉，是晉懷帝的年號，從西元三○七年到三一三年，共有七年。據文獻記載，永嘉二年，河洛人士已前往晉安地區避難，距今也將近一千六百八十年。而華夏血統之延續，端賴於此。現在試從地方志乘所記，條引幾則於下。

㈠淳熙三山志

梁克家，南宋、泉州、晉江人，曾任參知政事，宋孝宗淳熙年間，撰有「淳熙三山志」，其中提到：

「七閩人民，自周職方，已有其數矣。經秦歷漢，徙寘江、淮，道亡巖谷，其存亡有幾。吳永安三年，始屬建安郡，是時，戶僅二千四十二，口一萬七千六百八。暨晉太康，分置晉安州（郡），戶始三千八百四十三、口一萬九千八百三十五。永嘉之亂，衣冠南渡，時如閩者八族。其後，增四千三百（戶）。至隋，一萬二千四百二十。」（卷八）

「爰自永嘉之末，南渡者率入閩：陳、鄭、林、黃、詹、丘、何、胡。」（卷二十六）

㈡福建通志

通志，卷五十五、五十七、風俗篇，引述其他志乘，也有不少：

「閩自周，……，其時可謂淳古。秦、漢之代，習於戰爭，以阻悍稱。晉永嘉後，中原衣冠避地趨焉。」

「晉永嘉二年，中州衣冠入閩者八族，以中原多事，畏難懷居，無復北嚮，故六朝士宦、名蹟，鮮有聞者。」（引九國志）

「晉永嘉中，衣冠多趨閩，自是畏難無復仕者。」（引八閩通志）

「清源郡（今泉州），秦漢土地，與長樂同。晉南渡，衣冠多萃其地。」（引唐十道志）

「永嘉之亂，中原人士，林、黃、陳、鄭四姓，相前後入閩。後梁、王審知，亦中原河南、固始人。」（引閩中記）

「晉永嘉末，中原喪亂，士大夫多避亂入閩。」（卷五十七／引甌寧志）

　　永嘉之中，中原河洛人士，有八姓相隨南渡，進入晉安郡、晉安縣，而且多定居於晉安縣（今泉州），從此，在晉安縣開基、經營、繁衍．成為現在閩南河洛人、以及臺灣河洛同胞的開基祖。

三、南遷的路線

　　河洛人士南遷，歷經四千多里，才移居晉安縣，到

底是依循什麼路線？這是很值得探討的問題，試說明如下：

西晉末年，北方人士南渡，大多依循以下路線南來：

(一)漢水

山西、甘肅、四川一帶的同胞，可從陝西循漢水東行，可到湖北。當漢水在湖北注入長江，往南，可經洞庭湖，到達湖南、廣東。往東，可到江西，再經鄱陽湖，可到福建。若往東北，可到安徽、江蘇一帶。

(二)淮河

河北、山東、河南一帶的同胞，可循淮河，經安徽，到江蘇。也可循淮河經邗溝，到浙江。

一般說來，中原人士南渡，多循淮河，有的，或先暫居淮河以南、長江以北。也有的，繼續南行，過長江，，南下僑居。後來局勢逆轉，暫居淮南、江北的同胞，也不得不渡江而南。或可以說，淮河是中原人士南渡的重要水道，因介於黃河、長江之間，地理環境極為重要。當大禹治水時，特別針對淮河的地理環境，分別在淮河南、北，採行不同的方法。

1.淮河以北

淮河以北的水道，可以直接疏通到黃河。治水的程序，依次是：先淮河通泗水，次則泗水通沂水，再從沂水通汶水，汶水再通濟水，最後經濟水注入黃河。尚書、禹貢說：

「海（今黃海）、岱（今泰山）惟青州（今山東部分），……，浮于汶，達于濟。」「濟，河（黃河）惟兗州（今山東部分）。」「海、岱及淮，惟徐州（今安徽、江蘇）；淮、沂其乂（治）。……，浮于淮、泗，達于河。」

孔穎達正義：「徐州云，浮于淮、泗，達于河。蓋以徐州北接青州，既浮淮、泗，當浮汶，入濟，以達于河也。」

2.淮河以南

淮河以北的水道，可以貫通黃河；而淮河以南，長江以北之間，則無水道可通，因此大禹治水，不得已採取便通方法。那就是，藉由海道轉接，使長江流域的同胞，可經海道，轉接淮河，以通達黃河。而便通的方法是：循長江出東海，經東海轉入淮河，再從淮河貫通黃河。尚書、禹貢說：

「淮海惟揚州。……，沿（沿）于江、海，達于淮、泗。」

孔安國傳：「沿江入海，自海入淮，自淮入泗。」孔穎

達正義：「沿江入海，順也。自海入淮，自淮入泗，逆也。」長江一帶的水域，因此而整治完成，大禹也順此航道，回到冀州，向帝堯報告。

大禹在淮河以南治水，因順應地理環境，不得不經由海道，雖然方便，不免風險很大。直到春秋時代，距今大約二千六百年前，吳王夫差，爲了用兵中原，便於軍糧運輸，因此從邗城（今揚州）到盱眙之間，開鑿人工河道，史稱邗溝。左傳、哀公九年：
「吳城邗溝，通江、淮。」杜預注：「於邗江築城穿溝，東北通射陽湖，西北至末口入淮，通糧道也，今廣陵韓江是。」魯哀公九年，當周敬王卅四年，吳王夫差十年，西元前四八六年。夫差開通邗溝，將長江和淮河聯結起來，而長江下游的同胞，要進入北方，可以不經海道，同時也是進入中原的捷徑。

東漢時候，南方舊交趾七郡的貢品，起初，是從東冶（今福州）裝船，沿海岸北上，或從山東轉入黃河，西南逆行而上，可到達國都洛陽。航道雖然比其他水路、或陸路，都要便捷；只不過，海上航行，風波不斷，死傷也多，最後不得不改道。也就是，捨海路就水路，將桂陽、零陵之間山道開通，使湟水、滇水、離水流域可藉湘水通達長江，再經邗溝聯接淮河，而通往洛陽。後漢書、鄭弘傳說：

「（章帝）建初八年（八三年），代鄭衆爲大司農，舊交趾七郡，貢獻轉運，皆從東冶（今福州）汎海而至。因風波艱阻，沈溺相係，弘，奏開零陵、桂陽嶠（嶺）道，於是夷（平）通，至今遂爲常路。」（卷三十三）

另外，三國東吳，也有二次利用邗溝，北攻曹魏。一次，吳大帝嘉禾三年（二三四年），孫權派兵分道伐魏，將軍孫韶等，曾奉命率軍入淮，向廣陵、淮陽進攻。還有一次，孫亮太平元年（二五六年），將軍文欽等，從江都（今揚州）進入淮、泗，準備攻取山東。也可見，邗溝地理位置的重要，後來，邗溝成爲南、北大運河的濫觴。

更值得一提的是，東晉穆帝將修建後池，江逌曾上疏勸諫：

「今者二虜未殄，神州荒蕪，……，漕楊越之粟，北餽河洛。」（晉書／江逌傳）

可見，經邗溝，通淮河，可以達到河洛。

東漢之時，從東冶（今福州）沿海，可以到達國都洛陽，航道雖非安全便利，卻是可行之道，至少顯示出，中原與東南沿海等地，可以相通。因此，不免聯想到，如果中原一帶，遭逢戰亂，人民要前往南方避難，還是有管道可通。那麼，河洛人南遷，是不是可以循此航道南下？

永嘉之中，河洛淪陷之前，已有少數河洛衣冠士族，陸續逃往晉安縣，也是現在福建、泉州一帶避難。當時，河洛人逃亡避難的路線，是不是從洛陽，沿黃河東北順流而下出海？或者，循濟水，接淮河，再出海？這可能有問題。何以故？因為北方胡人紛紛南侵，逃離人士，勢必不可能再往北走。這樣說來，河洛人士到底是如何南遷？或有可能，經伊水，接潁水，轉進淮河，再從淮河出海，轉入海道，循江蘇、浙江、福建沿海南下。或者也可以，在轉進淮河之後，經邗溝到長江，再從長江出海南行。當時，有部分南遷的河洛人士，從現在的閩江口進入，定居晉安郡（今福州一帶）。而絕大多數的河洛人士，則繼續南下，從現在的泉州灣，進入晉安縣（今泉州），並沿現在晉江、以及洛陽江，定居下來。或可說，河洛人南遷的路線，有可能是如此。以上有關河洛人南遷的路線，還請專家指正。

四、南遷的地點

中土沈淪，河洛失陷，少數河洛宗族，不得已相率避難南奔，流離顛沛，跋涉四千多里，可說極盡生靈塗炭之苦。不過，河洛人士離開河洛，到底直奔什麼地方

？大概是直接南遷到當時江州的晉安郡、晉安縣。那麼，晉安郡、晉安縣，又相當現在的福州、或泉州等地。二者的沿革如何？或可以分別從西晉之前，以及西晉至唐初，予以說明。

㈠西晉之前

晉安郡、晉安縣，最初是夏朝少康庶子的屬地，曾經也是勾踐的領土。戰國時候，越國滅亡，子孫播遷海上，分別散居在現在的福建、浙江一帶。秦統一中國，收幷其地，改爲閩中郡。漢初，改爲閩越國。孝惠帝時，分閩越國，爲閩越及東甌二國。武帝建元三年，閩越攻東甌，東甌不得已退到長江、淮河之間，閩越歸併其地。建元六年，餘善殺其兄閩越王，並取而代之，朝廷改封餘善爲東越王，從此，東越王常反覆不定。元封元年，朝廷派遣會稽太守朱買臣，領兵渡海平定東越。朝廷以爲東越國，地狹隘險阻，人民不時反叛，因此遷移東越國的百姓，到長江、淮河之間，與東甌合併一起，東越地因此變成空虛。其後，逃匿山谷的原住民，紛紛復出，自設冶縣管理。昭帝始元二年，改設東冶，僅派都尉之屬官候官治理，當時候官的階級，與校尉相等。光武建武三年，改東冶爲東候官都尉。獻帝建安元年，改東候官都尉，爲東候官，又稱候官，而候官原爲官名

，從此改變為地名。三國、吳景帝永安三年，改為建安郡，統轄有候官、東安等縣。晉武帝太康三年，移出建安郡所轄之候官縣，改設晉安郡，而以候官縣為郡治，派嚴高為太守。另外，將東安縣改名為晉安縣，隸屬晉安郡。此即晉安郡、晉安縣，得名之由來。

(二)晉朝以後到唐初

晉安郡、晉安縣，又如何沿革為福州、泉州？現在分別說明如下。

1.晉安郡

南朝宋，晉安郡改為晉平郡。齊朝之時，回復為晉安郡。陳朝之時，改為閩州，不久，廢除，改為豐州。隋初，改為泉州，不久，改為閩州。後來，因廢州，改設郡，所以又改為建安郡。唐初，改為建州。高祖武德六年，改為泉州。開元十三年，改為福州都督府，此即現在福州地區。

2.晉安縣

晉安縣，在南朝之宋、齊二朝，都隸屬於晉安郡。梁朝之時，從晉安郡劃分出來，改為南安郡，增設龍溪縣，因此當時南安郡所轄，有晉安、龍溪二縣。陳朝之時，先是廢郡，後來又回復。隋初，廢郡為縣，因此除了廢南安郡，又將原南安郡所轄之晉安縣，改為南安縣。唐

初，南安縣，升爲豐州，統轄有南安、龍溪、莆田三縣。貞觀元年，廢豐州，所轄之三縣，併隸泉州（今福州）。聖曆二年，三縣分出來，另設武榮州；另外，莆田也劃出一部分，增設清源縣，龍溪縣則改隸漳州，因此當時武榮州所轄，有三縣。久視元年，廢武榮州，三縣反歸泉州（今福州）。當時，有南安縣人孫師業訴稱，從南安到泉州（今福州），遙遠不便。次年，朝廷在南安縣東北，設武榮州，統領三縣。景雲二年，以武榮州北面主山——清源山之上，有石乳泉，泉水清涼甘美，因此，以泉爲州名，改稱泉州，另以清源爲郡名，是爲清源郡。因此現在所說之泉州，其得名就在此。

晉安郡、晉安縣，在晉朝是很富有紀念性的地方，尤其是晉安縣。當河洛人南遷晉安縣之後，一方面祈求居住能夠安堵，也祈禱祖國晉朝能永遠安和。因此沿兩條江水定居，並分別取名「晉江」、「洛陽江」，且在洛陽江上，建造洛陽橋，藉以紀念故國——晉朝，以及故都，也是故鄉——洛陽，「悠然有小河洛之思」。明朝崇禎十三年（一六四〇年），泉州郡守孫朝讓，重修泉州、洛陽橋，並爲之記，記文中曾提到：

「迄今遵海而居，橫江而渡者，悠然有小河洛之思焉。」

清朝、龔景翰，在洛陽橋詩注，也說：

「永嘉南渡，衣冠多寓於此，地以是名，殆有故鄉之思

乎！」

伍、中原河洛衣冠移居
晉安郡、晉安縣的原因概說

　　河洛人南遷，何以選定晉安郡、晉安縣？在當時，
晉安地區，離河洛至少有四千里，且僻處海隅。而河洛
人千里迢迢南遷，難道不怕困難險阻？或可以說，河洛
人不辭千里，冒險犯難，可能與河洛人的居住環境有關
。因爲古都洛陽，位於洛水之北，黃河之南，居處河洛
地區的人，不免與河水發生密切關係。一旦避難，雖涉
水渡海，橫逆重重，或者比其他地區的人民，更能克服
障礙。從南朝以後，泉州港已成爲國際海港，以及近代
以來，泉州人士，遠渡南洋拓殖，或可得到啓示。不過
，河洛人何以要遷往晉安地區？這或許和「晉安地區」
的地理環境，以及地名有關。若從地理環境來說，晉安
郡的郡治在候官縣，而候官縣，相當現在的福州一帶。
古時候就是有名的造船場，到現在，仍然是有名的海港
。至於晉安郡所屬之晉安縣，相當現在的泉州，地理形
勢，類似南京，並且泉州灣的泉州港，從南朝以來，到

元、明，都是有名的國際港。另以地名來說，都取名爲
晉安，更具有特殊意義，現在分別略述於下。

一、晉安郡之地理環境

晉安郡的郡治候官縣，東漢又稱東冶；三國東吳之
時，隸屬建安郡。東漢以後，候官縣已是重要的海道。
三國東吳，又創設造船場，並設官管理，是以候官縣的
地理環境，有其特殊之處。

㈠重要海道

相傳春秋時代，吳王夫差曾經乘船到此地，又稱吳
航頭。西漢武帝時，東越王一度藉此爲根據地，以抵抗
漢朝。東漢之時，舊交趾七郡的貢品，曾在此裝運，轉
送到洛陽。三國東吳帝孫皓、建衡元年，督軍李勖，從
建安海道，出擊交趾。西晉之時，舟兵多在此屯駐。或
可知，從漢朝到西晉，晉安郡治地區，已是重要海道。

㈡造船場

三國東吳，從吳景帝之後，多將貶謫的官員、家屬
，移送建安郡之候官縣造船，並設曲邢都尉管理。從三
國志、吳志的記載，可以發現。

「歸命侯甘露元年三月,孫皓遣使隨徐紹、孫彧報魏書,徐紹行至濡須(今安徽、含山縣境),召還,殺之,徙其家屬建安。」(卷四十八／孫皓傳)

斐松之,注引吳錄說,「皓以諸父與孫,和連及者家屬,皆徙東冶。」

「將軍陸凱卒,其家亦徙於建安。」(卷六十一／陸凱傳)

「會稽太守郭誕,及張尚,亦皆送往建安作船。」(同上)

　　西晉之時,沿襲東吳,既設典船校尉,也在溫麻設船屯,當時,舟兵多屯駐於此。直到現在,馬尾港,仍然是有名的軍港。明、一統志,記載福州的形勝說:「川叢會,南望交、廣,北睨准、浙。」「(太平港)在長樂縣西,舊名馬江,其水通海,本朝永樂中,選內臣鄭和使西洋,海舟皆泊此,故名。」(卷七十四)

　　三國東吳,偏安江南,將近六十年。最初是與曹魏對抗,其後并於西晉,因此有關東吳故事,中原河洛人士,所知必多。而且西晉立國,也不到四十年,東吳之故事,在河洛人心目中,仍未褪色。是以晉安郡治地區,既是流放、貶謫之地,又是重要海道,如果河洛人士渡海避難,定居此地,也是不足為奇。

二、晉安縣之地理環境

　　河洛人士南遷避難，其中少數人移居晉安郡之候官縣。但是，絕大多數的河洛人，則再往南行，定居在晉安縣。雖然，晉安縣比候官縣落後、偏僻，卻是避難的理想地方，是以河洛人選擇晉安縣定居。在當時，晉安縣雖然並非重要海道，可是在南朝之後，卻已發展成國際港。另一方面，晉安縣的地理形勢，據說，與東吳的國都建業，有些相似。以此看來，河洛人遷居晉安縣，眼光非常深遠。

(一)如建業之風貌

　　東吳之國都建業，戰國時，相當楚國之金陵邑。秦時，改金陵邑為秣陵。孫權即皇帝位，改秣陵為建業，並以為國都。晉時，改為建鄴，後避愍帝諱，改為建康。唐高祖時，定名為金陵，約相當現在南京市地區。所謂「鐘阜龍蟠，石城虎踞，真帝王之宅。」而晉安縣形勢之雄壯，也類似建業。

　　宋朝，劉子翬、泉州、萬安橋詩，曾說：
「雄如建業虎城峙，勢若常山蛇陣橫。」（福建通志／卷二十九）

又據龔書緜女士所說，從唐詩中也可以發現。李白有一首詩，詩名是「登金陵鳳凰臺」，其中二句，「三山半落青山外，二水中分白鷺洲」，描述在鳳凰台上，俯瞰金陵的風貌。而現在的泉州城，也有類似的氣象。因為，從南海乘船直航泉州灣，進入晉江中流，看見清源山的三峯，有如三山；兩旁的晉江、洛陽江，則有如二水。或可以說，登上清源山，放眼遠眺，左右的洛陽江、晉江，盡收眼底。不論如何，晉安縣地理形勢殊異，深值得研究。（詳見晉江雜誌／四一期）

㈡重要海道

晉安縣在南朝之後，已形成國際港，也就是日後有名的泉州灣、泉州港。至於泉州港之有名，與外國人來到泉州不無關係。外國人首次來到泉州，大約在南朝陳武帝永定二年（五五八年）。印度僧人拘那羅陀，從泉州港進入泉州。唐高祖武德中（六一八年至六二六年），又有回教傳教士，三賢與四賢，來到泉州傳教，死後，同葬在泉州城東的靈山上。明朝永樂十五年五月十六日，鄭和下西洋途中，曾到靈山行香，祈求靈聖庇祐。唐朝年間，阿拉伯商賈，紛紛來到，宋、元兩朝，達於極盛。元代至元二十九年（一二九二年），馬可勃羅從福州到泉州，譽為世界二大港之一。民國六十二年八月

間，泉州灣後渚港海灘，曾挖掘出一艘南宋的遠洋貨船，頗具規模，而且結構堅固。以此觀之，河洛人不遠千里移居晉安縣，更見其高瞻遠矚。

明、一統志，記述泉州的形勝說：

「川通溟渤（海洋），山連蒼梧，近接三吳，遠連二廣。」（卷七十五）

注者，引宋朝、連南夫、修城記說：

「惟閩之泉，近接三吳，遠連二廣，萬騎貔貅，千艘犀象。」或可以說，河洛人南遷晉安縣或與其地理環境，有密切關係。

三、與晉安的地名有關

晉安郡、晉安縣，得名的由來，必須追溯到三國東吳。東吳立國，以建業為都，並在東南方，也就是現在的福建，設有建安郡，統轄有候官、東安等縣。西晉初年，劃出建安郡的候官縣，增設晉安郡，並將東安縣改隸晉安郡，且改名為晉安縣。至於三國東吳，以建安為郡名，另以東安為縣名，或者具有特殊意義。因為，建安郡之建，或指國都建業；而東安縣之東，或是國名東吳之簡稱，二者都以「安」為名，或者涵有「安和」、「安寧」、或「安堵」之義。以此看來，建安、或東安

，或者象徵「建業永安」、或「東吳永寧」，也可見其意義之深遠。

至於晉安郡、或晉安縣，不論郡、或縣，都以晉安為名，或象徵「晉朝永安」，所代表的意義，更是非比尋常。而河洛人士，遠自河洛，南渡晉安郡、晉安縣，或期望過著安和的生活，也祈求祖國晉朝，永遠安寧。足以表現愛國情殷，永懷祖國之切。

陸、中原河洛衣冠移居晉安郡、晉安縣之證說

河洛人移居晉安地區，日後，勢必留下晉朝遺蹟；地方志乘的記載，一定也不少。現在試從福建通志、福建通紀所記載，有關福州、泉州等地區的古蹟，略舉數則如下：

一、晉安郡（今福州）

㈠縣名——永福縣

「永福縣，本候官、尤溪二地，……，相傳西晉永嘉之亂，渡江衣冠士族，多依於此，以求安泰。縣東，水路沿流至候官；縣西，泝流至南安。」（通志／卷二十四／地理志）

㈡古蹟——唐、黃璞宅

「唐、黃璞宅，在黃巷內，永嘉南渡，黃氏已居此。乾符六年，黃巢圍福州，觀察韋岫敗而遁，遂藝城中。至崇文校書郎黃璞之宅，曰，此儒者宅，滅炬弗焚，黃巷名，因此益著。」（通志／卷二十九／候官縣）

二、晉安縣（今泉州）

㈠江名——晉江

「晉江，距城一里，晉南渡時，衣冠士族，避地于此，沿江而居，故名晉江。」（通志／卷十／晉江縣）

㈡古樹——松樹

泉州地區有兩處，遺留有晉朝古松樹。一處在晉江縣東北的虎頭山，俗稱松灣，崇福寺在其中。通志引閩書說：

「地名松灣，有四古松，東晉時物也。」

　　另一處，則在南安縣西一里的九日山，福建通志說：
「晉朝松，唐書云，九日山，晉松百株，偃蹇蟠屈，異
於常木。」（卷八／古蹟）

福建通紀也說：

「晉朝松，偃蹇蟠屈，異於常木，寺有老僧獨坐，志，
謂晉時所有也。」「自晉以來，縉紳先生，以及方外之
侶，並從探憩。」「山中有松樹千章，盡東晉時物。」
「山連晉江縣，重九日，邑人多登高於此。加以唐之姜
公輔、韓偓，先後寄寓，遂以名勝。至宋，則士大夫餞
送、雅集，畢會於此。」（卷十／山川）

(三)古樹——檜樹

　　晉江縣有紫極宮，宮中有壽星殿，殿前有石刻「晉
朝檜」三字。福建通志，寺觀、紫極宮，註引宋朝、許
彌安之晉檜行：

「紫極宮中晉朝檜，故老語我今千年？……，伊昔晉朝
紛闃日，衣冠南渡依江堧。」（卷二六四）

　　古時晉安縣，現在泉州，河洛人南遷，多在此定居
，所遺留古蹟，也相當多。愚以為，還有二處，與河洛
人有關：一是洛陽江，二是洛陽橋；分別說明於下。

㈣洛陽江

　　泉州地區，有二大江，即晉江與洛陽江。晉江，離晉江縣城一里；洛陽江，則在晉江縣東北，隔晉江、惠安二縣。河洛人南渡，汎海到現在泉州灣，從泉州灣進入，沿兩江而居，分別取名晉江、洛陽江，以紀念故國晉朝，並永懷故都，也是家鄉的洛陽。清朝、陳萬策、洛陽江詩：

「潮信通泉油，清瀾到海流，衣冠來晉室，景物似中州。」

河洛人來到異地，以江水紀念故國、故都，心情可以理解。現在台北市街道的命名，所隱涵的意義，雖不中亦不遠。

　　閩南地區，泉州之得名，與清源山有關；漳州則與漳水有關。漳州之得名，為什麼和漳水有關？大約在唐高宗初年，河南、光州、固始人，陳政、陳元光父子，奉命到福建，平定泉州、潮州之間的山蠻海寇，陳將軍目睹雲霄山間的江水，清濁成章，與流經河南東北方的漳水相似，因此將江水取名為漳江。海寇平定，疏奏朝廷，在泉州、潮州之間，另置一州，而以漳水為州名，是為漳州，此即漳州得名之由來。或可以說，晉江、洛陽江、漳江，以至於漳州之得名，都與河南有關。現在

志書所載，多說洛陽江之命名，與唐宣宗有關，愚存疑焉。

(五)洛陽橋

洛陽橋，居處福建南北交通要道，橋北屬於惠安縣的洛陽鎮，橋南則是晉江縣的橋南鄉。志書多以為，洛陽橋原名萬安橋，北宋蔡襄所建。愚則以為，洛陽橋之建造，與河洛人有關。或可以說，河洛人進入晉安縣，沿晉江、洛陽江而居，且在洛陽江上，仿造洛陽天津浮橋，並命名為洛陽橋，便於兩岸交通，又可稍解河洛之思。日久，橋毀，洛陽橋之名，後人逐漸不知，僅存當地人士口中流傳。唐朝中葉，柳冕為福建觀察使，設置萬安監，在相當於現在晉江縣東北山上牧馬，後人取名為萬安山。萬安山迤邐到洛陽江南岸，在南岸岸邊，又有萬安古渡之說。北宋蔡襄，沿此建橋，並取名為萬安橋。不過，當地人士，仍稱洛陽橋，直到現在，一般人仍多說洛陽橋。有關證說，略述於下。

1.洛陽橋與河洛人有關

洛陽橋之與河洛人有關，可從福建通志所載，引前人詩集得知。

南宋、劉克莊，後村大全集、洛陽橋詩：

「周時宮室漢時城，廢址遺基劃已平，乍見橋名驚老眼

，南州安得有西京。」（也見大全集／卷十二）

清朝、阮旻錫、萬安橋詩：

「壯觀甲中州，亨途通萬里；詩書鄒魯匹，江山洛陽似。」

清朝、龔景翰、澹靜齋集，洛陽橋詩注云：

「永嘉南渡，衣冠多寓於此，地以是名，殆有故鄉之思乎！」

通志、洛陽橋，注者引王命岳記略，提到明崇禎十三年，郡守孫朝讓，重修洛陽橋，並爲之記：

「迄今邊海而居，橫江而渡者，悠然有小河洛之思焉。」（以上皆見於卷二十二／古蹟）

南宋、王十朋、洛陽亭詩，詩中也有提到：

「北望中原萬里遙，南來喜見萬里橋。」（卷十六／山川）

2.洛陽橋仿洛水浮橋

河洛人思念故鄉，在洛陽江上，仿造洛水浮橋，佇立橋上，遙望河洛，而有故國之思。這種情景，南宋、程大昌，也沒法理解，所以從演繁露、洛陽橋，可以看出：

「於是橋實在閩，而名以洛陽，見者多不解。或曰，洛客有經此橋者，樂其山水寬敞，有似洛陽，故以名，此恐不然也。……，以及泉南，則平夷之地甚多，此地雖

澗，不能廣於他處，何以獨擅洛陽之名耶？予案，元和郡縣志，洛陽天津橋，本維舟爲梁，後以洛漲壞船，貞觀十四年，始令石工累石爲脚，則是不止用獨石爲柱，而縶衆石以爲之趾，趾闊而力厚，即萬安橋之所取則也矣！然則橋名洛陽，其必以此之縶趾也哉！」（卷五之十六）

河洛人因爲思念故鄉，所以仿造洛水浮橋，並取名爲洛陽橋。至於洛水浮橋，後來也改稱洛陽天津浮橋，從洛陽文獻的記載，或可以看出。

據洛陽縣志記載，洛陽天津浮橋，位於洛水之上，南北兩岸，各有華表；橋南，漢時稱爲藁街，外國番邸，都集中於此。東晉、宋公劉裕，曾奉命至洛陽謁先陵。次於洛水浮橋之上，見山川無異，城闕已墟，悠然有故國之思。東晉、傅亮所作，宋公（劉裕）至洛陽謁五陵表，文中提到：

「今月十二日，次于洛水浮橋，山川無改，城闕爲墟。」所謂洛水浮橋，就是洛陽天津浮橋。在北魏時，稱爲永橋，隋朝改稱天津浮橋，唐朝之時，遊觀極盛，詩人集中，常見天津橋。（卷十一／古蹟）

洛水浮橋，建於洛水之上；而洛陽橋，則造於洛陽江上。當河洛人士南遷，定居晉安縣，命江水爲洛陽江，並在洛陽江上，仿造洛水浮橋，北望故國萬里遙，雖

劉裕之嘆，豈及萬一。

3.洛陽橋又名萬安橋

洛陽橋，所以又名萬安橋，與北宋、蔡襄有關。宋仁宗慶曆二年（一〇四二年），泉州人陳寵，開始砌磚石，作浮橋。皇祐五年（一〇五三年），泉州王實等人提議，改爲石橋，因故，未能完成。不久，適逢蔡忠惠（襄）爲太守，慨然捐助，嘉祐四年（一〇五九年）完工，蔡襄親自作記、手書、勒石，題名爲「萬安渡橋」，萬安橋之名，因此流傳於後。

萬安橋之得名，雖與蔡襄有關，是不是萬安之名，也是源起於蔡襄？不是的。或者可能與唐朝柳冕有關。唐德宗貞元十三年（九七九年），柳冕爲福建觀察使，設置萬安監，萬安之名，或源於此。福建通紀說：

「萬安山，距城東北二十里，閩書云，唐觀察使柳冕，置萬安監，牧馬於此，故以山名。山至洛陽江南岸而止，萬安橋在其下。」（卷九／晉江縣／古蹟）

從萬安之得名，到以萬安爲橋名，相距約二百六十年。但是，當地人士，仍不改舊說，通說洛陽橋，演繁露說：

「蔡端明君謨守泉時，伐石跨溪而橋，……，自書橋旁石曰，萬安渡橋。然公自命萬安，而土人以及它方，皆以洛陽冠名。」（卷五之十六）

或可以說，萬安橋之前，已有洛陽橋，所以當地人士，在習慣上，仍說洛陽橋。如果說，早已有洛陽橋，爲何不見文獻記載？或可以說，洛陽橋早已坍毀，因此前人無所記述。不過，洛陽橋之名，仍在民間流傳，而且世代相傳，直到現在。

現在高雄市有條河，民間稱之爲愛河，後來官方改名爲仁愛河，但是，民衆仍然習慣說愛河。將來一旦愛河乾涸，人民無法遊觀，當然不見記載。不過，愛河之名，還是會流傳當地。長時間之後，予以重浚，復名仁愛河，或者另外取名，如果民間仍說愛河，將不足爲奇。以此觀之，洛陽橋之名，口耳相傳到現在，其中必有緣故。

4.福州去思橋之佐證

如果說，河洛人南遷之後，興建洛陽橋，何以不見文獻記載？有可能是，泉州位處海濱，又不與外界通，所以少爲外人所道。現在福州有座橋，名爲去思橋，情境也相類似。淳熙三山志說：

「至去思橋，爲羅城大壕。」（卷四）

校者說：

「（去思橋），即灣橋也。……相傳亡諸時，四面皆山水，此如屋奧，舟楫所赴，北會山原，東達行路。其時已有橋。惟木性喜腐，更革莫得詳。閩王時，始以灣名

橋。至皇朝開寶中，錢昱脩。景德元年（--〇〇四年），謝郎中泌，謀易以石。州民陳祐等，奔走營集，泌去三年，而橋始成。後，泌死，州民相與縞素。……，祥符七年，改曰通津。崔軻記，熙寧八年，元郎中積中，慕謝之政，……，改曰去思，大書于橋左。」

以上之說明，或可知，去思橋之源起，頗為久遠。先秦之時，勾踐七世孫亡諸，流亡到此，當時已有橋。因「木性喜腐」，橋屢經整建，「更革莫得詳」。及王審知入閩，才命名為灣橋。北宋景德元年，郎中謝泌，改建為石橋，後人並改名為通津橋。其後，郎中元積中，追思謝泌之政，又改為去思橋。從去思橋之沿革，聯想洛陽橋之由來，或可得到不少啓示。

柒、唐朝與泉州、漳州、唐山之說

河洛人移居晉安縣之後，閉關自守，與外界阻隔，歷經東晉、南朝之宋、齊、梁、陳，以及隋朝。唐初，原晉安縣，已沿革為泉州，前面已有說明。另外，河南、光州固始人，陳政、陳元光父子，先後入閩剿賊，並

創置漳州。此後，河洛人又有泉州人、或漳州人之稱。唐朝中葉，李椅、常袞先後爲福建觀察使，廣設學校，勸人民學習；福建地區，尤其是泉州、漳州等地，人才輩出，足可比擬中州。從此，河洛人與外界通，河洛人之習風、語言，也逐漸受到外來的影響。唐朝末年，河南光州固始人王潮、王審知兄弟，先後治理泉州，並以泉州爲根據地，收復福州等地，藉此統一全閩。王氏雖然統一全閩，不敢割據獨立，「寧爲開門節度使，不作閉門天子」，仍向大唐皇朝稱藩，自稱「唐山」，因此全閩百姓，也自稱「唐山人」。而王氏在唐山地區，施行教化，稱善招納，唐末以至五代初，唐山地區，幾成爲士大夫避難之所。泉、漳之河洛人，愛客之風，實源於此。王審知卒，侄子王延鈞稱帝，改國號爲大閩，是以福建簡稱閩。泉、漳地區，位於閩之南，是以簡稱閩南。從永嘉以來的河洛人，所以又稱爲泉州人、漳州人、唐山人、或閩南人，大多與唐代有關，則唐代與河洛人之關係，非常深遠。

一、漳州之創置

唐初，泉州與潮州之間，臨山靠海，王化不及，山蠻海寇，乘機盤據，人民死於盜賊，不知凡幾。唐高宗

總章三年（六七○年），以曾鎮府為將軍，鎮守福建。另以河南、光州、固始人陳政，銜朝議大夫統嶺南行軍總管，率領五十八姓，一百二十三官員，前來協助。高宗儀鳳二年（六七七年），陳政之子陳元光，也以玉鈐翊左郎將前來。後來，曾鎮府寓居龍溪，陳元光也代父職，屯兵龍溪。當時，賊寇猖狂，民生困苦，而廣東崖山海賊陳謙等，勾結福建海寇苗自成等，聚眾結舍。陳元光將軍利用形勢，沿溪結筏，藉機攻剿。高宗永隆二年（六八一年），終於剿平盜賊，收幷其地，取名為唐化里。隨後，移鎮漳浦，以抵抗潮州海賊。同時表奏朝廷，請在泉州、潮州之間，另置漳州，便於控制嶺南。武后垂拱二年（六八六年）十二月九日，朝廷准宰相狄仁傑奏議，設置漳州，命陳元光為將軍兼領刺史，從此漳州大治。睿宗景雲二年（七一一年），南蠻反叛，陳元光將軍率輕騎討賊，不幸遭伏擊而死，享年五十六歲。朝廷詔贈豹韜衛鎮軍大將軍，追封臨漳侯，諡忠毅，立廟賜葬，終於為神。此後，陳元光之子陳珦、孫陳酆、曾孫陳謨，相繼治理漳州，前後四世，歷經高宗、武后、中宗、睿宗、玄宗、肅宗、代宗、德宗、順宗、憲宗等唐室十君。自儀鳳二年（六七七年），至憲宗元和十四年（八一九年），近一百五十年。有功於漳州最大，有德於漳州也最深。現在台灣有很多開漳聖王廟，都奉

祠陳聖王元光。太史公曰：「詩曰：『高山仰止，景行行止。』雖不能至，然心鄉往之。」瞻拜聖王，豈能數典忘祖？

陳聖王創置漳州，爲何以「漳」爲州名？可能與陳聖王是河南人有關。當陳聖王隨父陳政前來福建，陳政將軍見雲霄山間河水，清濁成章，與發源於山西上黨，而流經河南東北方之清漳水相似，因此將山間河水，取名爲漳江。以後漳州之創置，則以漳江水之名，定爲州名。或可以說，漳州之得名，源之於河南漳水，而與陳聖王是河南人有關。當陳聖王薨，朝廷追封爲臨漳侯；臨漳，原爲地名，也與漳水有關。現在河南東北方、安陽縣附近，有臨漳縣，以其鄰近漳水，因而得名。臨漳縣，古時原名鄴，信陵君曾於此奪晉鄙兵符，救趙退秦。東漢曹操，曾在此建都，曹丕篡漢，才移都洛陽。所謂飲水思源，不可不知。

泉州、漳州雖定於唐，朝廷並未全力經營。一百五十年後，約唐代宗大曆七年（七七二年），宗室李椅，爲福州刺史，才廣設學校。十年後，德宗建中元年（七八○年），常袞爲福州觀察使，以爲泉、漳百姓未讀詩書，因此延聘名士，如泉州歐陽詹等，教人民習字讀書，泉、漳文風，從此大盛。以後，仕宦日多，交遊漸廣，外界之藩離漸失，泉、漳之風俗、語言，也不免逐漸

受到影響。或可以說，永嘉以來，河洛人執著之習風、語文，從唐代開始，漸次受外來沖擊，不能不兼容並蓄，此後，河洛文化，已難以保持單純。

二、王審之與大閩、唐山

唐初，漳州之創置，以及唐末、泉州之發展，都與河南人有關，尤其是，河南光州固始人。其中影響最大，可算是王潮、王審知兄弟。當王氏兄弟入閩，先以泉州為根本，進而統一全閩，最後在福建稱帝，影響福建最深。至於現在所說之唐山，或唐山人，或者也與王氏有關。

㈠王氏與大閩

唐朝末年，政治腐敗，民不聊生，先有王仙芝之亂，其後，黃巢也繼起為叛。唐僖宗乾符二年（八七五年），黃巢正式起兵造反，廣明元年（八八〇年），入長安稱帝，國號齊，次年，僖宗避難成都。當時，長江、淮河之間的盜賊，也紛紛乘機而起。壽春盜賊王緒等，趁機佔據壽州，自稱將軍；攻取光州，並劫持豪傑同行。王緒久聞光州固始人王潮、王審邦、王審知三兄弟之賢能，召募軍中，一路南攻，直到泉州南安，都無所阻

擋。王緒因生性猜疑，任意殺人，遭致部下所殺，眾人公推王審知為將軍，王審知讓其兄王潮，準備前往四川救駕。因泉州刺史廖彥若，苛政虐民，泉州人張延魯等，迎請王潮治理泉州，王潮殺廖彥若，據有泉州。並遣使送款於福建觀察使陳巖，陳巖表奏朝廷，封王潮為泉州刺史。七年之間，泉州足食足兵，安和樂利，並設招賢院，「中原擾攘不已，公卿多來依之。」

唐昭宗景福元年（八九二年），陳巖病危，派人往迎王潮，主持軍政。不久，陳巖病死，妻弟范暉，自稱留後，發兵抵抗王潮；王審知率兵攻范暉，攻下福州，王潮至福州，以弟王審邽為泉州刺史，不久，統一全閩。乾寧三年（八九六年）九月，王潮受封為福州威武軍節度使，次年，王潮病卒，王審邽讓其弟王審知。光化元年（八九八年），王審知受封為右僕射、本軍節度使。三年，拜同中書門下平章事。天復中（九〇一年至九〇三年），昭宗避難鳳翔，賜王審知詔，自三品皆得承制除授。又賜武庫戟十二枝，列於私門，非恒例也。唐昭宣帝天祐元年（九〇四年），加檢校太保，封瑯琊王。

當王審知之治閩，延禮賢俊，唐衣冠舊族，多來依之；建學四門，教閩之百姓。並修睦鄰邦，四境寧靜，民生不見兵革，近三十年。雖割據福建，仍效忠大唐。曾有人勸王審知稱帝自立，拒絕說：「我寧為開門節度

使，不作閉門天子也。」唐山之說，或源於此。後唐同光三年（九二五年）十二月十二日薨，年六十有六，追贈尚書令，諡曰忠懿，子王延翰繼立。後唐明宗天成元年（九二六年）十月，王延翰自稱大閩國王。不久，王延翰被殺，王審邦之次子王延鈞嗣位。明宗長興四年（九三三年），王延鈞在福州即皇帝位，國號大閩，是爲閩惠宗。立國十三年，南唐保大三年（九四五年），爲南唐所滅。王氏雖滅，對於福建之影響，非其他朝代所能比。現在福建稱閩，福建地區，也稱唐山，或都與王氏有關。

㈡王審知與唐山

先賢連雅堂先生曾說，台人謂漳、泉曰唐山，現在也有外國人稱中國爲唐山，則唐山之說，或者由來已久。唐山之名，到底從何而來？依愚之見，或與王審知有關。因爲王氏兄弟統一全閩，割據福建之後，唐昭宗乾寧四年（八九七年）王潮卒，王審知承襲其職。光化元年（八九八年），朝廷追贈王潮爲司空，並授王審知右僕射本軍節度使。從此，王審知治理福建，將近三十年，歷經唐朝以及五代之後梁、後唐。而且終其一生，都未獨立。唐山之名，或可能因此而來。

因爲當王審知承其兄之職，受封爲節度使，福建雖

有割據之名，其實還歸屬唐朝，唐朝皇帝也屢詔賜勉，當時的福建，依然是大唐江山。所謂江山，以現在來說，相當國土。三國志、吳志、賀邵傳：

「昔大皇帝勤身苦體，創基南夏，割據江山，拓土萬里。」

王審知割據福建，並不獨立，福建地區，仍然是唐朝江山，而唐朝江山，或簡稱為「唐山」。是以福建地區，又稱唐山，而福建同胞，也稱唐山人。其後，福建同胞，尤其是泉、漳同胞，移民海外日多，唐山之名，也隨之傳播海外。

　　王審知據有全閩，福建得以不脫離唐朝，而稱唐山，或與王審知稱藩唐朝，以及寧為節度使，有很大關係。從文獻的記載，或可以看出。

1.寧為開門節度使，不作閉門天子

　　王審知受唐昭宗冊封為節度使，並未僭位獨立，以後雖然有人勸他稱帝，仍為他所拒絕。十國春秋、閩、太祖世家說：

「時四方竊據，有勸其稱帝者，太祖曰：『我寧為開門節度使，不作閉門天子也。』」（卷九十）

唐朝滅亡，後梁取而代之，王審知仍然沒有稱帝，受唐朝遺臣黃滔之影響很大。十國春秋，閩、列傳：

「天復元年，受太祖辟，……，梁時，強藩多僭位稱帝

，太祖據有全閩，而終其身爲節將者，滔規正有力焉。
」（卷九十五／黃滔傳）

2.稱藩唐朝，奉唐朝爲正朔

　　王審知不僭位獨立，而稱藩於大唐，唐昭宗屢詔賜
勉．先後賜王審知，自三品皆得承制、除授；以及府庫
戟十二枝，列於私門，皆非常例。有關奉唐朝爲正朔，
或可以從前人記載得知。例如十國春秋，閩國之記事，
也有很多。

「太祖昆弟，……，據有閩疆，賓賢禮士；衣冠懷之，
抑亦可謂開國之雄歟，洎卒之臣服中原，息兵養民，…
…，豈非度量有過人者遠哉！」（卷九十／太祖世家）

「乾寧時，太祖代司空鎭閩，奉表修貢，仔鈞以太祖尙
知有唐，乃詣軍門上謁。」（卷九十五／章仔鈞列傳）

唐哀帝天祐二年，王審知以「俸泉爲直進」，朝廷大爲
嘉勉，而注者說：

「兵興以來，天下以三司之泉，皆名直進，獨王以俸泉
爲直進，闕廷大稱其美。」

後梁龍德二年（九二二年），王審知鑄大鐵錢，雖然唐
滅亡已久，仍然「以開元通寶爲文」，「仍以五百文爲
貫」，也可見王審知之心，仍在唐朝。

再者，唐朝以及宋朝碑文之中，也有很多記述，分見於
十國春秋，卷九十，注者所引用。

唐昭宗天復元年（九〇一年）辛酉，昭宗從長安避難鳳
翔，王審知感恩圖報，在福州開元寺，建壽山寶塔，祈
求昭宗安返長安。天祐四年，唐朝御史黃滔，撰開元寺
、丈六金身碑，其中提到：

「今我公，爲邦則忠孝於君親，牧人則父母于主民，造
塔四。其一曰壽山。以昭皇帝辛酉歲西巡，發誓願以祝
熊羆，乞車駕之還宮闕。」

天祐三年十二月，福建百姓、僧道，前往長安，請爲王
審知立德政碑，朝廷感於王氏足爲列藩之表率，賜准立
碑。當時昭宗已遇弑，哀帝嗣位，朝廷政令，皆出於梁
王朱全忠，從碑文之中，或可看出朝廷之嘉勉。

「乾寧三年，僕射遘疾，且付公以戎旅，仍具表奏。…
…，及膺帝命，……，公既統藩垣，勵精爲理。」「於
是分封，仍加幷邑，轉檢校太保瑯琊郡王，食邑四千戶，
，食實封壹佰戶。」「奉大國之歡盟，爲列藩之表率。
」「元帥梁王，以公如河誓著，匪石情堅，累貢表章。
」「懿彼閩越，帥實英傑，地列周封，心馳魏闕。」

此事，也見於黃滔所撰、靈山毗沙門天王碑：

「列藩之業有地，有地之職有民。」「我相府瑯琊王，
王公之有閩越也，具列藩之業，修有地之職，行有民之
道，自乾寧四年起，至天復二年壬戌，凡六年，禮樂興
、忠孝敦，乃謀及城池。」

宋朝太祖開寶九年（九七六年），感於王審知之功，重修忠懿王廟碑，錢昱重新撰碑文，文中說：

「賜武庫戟十二枝，列于私門，非恒例也。」「公致君愈勤，述職無怠，萬里輸貢，川陸不繫其睽，一心尊戴，風雨不改其志。……，昭皇累嘉忠節。」「功惟理亂，志在盡忠。」「公享富貴者三十年，傳册封者四五世，遺愛銘于人口，忠節盡于國史，臣子之盛，不亦大乎！」

另外，福建通紀卷一，也有記敘，天祐四年九月四日，王審知之子王延翰，「奉爲大王及國夫人鑄造師子香爐壹口，捨入保福院，永充供養」，並作「師子爐題識」，而注釋者說：

「大王，謂父瑯琊王。國夫人，謂母樂安、任氏、魏國夫人也。昭宗天復四年四月，始改天祐元年，八月，哀帝立，在位四年，仍稱天祐。其年四月甲子，哀帝避位，徙於曹州，號濟陰王。此銘云，天祐四年九月，是時，唐已亡矣。蓋瑯琊，及延翰後自王，皆猶禀唐正朔。」後人有過榕城，曾題詩頌贊王審知，詩中有「定作開門節度使，不爲閉門帝王都」二句，也可見後人之追慕。而福建之稱唐山，福建同胞稱爲唐山人，也其來有自。

當王潮兄弟，身處亂世，得時勢之賜，崛起福建，終其一生，稱藩中原，而不獨立。及其後世，秉其遺風

，雖改稱大閩，仍相繼稱藩於後唐、後晉，以及南唐。王氏滅後，遺風猶存，而以泉、漳地區，影響最深。明朝末年，鄭成功收復台灣，依然奉永曆爲正朔，台灣還是大明江山。民國三十四年，台灣回歸中國，台灣同胞，從此成爲中華民國國民。歷史淵源長遠，民族情感深厚，緬懷先祖，凡我同胞，都以中國人爲榮。

捌、唐山與台灣之說

先賢連雅堂先生說：「好客之風，臺灣爲盛。蓋我先人皆來自中土，闢田廬，長子孫，以建立基業，故中土人之來者，多禮待之。臺人謂漳、泉曰『唐山』，稱初至者曰『唐山客』。唐山客之來，或因鄉黨，或由親朋，互相援引，咸有投宿之處。」（台灣語典／附錄一）先賢以爲台人謂漳泉爲唐山。如此說來，唐山與台灣有沒有關係？有的，關係很深。因爲台灣同胞的祖先，也是來自唐山。原因何在？

當王潮兄弟及其後世，割據福建，大約有五十四年。滅亡之後，唐山地區，隨之分散。泉、漳地區，原本王氏發祥之地，仍執著唐山之名稱。其後，海運發達接觸頻繁，泉漳同胞也拓殖海外，唐山之名，因此播及海

外。明末，泉漳同胞，移民台灣日多，對外多通稱爲唐山人，或河洛人。當時，仍以唐山爲故鄉，也不時返唐山探親。日久之後，在台灣定居，成爲台灣同胞，原來的故鄉唐山，則日漸疏遠。後來，泉漳同胞，又陸續從唐山來到台灣，台灣同胞反而稱他們爲唐山人，或者說是，從唐山來的唐山人。而後，國內同胞入居台灣漸多，也不限於泉漳地區，台灣同胞，也稱呼他們爲唐山人。由此看來，不論唐山人，或台灣人，同屬炎黃子孫，都是中國人，只有移民時間先後不同而已。**多讀歷史**，知所先後，一片祥和。

子曰：「有朋自遠方來，不亦樂乎！」凡是唐山同胞，來到台灣，台灣同胞無不熱誠接待。其實，台灣同胞好客之風，由來已久，或可能與王潮兄弟有關。因爲大約唐朝滅亡前二十年，王潮兄弟因緣際會，先治理泉州，在泉州期間，延禮賢俊，唐朝士大夫前來倚靠避難，多以禮相待。後來，王潮、王審知昆仲，移治福州，王審邽則留守泉州。王審邽在泉州十二年，愛客之風更盛，中原避難來者更多，因此作招賢院，以禮接濟。唐朝大臣，或中州名士，有幾十人，得以免禍。當時，泉州一地，幾成爲中原人士避難之所。十國春秋、閩、王審邽傳說：

「在政十二年，爲人喜儒術，通春秋，善吏治，……，

中原亂，公卿多來依閩。審邦遺子延彬，作招賢院禮之，振賦以財，如唐右省常侍李洵⋯⋯等，皆賴以免禍。」（卷九十四）

王滔列傳也說：

「中州名士，避地來閩，若韓偓、李洵⋯⋯數十輩，悉主於滔。」（卷九十五）

先賢所說，台灣同胞最好客，或者頗有王潮兄弟之遺風。

玖、中華民國與台灣之說

永嘉末年，河洛人遷移到晉安縣，在晉安縣定居、繁衍，子孫遍布現在泉州、漳州一帶。明朝末年，河洛子孫，繼其祖先之後，又作另一次大遷徙，從泉、漳地區，渡海移民台灣，在台灣經營發展，台灣也正式歸入中國版圖。台灣之所以能隸屬中國，則要歸功於鄭成功。永曆十五年（清順治十八年，西元一六六一年），鄭成功以世子鄭經留守廈門，親率大軍跨海東征。從陰曆三月二十三日出發，至十一月二十九日荷蘭人簽降，歷經九月，結束荷蘭三十八年之統治，時為西元一六六二年二月三日。從此，台灣正式納入中國版圖，奉永曆為正朔。多方招徠閩、粵等地同胞，移民台灣，建設台灣

，作為反清復明之根據地。

鄭氏之後，台灣先後歸屬滿清，割讓日本；民國三十四年，先總統　蔣公領導全國同胞抗戰勝利，台灣重回祖國懷抱，台灣同胞，正式成為中華民國國民。

說文解字說：「夏，中國之人也。」我炎黃始祖，發祥於黃河、洛水流域，造就炎黃子孫；大禹之時，茁壯成華夏民族。華夏民族在河洛經營、發皇，河洛地區，成為我國之中原，歷代王朝，也多在河洛建都。西晉末年，部分河洛人士，南遷晉安縣，我華夏民族命脈，得以延續不絕。明朝末年，河洛人子孫，追隨鄭成功，從泉漳地區到台灣。滿清末年，台灣割讓給日本，所以遲至民國三十四年，才重歸中國，而享有中國人之美稱，論其源流，可說源遠流長。

拾、結　論

河洛人的源流，已概述於上，如果從中華民族史來看，河洛人所具有的地位，是非常崇高的。現在一般人多不察，或者一知半解，人云亦云。一旦從文獻的記載，去深入瞭解，將可發現，河洛人所具有的民族特性，有許多是超越其他的。身為河洛人的子孫，緬懷祖先優

越輝煌的歷史，敢歸納數項於下，就教所有先進，並作爲本文結論。

一、現代河洛人是道地中國人

文選、左思、三都賦說：「河洛爲王者之里。」（卷四／蜀都賦）李善注引崔駰、河南尹箴說：「唐、虞、商、周，河洛是居。」上古時候，黃河、洛水一帶，原是我中華民族的發祥地。古代帝王，多在河洛建都。商朝以前，都城常遷徙不定，周朝初年，周公秉承武王遺訓，在黃河以南，洛水以北，澗水以東，瀍水附近之間，營建洛邑和成周；因爲洛邑和成周，位居天下之中，是以有中國，或中原之稱。周平王東遷，東周王朝先後以洛邑、成周爲都，大約有五百三十年之久。諸侯逐鹿中原的結果，周朝滅亡。劉邦一統天下，原來的洛邑、成周，分別改名爲河南縣、洛陽縣，並統稱爲河洛地區。當時，也說河南縣爲古洛陽，而稱洛陽縣爲今洛陽，因此河洛、洛陽多並稱。東漢，以及魏、西晉三朝，都以洛陽爲都，或者大約有三百年之久。由此看來，從東周以迄于魏、晉，將近千年時間，都城多設在河洛。在當時，河洛可說是政治、文化、經濟的中心，也是中華民族菁英薈萃之所。民族菁英集中於河洛，自然成爲

河洛人。在古時，河洛又有中國、中原之稱，所以河洛人，當然也是中國人，或中原人，更是中華民族的菁英。所以說，河洛人的歷史淵源非常深遠，而且超越其他各族。現在泉、漳地區，或台灣地區大多數同胞的始祖，都來自中原河洛，可以說，泉、漳，以及臺灣的同胞，都是河洛人的子孫，當然更是道地中國人的子孫。凡是我中華民國的同胞，都應該認同，尤其是我河洛子孫，更應引以為傲。

二、現代河洛人具有最多中華民族的血統

河洛人原是中華民族的菁英，西晉以前，居住在中原河洛。五胡亂華，北方淪陷，留在北方的同胞，不得不與胡人混化。能夠南渡的中原河洛人士，以及其他地區的同胞，在南方時日一久，也和南方同胞相融合。不過，中華民族在大融合之前，已有少數河洛衣冠紳耆，在永嘉末年，相率避難到晉安縣，自成一小河洛，仍自稱河洛人，從此在中華民族史上，享有很重要的地位。因為，碩果僅存的中華民族，就在於此；中華民族最純粹的血統，得以延續，也在於此。

河洛人定居晉安縣，後來子孫的血統，是否還能保

持單純？已不能夠。因為，從唐朝開始，已有外人陸續移入，因此中華民族最單純的血統，也不免吸收外來血統，而產生混化。其中最引人注目的，在唐初，有陳政將軍父子，率五十八姓、一二三官員，入閩開創漳州；唐末，則有王潮兄弟入據泉州。陳氏與王氏，都是河南光州固始人，對於漳州、泉州的影響很大，尤其是王氏。因為在唐朝之前，仕宦者多視閩南為畏途，除非貶官，多不願來到。王氏發迹泉州之後，泉州成為唐末士大夫的避難所，而後，仕宦者欣然前來。以北宋朝來說，名將相韓琦，祖籍河南相州，卻生長在泉州，因其父韓國華任官泉州的緣故，歐陽修曾撰有「相州畫錦堂記」一文，就是歌頌韓琦。還有理學家朱熹，也曾在泉州當官，「提倡儒術，泉州而有海濱鄒魯之稱」。南宋朝，政府在南方，海運發達，泉州又是有名的國際港，南宋末年，蒙古人南侵等等，都是促成外人移入漳、泉地區的原因。

　　明朝末年的情勢，與北宋、南宋末年相類似。先是北方同胞來歸福王，後來鄭成功以反清復明為號召，北方同胞也有前來協助，甚至於隨鄭成功到台灣，近十年來，名聞全省的「陝西村」故事，正是例證之一。陝西村，位於彰化縣秀水鄉內；以陝西為名的；還有陝西國小。陝西村與陝西國小之間，有一座「烏面將軍」廟，

奉祠馬信將軍。馬信將軍是陝西人，原是鄭成功部將，永曆年間，奉鄭成功之命，率陝西子弟兵，從現在秀水海岸登陸，進取彰化以南的平原，屯兵養銳，因永懷家鄉陝西，就以陝西為名，現在的陝西村就是。不論如何，從外地移入閩南，或外來的同胞隨鄭成功到台灣，最後還是融入中華民族的血統，成為河洛人的子孫。

我中華民族本著有容乃大的精神，包容其他民族，所以能成其大。以往五胡亂華，結果還是漢化；滿清統治中華民族，最後也成為中華民族的一員。如以河洛人來說，中華民族三千年來最純粹的血統，隨著河洛人南遷晉安縣，而得以延續下去。後來河洛人的子孫，秉承祖先有容乃大的精神，吸收包容外來的同胞，使外來的同胞，能同享祖先的榮耀，而成為河洛子孫。一千六百多年來，河洛子孫所具有的中華民族血統，雖不如祖先的單純，大體說來，在所有炎黃子孫之中，還是留存最多中華民族的血統，現在如此，以後仍然一樣。

三、現代河洛話保留中原古語最多

河洛原是王者故里。通行河洛地區的語言，可說是河洛話。河洛話的歷史淵源，非常古遠，大概在東周時候，就已形成。因為西元前七七〇年，周平王東遷洛邑

，史稱東周，立國將近有五百一十五年。五百年的時間，應該足以使河洛話成熟完美。譬如以北平話來說，北平話是通行於北平地區的語言，從元朝定都北平開始，歷經明、清，大約有六百三十多年。現在，我們以北平話為國語，自有其歷史背景。東周滅亡後六十年，西漢雖不在河洛建都，河洛話應該仍然流行，甚至於有可能以河洛話為國語。以史記來說，史記一書，流傳至今也有二千多年，當時太史公是以西漢的國語所寫成。現在我們用河洛話來讀史記，可以發現，有不少河洛話，還留存在史記裏面，也可見，西漢時候的國語，有可能是河洛話。再以北平話為例，辛亥革命成功，民國建立，國都雖然設在南京，仍然定北平話為國語，或可知，悠久的語言，有其歷史性，而一時、或一地的語言，則難登大雅。當西漢結束，東漢開始，又回到河洛建都，直到魏、西晉，將近三百年，由此可知，河洛話歷史的深遠。而且河洛話不僅是中原話，更是道地的中國話，也是我國現存最古的語言。

西晉之前，河洛話可以說是國家語言，也就是古人所說的「雅言」。西晉滅亡，五胡亂華，河洛話幾乎從中國歷史上消失。要不是永嘉末年，有少數河洛人避難晉安縣，使河洛話得以在晉安縣延續，則河洛話不免失傳，可惜的是，河洛話卻已淪為地區性的語言，所以隨

時代演進，河洛話才又有泉州話、漳州話、唐山話，或閩南話之說。因此，河洛話從中原河洛地區的國家語言，退至晉安縣，成爲地區方言，是有其歷史背景，如果不知其時代背景，將無法得其梗概。

河洛話成爲地區語言之後，是否還能保有單純性？大概在隋朝之前，大同小異，改變甚少。因爲，以地理環境來說，晉安縣位處海濱，山川阻隔，陸路不易到，海路又危險，可以說人迹罕至。再以政治局勢而言，東晉之初，與北方胡人相對抗，而後大臣專權內亂，導致滅亡。南方因此分裂，直到南北朝結束，將近有三百年。河洛話因得天獨厚，憑藉天時地利之便，干擾甚少，所以改變不多。

隋朝之後，河洛話何以產生變化？因爲整個中國統一，皇化遠及，仁霑而恩洽。不過，隋朝立國短，唐朝雖然大一統，卻先後面臨宮廷鬥爭、安史之亂、藩鎮割據，以及黃巢之禍，因此唐朝政治的影響，應該不大。可是，世事難以逆料，唐朝中葉，唐德宗宰相常袞，貶官福建，任觀察使，發覺河洛人不知東晉以來的故事。當然，此事也不足爲奇。現在我們身處二十世紀，對歷代歷史印象模糊的人，還是不少，不關心國際大事的人，比比皆是，何況是一千三百年前的祖先。另外，常袞也發現，河洛人的語言、風俗，與其他地區殊異，不免

誤以爲河洛人是化外之民，因此廣設學校，延聘賢俊，教化河洛人，可惜常袞死後，無人繼其業。不過，唐代教育，已逐漸使河洛話產生變化。不僅唐代官話介入，新語詞也漸漸增加，語音也不免受到影響。由此或可知，教化的作用，比任何力量都要大。

河洛話眞正受到冲擊，大概在什麼時候？可能在五代之後。因爲王潮兄弟入據泉州之後，泉州成爲唐朝遺老避難之所，一時之間，泉州人才薈萃，文風大盛。從此之後，仕宦者樂意來到泉、漳，河洛話不免有歷代官話投入；加以海運發達，與外界接觸日多，也必然融入不少新的語言。不過，也有任官者入境隨俗，學習河洛話，甚至於將河洛話融合到古書裏面，別有一番創見。比如說，北宋大儒朱熹在泉州當官，曾多方面吸收河洛話，後來藉河洛話印證古書，自成一家之言。朱熹之所以成爲大儒，自有其非凡之處。直到現在，當我們讀古書，也會發現，有不少河洛話的音、義，還留存在古書之中。

目前在台灣，資訊發達，交通便捷，教育普及，河洛話也吸收不少國語辭彙，轉化成河洛話，以都市的情形較顯著，相對的，常用的語詞，也不免日漸減少，則以年輕一代爲甚。如果長此下去，在台灣的河洛話，將會融鑄成新的風格。不過，以目前來說，河洛話雖面臨

前所未有的挑戰，大致說來，由於河洛話的根源甚為深遠，所以現在還經得起考驗，仍然保留最多中原河洛古語。

　　河洛話之所以古老典雅，是因為可以追溯到東周朝，距今約有二千六百多年。現在，我國方言之中‧還有淵源深遠的，便是客家話。不過，客家話的形成，大約在五胡亂華，東晉朝以後。因為，現在客家同胞的祖先，在五胡亂華之後，僑居在長江南、北兩岸，以及贛水流域一帶。東晉政府實施土斷之後，仍不願歸化當地，也不與南方同胞相混合，而以客民自居，自成一系統。大約在南方客居五百年，直到唐末黃巢之亂，才開始遷移各地，總共有五次遷徙，大約在明朝年間，才分別定居在現在廣東、湖南、江西、福建等省交界的山區。由於現在客家同胞的祖先，從前並不是固定客居一地，而是經過多次移居‧並且分散不同地區，難免由於多方面接觸、吸收，使得民族成分一再改變，語言成分也一再變動，所以客家話多中古音、義，或與此有關。

　　河洛話、客家話都有悠久的歷史，也都是中華民族祖先流傳下來的珍貴遺產，深值得所有同胞重視。以河洛話來說，要徹底瞭解河洛話的音義，可以集眾人之力‧廣讀古書，從古書裏面去尋找。現在研究河洛話的專家學者很多，以本省來說，有連雅堂、蔡培火、吳槐等

先賢；現在則有吳守禮、許成章、陳冠學、林金鈔、洪惟仁，以及文史哲出版社之彭正雄等鄉賢，盡心提倡，貢獻殊多。

四、現代河洛人樂天知命

周平王東遷河洛，王權不張，諸侯坐大，鬥爭不休，河洛不得安寧。東漢末年，外戚、宦官的衝突，以及黨錮之禍，引發黃巾賊之亂，導致州牧專權，擁兵自重，割據征伐，釀成三國鼎立。西晉雖然統一，不久，家族內亂，引來匈奴南侵，河洛終於淪於胡人之手。河洛人因長久身處變亂，戰禍餘生者，已屬僥倖。一旦能脫身禍亂，保命立身，其他何敢奢求。後來河洛不幸淪陷，即使要避禍，已無餘地，不得已遠避晉安縣，但求容身之地，苟延生命。因此與世隔絕，不再出仕，不求聞達，凡事自求多福，無所爭逐，享有平和安定的生活，就已滿足。河洛人樂天知命的思想，或由此產生。河洛人樂天知命的結果，外力不侵，朝廷也順其自然，因此得以繁衍不絕，甚至於後代子孫，還能渡海開墾臺灣，或移民海外，另創天地。即使有外力介入，也能加以包容，甚至相輔相成。唐末王潮兄弟受泉州父老歡迎，又能傾心經營泉州，最後臣服中原，不僭位稱帝，也與樂

天知命相契合。至於河洛子孫移居海外，或渡海到臺灣，包容其他，成其大，非樂天知命，豈能至此。

近來大陸有部電影，片名是「河殤」，暗示要面向海洋，迎接文明。其實在一千六百多年前，現代河洛人的祖先，已輾轉渡海到現在閩南；後世子孫也有從閩南渡海移民到臺灣及東南亞。並且在臺灣延續我華夏民族的正統，另外在東南亞也建立了新加坡國家，所謂亞洲四小龍，河洛子孫，分佔其二，另外，治理菲律賓的總統柯拉蓉，也是河洛人後裔，也可見河洛祖先之先知睿智，更是全中國人的榮耀。

本文撰述，並不十分完美，需指正，補充之處甚多，尚祈先進大儒有以正之。所敢陳者，文史不分，讀文，知其然；研究歷史，則知其所以然，以此鑑往知來，而防患未然，如此文史相輔相成，凡事更能求得真善美。至於法律、政治、社會、經濟、農業等發展，也盡在歷史中。

引用書籍

宋板注疏　　藝文印書館

周易正義　魏王弼　韓康伯注　唐孔穎達等正義

尙書正義　漢孔安國傳　唐孔穎達等正義

毛詩正義　漢毛公傳　鄭元箋　唐孔穎達等正義

春秋左傳正義　晉杜預注　唐孔穎達等正義

孟子注疏　漢趙岐注　宋孫奭疏

史書　　藝文印書館

史記　漢司馬遷撰　南朝宋裴駰集解　唐司馬貞索隱
　　　張守節正義　清王先謙集解

漢書　漢班固撰　唐顏師古注　清王先謙集解

後漢書　南朝宋范曄撰　唐李賢等注　清王先謙集解

三國志　晉陳壽撰　南朝宋裴松之注

晉書　唐房玄齡等撰

史書　鼎文書局

宋書　梁沈約撰

南齊書　梁蕭子顯撰

梁書　隋　姚察　謝炅　唐　魏徵　姚思廉合撰

陳書　隋姚察　唐魏徵　姚思廉合撰

隋書　唐魏徵等撰

新唐書　宋歐陽修　宋祁撰

景印文淵閣四庫全書　　商務印書館

音論　清顧炎武撰　　小學三 241

竹書紀年　梁沈約注　　編年 303

戰國策　漢高誘注　　雜史 406

十國春秋　清吳任臣撰　載記 466

明一統志　明李賢等撰　　地理二 472

淳熙三山志　宋梁克家撰　地理三 484

演繁露　宋程大昌撰　　雜家二 852

後村集　宋劉克莊撰　　別集三 1180

六臣註文選　梁蕭統編　唐李善等注　　總集 1330

其他

說文解字　漢許慎撰　清段玉裁注　蘭台書局

王觀堂先生全集　王國維撰　文華出版公司

台灣語典　連雅堂撰　中華叢書編審委員會

客家源流考　羅香林撰　台灣文藝出版

客家源流研究　鄧迅之撰　天明出版社

中國歷史疆域古今對照圖說　樊開印編　台北市徐氏基
　　金會

福建通志　華文書局

福建通紀　大通書局

洛陽縣志　成文出版社

安陽文獻　安陽文獻社

晉江雜誌　晉江雜誌社